혁신경영론

정선양

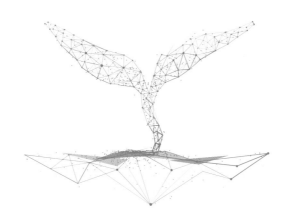

INNOVATION
MANAGEMENT

박영사

머리말

21세기는 혁신의 시대이다. 지난 세기의 가장 위대한 경제학자 조지프 슘페터(Joseph Schumpeter)는 한 국가의 경제와 사회는 혁신으로 발전되어 간다고 웅변하였다. 그의 이론은 지난 세기 초·중반 상대적으로 덜 주목을 받았으나, 1970년대에 접어들면서 크게 주목받아 장기파동이론(long wave theory), 혁신체제론(innovation system theory) 등으로 발전되어 왔다. 경영학의 창시자인 피터 드러커(Peter Drucker)는 1995년 어느 책에서 대부분 선진국의 경제는 이미 '기업가적 경제'의 시대에 접어들고 있으며, 그리하여 현대의 예언자는 케인즈(Keynes)가 아니라 슘페터(Schumpeter)라고 강조하였다. 현대는 혁신의 시대이다.

그러나 혁신의 경제적, 사회적, 정치적 중요성에도 불구하고 "혁신을 어떻게 경영할 것인가?"에 관한 논의는 오래되지 않았다. 지난 세기말에 이르러 혁신경영, 기술경영, 연구개발경영, 기업가 정신 등의 교육과 연구가 시작되었고, 일부 대학에서 기술경영 교육프로그램을 설치하기 시작하였으며, 이제는 전 세계 많은 대학이 다양한 형태의 혁신경영과 기술경영 교육프로그램을 운영하고 있다. 이에 따라, 미국, 영국, 독일 등 일부 선진국에서는 혁신경영 및 기술경영 관련 다양한 교과서가 발간되었다. 그런데도 우리나라에서는 이 분야의 교과서가 거의 발간되지 않았기에, 그동안 여러모로 부족한 본 저자가 기술경영과 혁신경영의 입문서로서 「기술과 경영」(2006, 경문사), 기업 차원의 기술경영 교과서인 「전략적 기술경영」(2007, 박영사), 기업 기술경영의 핵심 분야 교과서인 「연구개발경영론」(2021, 시대가치)을 발간하였고, 이들은 많은 독자의 사랑을 받아 지속해 개정판을 발간해 오고 있다. 이 자리를 빌려 독자들께 깊은 감사의 마음을 전하는 바이다.

평생을 혁신경영과 기술경영을 교육·연구해온 저자는 오랜 기간 '혁신경영' 교과서의 집필을 계획해 왔다. 이 과정에서 혁신(innovation)은 기술혁신보다 포괄적인 개념이라는 점에서 혁신경영론은 기술경영론을 포괄하여야 하는 어려움이 있었다. 이번에 발간하는 「혁신경영론」은 기술경영과 혁신경영을 공부하는 고학년 학부생과 대학원생 그리고 기업에서 기술혁신경영을 담당하고 있는 실무자들을 위하여 집필되었다. 특히 이 책은 '전략적 기술혁신경영'의 틀을 바탕으로, 독자들이 전 세계적으로 혁신경영과 기술경영 분야의 가장 유명하고 권위적인 논문들을 통하여 이들 분야의 핵심적 이론과 이슈를 학습할 기회를 제공하려는 의도로 집필되었다. 한편 이 책은 저자가 다른 저서의 집필에 참조하였던 중요 내용을 수정·보완하기도 하였다. 이에 따라, 일부 독자는 본 저서가 혁신경영 및 기술경영의 이론에 너무 많은 주안점을 두고 기술혁신경영의 전체적 과정을 세부적으로 서술하지 않았다는 아쉬움을 가질 수도 있을 것이다. 이같은 독자에게는 본 저자가 발간한 저명한 교과서 중의 하나인 「전략적 기술경영」(제5판, 2023, 박영사)을 학습할 것을 권하는 바이다.

본 저서는 '전략적 기술혁신경영'의 틀에 따라 구성되어 있다. 제1부는 '혁신경영의 기초'로서, 여기에는 제1장 혁신경영의 역사, 제2장 Schumpeter와 기술혁신, 제3장 기술혁신과 핵심역량(core competence), 제4장 전략적 기술혁신경영 모델로 구성되어 있다. 제1장은 지난 세기의 '경영의 역사'가 현대의 '혁신경영의 시대'로 이어지는 과정과 내용을 다루고 있고, 제2장은 기술혁신의 대부인 슘페터의 혁신이론과 그를 추종하는 신슘페터주의자 혁신이론을 논의하고 있으며, 제3장에서는 전략적 기술혁신경영의 기초가 되는 기술과 핵심역량의 관계와 중요성을 다루고 있다. 제4장에서는 이들 논의를 바탕으로 '전략적 기술혁신경영'의 개념, 구성요소, 모델을 제시하고 있다.

제2부는 '혁신전략'으로서, 여기에는 제5장 전략적 의도(strategic intent), 제6장 기술혁신의 원천(sources of innovation), 제7장 기술혁신전략으로 구성되어 있다. 제5장은 전략적 기술혁신전략의 기초가 되는 최고경영자의 전략적 의도를 다루고, 제6장은 혁신전략 수립의 기초가 되는 혁신의 원천 탐색의 중요성 및 구체적 방법을 논의하고 있으며, 제7장에서는 일본 Honda 사의 미국 모터사이클 시장 진출 사례를 다룬 '혼다효과(Honda Effect)'를 바탕으로 기술혁신전략에 대한 접근방법을 논하고 있다.

제3부는 '혁신전략의 집행'으로서, 여기에서는 혁신경영의 구체적 실천과 관련한 주요 이슈를 학습할 것이다. 제8장은 파괴적 혁신(disruptive innovation)의 경영방안을 다루고, 제9장은 불연속적 혁신(discontinuous innovation)의 경영방안을 논의하며, 제10장은 혁신가(innovator)의 DNA와 역할(personas)을 다룬다. 제11장은 프로젝트 팀 운영의 문제를 중량급 프로젝트 팀(heavy-weight project team)을 중심으로 논하며, 제12장은 기술협력과 관련된 문제로서 개방형 혁신(open innovation)과 미국의 세계적 기업인 P&G의 새로운 혁신 모델인 연계개발(C&D: connect & develop)을 논의한다. 이들 이슈는 최근의 혁신경영과 기술경영의 화두이다.

마지막으로, 제4부는 '혁신경영의 평가와 통제'로서, 제13장은 기술혁신으로부터 수익 창출 방안을 논의하며, 제14장은 현대의 화두인 과학 사업화(science business)의 문제를 다룬다. 혁신경영의 최종 목표가 기술혁신으로부터 부가가치를 창출하는 것이며 최근 과학기술의 급격한 발전으로 과학이 사업화로 빠르게 이전되는 현상이 크게 주목받고 있다는 점에서 이들 두 주제는 '전략적 기술혁신경영 모델'의 마지막 단계를 훌륭하게 구성하는 것으로 이해해도 좋을 것이다.

전문가들은 흔히 혁신경영의 대상이 되는 혁신과정을 여행에 비유하여 혁신여행(innovation journey)이라고 부른다. 늘 느끼는 일이지만 새로운 책의 집필도 참으로 긴 여행을 하는 것과 같다. 낯선 곳으로 떠나는 여행에서 여러 시행착오를 겪는 것과 마찬가지로 새로 준비한 책에도 내용의 오류, 논리적 부자연스러움, 오탈자 등이 있을 것이다. 이는 모두 부족한 저자의 탓이며, 앞으로 본 저서를 개정해 나가면서 계속 보완할 것이다.

끝으로 본 저서의 출판을 맡아주신 박영사의 안종만 대표님, 기획을 맡아주신 손준호 선생님, 꼼꼼한 편집을 해주신 배근하 선생님께 감사의 마음을 전한다. 아울러 그동안 항상 그래왔던 것처럼 앞으로도 좀 더 새롭고 폭넓은 시각으로 학문에 더욱 정진할 것을 다짐하는 바이다. 평생을 희생하며 부족한 저자의 학문과 연구에 무한한 지원과 격려를 해준 아내 김경희 님께 이 책을 바친다.

2023년 8월 15일
녹음방초(綠陰芳草)로 아름다운
곤지암 정원에서
저자 정 선 양 씀

차례

P/A/R/T 01
혁신경영의 기초

P/A/R/T 02
혁신전략의 수립

P/A/R/T 03
혁신전략의 집행

P/A/R/T 04
혁신경영의 평가와 통제

P/A/R/T

01

혁신경영의 기초

CHAPTER 01

혁신경영의 역사

제1절 경영의 세기

일반적으로 전문가를 포함한 많은 사람은 기술경영을 포함한 혁신경영 (innovation management)의 학문적, 실무적 역사는 매우 짧은 것으로 이해하고 있다. 실제로 기술경영과 혁신경영은 20세기 후반 지식기반사회와 세계화가 진행됨으로써 기업간 경쟁이 치열해짐에 따라 새롭게 대두된 학문적, 실무적 분야로 이해하고 있다. 이는 일견 타당한 것으로 판단된다. 실제로 경영(management)이라는 개념도 Peter Drucker에 의해서 지난 세기 중반에 만들어지고 경영학도 탄생한 것으로 이해되고 있기에 혁신경영과 기술경영의 역사는 매우 짧은 것으로 이해될 수도 있다.[1] 아울러 전 세계 경영대

---

[1] 근본적으로 경영은 실무적이며, 이를 바탕으로 경영학이 정립되었다는 점에서, 본 장에서는 경영(management)을 경영실무와 학문으로서의 경영, 즉 경영학을 의미하는 것으로 파악한다.

학에서도 혁신경영과 기술경영을 정규과목으로 가르치는 대학들이 나타나기 시작한 것도 2000년대에 들어오면서이다(Kocaoglu, 1994; Badawy, 1998; Nambisan & Wilemon, 2003; 정선양, 2009). 그동안 기업 실무에 있어서 과학기술자는 경영을 잘 모르고 경영자는 과학기술을 잘 모르는 양자 간의 괴리 현상이 있어 왔다. 그리하여 일부 학자와 기관의 경우에는 지난 세기 후반 과학기술과 경제경영 간의 연계 필요성을 강조하였고 이같은 배경 속에서 기술경영과 혁신경영이 탄생한 것으로 이해하고 있다(대표적으로 NRC, 1987).

그러나 Kiechel III(2013)는 경영(management)은 과학기술인에 의해 탄생하였다고 강조하고 있다. 그는 오랜 기간 Harvard Business Review의 편집장으로 재직해 오면서 경영의 역사와 조류를 파악해 왔고 그리하여 2013년 동 학술지에 "경영의 세기(The Management Century)"라는 논문을 발간하였다. 그는 이 논문에서 지난 20세기를 '경영의 세기'라고 명명하고 경영의 역사를 조망해 왔다. 그에 따르면 경영이라는 용어는 19세기 말 엔지니어들에 만들어졌으며, 20세기 초기 역시 엔지니어였던 '테일러(Taylor)의 과학적 관리(scientific management)'의 시기를 시작으로 지난 세기 중반 관리주의(managerialism)의 시대를 거쳐 지난 세기 후반 세계화 시대를 거치고 이제는 리더십과 혁신의 시대, 즉 혁신경영(innovation management)의 시대에 진입하고 있음을 밝혀냈다. 그렇다면 경영의 역사는 엔지니어로부터 시작되었고 그리하여 경영의 역사는 기술경영의 역사라고 주장할 수 있을 것이다. 특히 지난 세기 과학기술의 눈부신 발전과 과학기술에 기반한 기업들이 눈부시게 성장을 하였다는 점은 기업경영의 역사는 기술혁신경영의 역사라고 파악할 수도 있을 것이다. 그리고 혁신경영 및 기술경영은 21세기 세계화(globalization)와 지식기반사회(knowledge−based society)가 본격적으로 진행됨으로써 경영학에서도 그 중요성이 명시적으로 인식되고 있다고 파악할 수 있을 것이다(정선양, 2006, 2018).

　　Kiechel III는 경영(management)의 역사가 1886년 5월 미국 시카고에서 열린 창립된 지 얼마 안 된 '미국기계공학자협회(American Society of Mechanical Engineers)'에서 Yale Lock Manufacturing Company의 공동 창립자인 Henry R. Towne의 연설에서 비롯되었다고 강조한다. 그의 연설 제목은 "경제학자로서의 엔지니어(The Engineer as an Economist)"였는데, 이 연설에서 그는 좋은 엔지니어도 많고 좋은 기업가는 많지만 좋은 엔지니어이면서 좋은 기업가 혹은 좋은 기업가이면서 좋은 엔지니어는 거의 없다고 주장하면서 '일의 경영(Management of Works)'은 너무나 중요하여 이는 현대예술의 하나가 될 것이라고 강조하였다. Kiechel III은 Towne의 주장은 세 가지의 함의가 있다고 주장하였는데, 첫째는 경영이 학습되고 개선될 수 있는 일련의 실무로 보아야 할 것이며, 둘째, 경영은 주어진 자원을 가지고 최고의 효율성을 창출하는 경제학에 뿌리를 두고 있으며, 셋째, 이 강연의 청중은 거의 대부분 엔지니어들이었다는 점이다.

● 그림 1-1 Kiechel III에 의한 경영의 역사

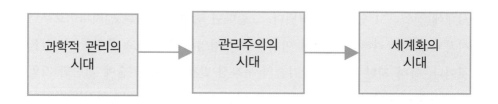

　　Kiechel III는 Towne의 주장이 시대의 흐름을 제대로 파악한 것이라고 강조하며, 1880년대부터 지금까지 경영은 3개의 시대(eras)를 경험해 오고

있다고 주장하였다(<그림 1-1> 참조). 첫 번째 시대는 제2차 세계대전까지로 과학적 정확성에 대한 열망을 반영한 과학적 관리(scientific management)의 시대였고, 두 번째 시대는 1940년대 후반에서 1980년까지로 관리주의(managerialism)의 시대였으며, 세 번째 시대는 전 세계적 생산성 증대 및 기대가 반영된 세계화(globalism)의 시대였다. 이와 같은 과정에서 대부분의 경영의 선구자는 프랑스의 엔지니어였던 Henri Fayol을 제외하고는 미국의 전문가였다. 즉, 경영 및 경영학은 미국의 전문가들에 의해 발전하였다는 것이다. 아래에는 Kiechel III의 "The Management Century" 논문을 바탕으로 경영의 역사와 혁신경영의 역사에 관해 살펴보기로 한다.

제2절 경영의 역사

1. 과학적 관리의 시대

19세기 후반은 미국이 산업화가 시작되는 시기였다. 철도가 본격적으로 도입되어 도시 간 연계가 이루어지고 공장과 대기업이 탄생하였다. 20세기에 들어서면서 일부 전문가는 공장과 기업의 효율성 문제를 인식하기 시작하였다. 대표적 주자였던 프레더릭 테일러(Frederick Taylor)는 '최선의 경영은 명확하게 정의된 법칙, 규정, 원칙에 기반을 둔 진정한 과학이어야 한다!'라고 주장하며 기업의 목적은 개별 노동자의 최대 번영(maximum prosperity)과 연계된 고용주의 최대 번영이 되어야 하며, 이는 경영자와 노동자 간 책임의 보다 공정한 배분을 통해 달성될 수 있다고 강조하였다. 이를 해석하면 노동자는 최적의 효율성을 위하여 경영자에 의해 분석되고 설계된 공정에 따라 일을 하여야 하며, 이를 위한 최선의 방법 중 하나는 노동자에게 특정한 시간 내에서는 가능한 가장 인간적으로 일할 수 있게 하여야 한다는 것이다. 그의 사상은 1911년 「과학적 관리의 원칙(Principles of Scientific Management)」이라는 책으로 발간되었는데, 여기에서 그는 향후 한 세기에 걸친 '생산의 사물성(things of production)'과 '생산의 인간성(humanity of production)'의 균형을 추구하는 문을 열었다.

1920년대와 1930년대에는 테일러의 무자비하고 퇴행적인 수치(numbers)에 대한 강조에 대한 반작용으로 '인간관계운동(human relations movement)'이 시작되었다. 대표적으로 하버드경영대학(Harvard Business School)의 Elton Mayo 연구진의 일리노이주 Cicero의 Western Electric의 호손공장(Hawthorne Plant)에서의 연구를 들 수 있다. 이들의 연구도 과학을 활용한 생산성 향상과 경영자와의 협력을 개선하려는 테일러의 목표와 궤를 같이하지만, 이들의 과학은 많은 부분 심리학과 약간의 사회학을 적용하는 것이었다. 이들은 노동자는 스톱워치에 의해 측정되고 통제되는 기계가 아니기에 이들 노동자가 알고 느끼는 것을 추구하는 것이 생산성 향상에 도움이 된다는 결론에 도달하였다. 이들의 통찰력은 아주 인간적이었으며, 이들의 실험은 심리학이 어떻게 생산성을 높이고 노동자와 경영자가 어떻게 협력을 촉진할 것인가에 사용되었다.

Kiechel III에 따르면, 테일러는 물론 메이오 등 하버드 연구진은 이른바 엘리트였으며, 그 결과 Harvard Business Review를 창간한 Wallace B. Donham 학장은 '교육받은 관리 집단(educated managerial cadre)', 즉 '새로운 관리 계급(new managing class)'이 당시의 대공황, 서투른 정부, 사회적 변혁 등 국가적 문제를 해결할 수 있는 답이라고 강력히 주장하기도 하였다.

2. 관리의 승리

1) 인본주의 심리학의 사회적 기관에 적용

이 시기에 그 유명한 Peter Drucker가 혜성처럼 나타나 경영학에 신선한 바람을 불어넣기 시작하였다. 1946년에 발간된 「기업의 개념(Concept of the Corporation)」의 발간 이후 「경영의 실무(The Practice of Management)」 (1954년 발간)와 「결과를 위한 경영(Managing for Results)」에 이르기까지 Peter Drucker는 기업을 사회적 기관(social institution)으로 파악하고, 그리하여 관련된 모든 구성원의 능력과 역량이 존경받아야 한다는 점을 강조하였다. 아울러 MIT 슬로안 경영대학원(Sloan School of Business) 최초의 경영학 교수로 임용된 Douglas McGregor와 인간의 '욕구단계설'을 주장한 Abraham Maslow 등이 경영학에 인본주의 심리학(humanistic psychology)을 반영하기 시작하였다. 그리하여 제2차 세계대전 이후의 경영사상가들은 '생산의 인간성'에 주안점을 두었다. 즉, 종업원은 그들이 존경을 받으며 그리고 경영자가 종업원 스스로 동기를 부여하고 문제를 해결하게 하면 더욱 생산적이라고 주장하였다. 그러나 경영 실무에서는 경영층은 물론 이들의 견해에 부정적이었고 노동조합의 경우에도 이 사상을 실무에 적용하면 경영과 노동의 경계가 불분명해진다는 이유로 이에 대해 거세게 반대하였다.

2) 전략적 사고의 대두

한편 제2차 세계대전 직후 전략적 사고(strategic thinking)가 대두되어, 경영자가 무엇을 완수할 것인가의 문제가 중요한 문제로 부상하였다. 사실 이 시기까지는 기업의 나아갈 방향에 관한 논의가 거의 없었다. 이 시기에는 경영자의 역할을 전적으로 수동적으로 이해하였고 경영자는 환경변화에 현명하게 적응하는 주체로 인식되었다. 그러나 Peter Drucker는 「경영의 실무

(The Practice of Management)」에서 이를 반박하고 경영자의 적극적 역할을 강조하였다. 그는 경영자는 경영하고 책임을 져야 하며, 아울러 기업환경을 변화시키려는 노력을 기울여야 할 것을 강조하였다. 그리하여 그는 경영자는 목적(objectives)을 설정하여야 하며 이에 따라 경영을 하여야 할 것을 주장하였다. 1964년 책인 「결과를 위한 경영(Managing for Results)」에서 Drucker는 '사업은 결과를 창출하기 위하여 존재한다!'라고 주장하며 경영자는 기업을 성장시키기 위한 기회를 위하여 시장을 체계적으로 평가하여야 한다고 주장하였다. 그는 이 책에서 전략(strategy)이라는 용어를 처음 사용하였으나, 그와 그의 출판사가 이 단어를 사용하는데 의견이 엇갈렸다고 한다. 기업전략(corporate strategy)이라는 용어를 처음 사용한 사람은 웨스팅하우스(Westinghouse)의 임원이었다가 나중에 Boston Consulting Group (BCG)을 창업한 Bruce Henderson이었다. 그는 기업의 미션은 기업전략을 정의하는 것이라고 주장을 하였으며, 이것은 그 당시 기업들에게 복음으로 들렸다. 그 이전에는 전략이라는 용어가 거의 사용되지 않았기 때문이다.

기업전략은 '생산의 사물성'에 관련한 전문가에 의해 크게 부상하였다, 이들은 경험곡선, 성장 – 점유율 매트릭스 등과 같은 경영기법을 개발하고 대단한 영향력을 행사하였는데, 이들은 경영실적의 분석에 대한 대단한 열정을 가지고 있었다. 이 시기에는 기업전략을 자문하는 컨설팅 기업이 크게 성장하였는데, 이들 기업은 원가, 고객, 경쟁자 뒤에 숨어 있는 숫자 (numbers)를 파헤칠 것을 강조하였다. 그리하여 본 글의 저자 Kiechel III는 이들이 샤프 연필과 스톱워치를 가지고 기업활동의 모든 측면을 분석하고 이전의 테일러주의자보다 더욱 강력하게 숫자에 매달린다는 점에서 이같은 경영기조를 '더욱 강력한 테일러주의(Greater Taylorism)'라고 명명하였다. 전략은 대단히 공세적이어서 이 당시 기업들은 경쟁자들을 이길 수 있는 모든 숫자를 수집하여 활용하려고 노력하였다.

3. 불안한 세계화의 시대

그 이후 세계 경제는 20여 년간 심각한 불황이 없이 진행되다가 1970년대 들어서 석유 위기에 봉착하게 되었다. 이 시기에 인플레이션이 심해지면서 당시 미국 정부는 항공, 철도, 화물차, 통신, 금융 등에 대한 탈규제 정책을 적용하였고 글로벌 통상의 확대에 노력하였다. 아울러 이 시기에는 미국 시장에 수입차, 철강, 가전제품이 밀려들어 왔다. 이에 따라, 미국에서는 "일부의 외국인이, 특히 일본인이, 우리보다 경영에 대해 더 잘 안다는 것이 가능한 일인가?"라는 의문이 확산되었다. 아울러 이 시기에는 기술, 특히 컴퓨터 기술이 급속도로 발전하여 '숫자를 옹호하는 사람들(numbers people)'이 이용할 수 있는 계산능력과 분석능력이 크게 향상되었다. 그리하여 이들 '더욱 강력한 테일러주의자'는 기업에 적용할 수 있는 더욱 정밀한 모델을 개발·활용할 수 있었다.

이 시기의 또 다른 특징은 '이해관계자 자본주의(stakeholder capital−ism)'에 대하여 '주주 자본주의(shareholder capitalism)'가 더욱 부상하였다는 점이다. 이 급변의 시기를 거치며 전략의 목적, 더 나아가 경영의 목적은 아무 명확해졌는데 그것은 주주에게 부(wealth)를 창출하는 것이었다. 물론 이 목적은 자본주의의 역사만큼이나 오래된 것이었다. 그러나 1950년대의 경영의 '좋은 감정의 시대(era of good feelings)'에는 보다 포용적 개념(inclusive notion)이 자리 잡았다. 예를 들어, 1951년 뉴저지의 Standard Oil의 회장이던 Michael Lind는 미국의 경제사를 다룬 그의 책 「약속의 땅(Land of Promise)」에서 "경영의 업무는 직접적으로 영향을 받는 이익집단 ... 주주, 종업원, 고객, 크게는 일반대중 ... 의 요구 간에 공정하고 작동가능한 균형을 유지하는 것"이라고 강조하였다. 그러나 이보다 폭넓은 개념인 '이해관계자 자본주의'는 '주주 자본주의'의 신봉자들에 의해 조금씩 사라져

기업의 목적으로는 전혀 언급되지 않을 정도에 이르렀다.

경영사상가들은 이같은 노력에 더욱더 집중하였는데, 대표적인 학자가 Michael Porter이다. 그는 자기의 두 책 「경쟁전략(Competitive Strategy)」(1980), 「경쟁우위(Competitive Advantage)」(1985)에서 그동안 컨설턴트에게 부족하였던 학문적 엄격함을 제공하였다. 예를 들어, 그는 기업에 가치사슬(value chains)이라는 개념을 제시하였는데, 이 개념은 기업이 경쟁우위를 확보하기 위하여 원가를 도출하고 벤치마크하고 측정할 수 있는 단위로 기업활동을 모든 단계로 분해하도록 하는 개념이었다.

경영대학(원)에서는 전략경영 분야에서 이와 같이 원가절감 및 경쟁우위의 달성을 강조하는 Porter와 같은 교수들이 그동안 경영정책(business policy)을 가르치던 교수들을 대체하였다. 경영대학(원)에서는 재무나 회계 분야의 교수들이 보다 소프트한 분야, 예를 들어 인적자원관리, 인사조직 분야의 교수보다 더 각광을 받았다. 그리하여 경영 실무는 물론 학계에서도 숫자를 옹호하는 사람(numbers people)이 보다 정교한 계량적 기법을 도입하여 더욱 전문적 영역을 구축함으로써 이들이 승리하는 듯 보였다.

그러나 이들의 우세는 지속하지 않았다. 1982년 맥킨지(McKinsey)사의 두 명의 컨설턴트, 즉 Tom Peters와 Bob Waterman이 「초우량 기업을 찾아서(In Search of Excellence)」라는 책을 발간하였는데, 이것은 조직에 있어서 문화의 중요성을 강조하고 단순한 계량적 분석에 매몰되어 있던 전략경영의 학문적 풍조를 공격하였다. 이들은 "부드러운 것이 강하다!(Soft is hard!)"라는 점을 주목하였던 것이다. 이 책은 당시 6백만 부 이상이 팔려 저자들은 물론 출판사가 깜짝 놀랄 정도였고 경영의 지혜를 가져다주는 책으로 주목받았다.

그리하여 이후 30여 년간 '숫자에 의해 추동된 압력(numbers−driven push)'과 '생산에서의 인간성(humanity of production)에 대한 존경'을 요구하는 두 사상적 흐름이 불편한 긴장 관계를 유지하며 공존하게 되었다.

그러는 가운데 1990년대 초반이 되어 발생한 '리엔지니어링(reengineering)'의 광풍이 불어오면서 기업들은 최신의 정보통신기술을 바탕으로 더욱더 효율성과 생산성을 제고하도록 압력을 받았다. Michael Hammer에 의해 불어닥친 이 광풍은 기존의 생산공정을 최종소비자의 관점에서 재설계하고 불필요한 공정은 없애라는 것이었다. 많은 기업이 이 대열에 참여하였으나 이는 곧 대량해고의 그럴듯한 명분으로 작동하였다. 그리하여 많은 무고한 종업원들이 해고되었고, 이는 이른바 '경영유행(management fad)'의 대표적 사례로 남았다.

4. 혁신경영 시대의 도래

그동안 생산의 인간성을 옹호하는 학자들은 매우 모호한 태도를 취하였다. 본 논문의 저자는 '초우량 기업을 찾아서'라는 책이 발간된 지 몇 년 후 많은 기업이 이 책에서 주장하는 수월성의 요소들이 현실에서는 적합하지 않다고 생각하게 되었다고 보고하면서, 이같은 문제는 '인권주의자', 즉 생산의 인간성을 강조하는 사람들을 당황하게 했다고 강조한다. 그런 가운데 전략 분야는 여전히 주주가치 극대화라는 단일 기준을 신봉하였고 이를 위한 다양한 요소의 측정에 주안점을 두었다. 이와 비교되게, 인간행동 분야의 학자들 역시 폭넓게 포진하고 있었으나, 이들은 패러다임 발전의 낮은 단계에 머물러 있었다. 이와 같은 절충주의는 '학습조직(learning organization)'에서 많이 나타나게 되었다. 이 분야의 이론에서는 팀의 지혜, 기업에 대한 충실성, 핵심역량, 고객 만족 등을 강조하였다.

Kiechel III는 이 시기의 인간 측면의 사상을 종합한다면 리더십(leadership)과 혁신(innovation)의 문제로 수렴된다고 강조하였는데, 이는 현대가 리더십과 혁신의 시대임을 강조하는 것으로 파악할 수 있다. 우선 리더십과 관련하여 그는 20세기의 마지막 두 10년은 경영대학(원)이 자신들의 미션을 '교육받은 일반 경영자(educated general managers)'를 창출하는 것에서 '리더의 계발을 돕는 것(helping leaders develop)'으로 이동하였다고 강조한다. 그럼에도 불구하고 그는 리더(leaders)가 경영자(managers)와 무엇이 다른가에 관한 여러 좋은 저서들이 있음에도 불구하고 무엇이 리더를 형성하는지 등에 관한 컨센서스가 이루어지지 않고 있다고 주장한다.

그러나 그는 혁신(innovation)에 관해서는 아무런 논쟁이 없다고 강조한다. 그 이유로 새로운 경쟁자가 어디에서든지 갑자기 대두될 수 있고 산업의 선도기업이 한순간 바뀌고, 난공불락일 것으로 여겨지던 경쟁우위가 몇 달 만에 사라지는 현재의 시대에서는 인간주의자나 숫자를 옹호하는 사람들 모두 혁신의 핵심적이고 기업을 구원하는 중요성에 대해서 동의하였기 때문이다. 실제로 Richard Foster(1986)와 Clayton Christensen(1997)은 새로운 기술이 오래된 기술을 체계적으로 대체하고 산업의 기업들의 순위를 전복시키는 과정을 잘 보여줌으로써 폭넓은 독자층을 가지게 되었다. 혁신은 시장의 격렬한 수요 충족이 생산의 인간성으로부터 최상의 것을 끌어내는 데 있다는 것을 보여주는 분야이다. 혁신은 인간의 상상력의 불꽃 튀김(spark)으로부터 창출되며, 이를 대체할 수 있는 것은 아직 없다. 이는 혁신경영이 현재와 같이 급격한 기술경제환경 속에서 기업이 경쟁우위를 확보하는 분야임을 나타내 주는 것이다. 이리하여 저자는 21세기 기업이 직면한 가장 거대한 경영적 도전은 옛날 것을 계속 동일하게 수행하는 기업의 거대한 관성으로부터 벗어나 조직구성원에게 내재해 있는 이 불꽃 튀김을 자유롭게 하는 방법을 찾는 것이라고 강조하고 있다. 그리하여 이제 혁신과 혁신경영의 시대가 왔음을 보여주는 것이다.

제3절 경영의 세기에 대한 소고

Kieche III의 '경영의 세기'에 관한 논의의 결론은 리더십(leadership)과 혁신(innovation)의 시대가 도래하였다는 것이다. 이 논문은 이들 두 요소가 현대 경영의 가장 핵심임을 나타내 주는 것이다. 그러나 이들 두 요소는 서로 분리된 것이 아니다. 이들 두 요소는 서로 긴밀하게 연계되어 있으며, 반드시 연계되어야 한다. 리더십은 리더(최고경영자)가 조직을 어떻게 경영할 것인가의 문제이고, 혁신은 '혁신의 예언자'인 조지프 슘페터(Joseph Schumpeter)에 따르면 조직 내에 '새로움의 도입'의 문제이다. 이들 두 요소를 결합하면 혁신경영(innovation management) 혹은 기술혁신경영이 되며, 결국 지난 세기의 '경영의 세기'는 이제 21세기를 맞이하여 '혁신경영의 세기'가 되었음을 나타낸다. 이는 피터 드러커(Peter Drucker)가 이미 1980년대에 주장한 바이다(Drucker, 1985). 21세기가 '혁신경영의 세기'인 이유는 다음과 같다.

우선, 기업을 둘러싼 글로벌 경쟁이 점점 더 심해져 감에 따라 기업경영에 있어서 최고경영자의 역할, 즉 리더십이 더욱 중요해졌다. 즉, 거의 모든 산업에 있어서 기업의 부침이 극심해져 가고 있는 현 환경 속에서는 최고경영자가 주도하는 리더십의 중요성이 더욱 강조되고 있다. 그리하여 본 논문에서 강조하는 것처럼 최고경영자가 주도하는 전략경영(strategic management)의 중요성이 확산되었고 그 중요성은 지금도 여전히 혹은 더욱 중요하다. 전략경영의 핵심명제는 '이렇게 급변하는 환경 속에서 우리 기업의 경쟁우위를 어떻게 확보·유지·발전시킬 것인가'이다. 여기에서 '어떻게'가 중요한데, 대부분 전략경영학자는 이 '어떻게'의 대답으로 경쟁전략(competitive strategy)을 제시한다. 즉, 경쟁전략을 가지고 기업이 경쟁우위를 확보·유지·발전시킬 수 있다는 것이다. 전략경영에서는 경쟁전략으로서 원가우위(cost leadership)와 '차별화(differentiation)'를 강조하고, 이 전략이 전 세계의, 어떤 업종의 기업에게도, 규모와 상관없이 모든 기업에 적용가능하다고 강조하면서 이들 두 전략을 '본원적 전략(generic strategies)'이라고 명명하여 왔다(Porter, 1984). 즉, 어떤 기업이든 다른 기업보다 저원가의 제품을 생산하거나 혹은 차별화된 제품을 생산하면 경쟁우위를 확보 가능하다는 것이다. 그런데 여기에서 근본적 질문을 제기할 수 있다. 이와 같은 본원적 전략을 어떻게 달성 혹은 구현할 것인가의 질문이다. 전략경영에서는 이에 대한 대답을 충분하게 내놓지 못하는 것 같다. 이는 전략경영에서 기술혁신의 중요성을 충분히 인식하지 못하였기 때문이다.

현대의 사회경제환경 속에서 기업 경쟁우위 확보의 가장 중요한 것은 기술혁신이다. 기술혁신은 글로벌 경쟁의 가장 핵심적인 요소이다. 즉, 전술한 본원적 전략을 가능하게 하는 것은 기술혁신(innovation)이다. 기술이 급변함에 따라 기업의 부침이 더욱 가속화되고 있다. 즉, 기업은 기술혁신능력을 확보하고 활용하여야 이같은 극심한 경쟁에서 살아남을 수 있다. 이른바 '기술혁신의 시대'(era of innovation)가 온 것이다. 기업의 경쟁우위에 기술혁신이 중요하다면 기업은 기술혁신을 효과적으로 확보하고 경쟁우위의 달성에 활용하여야 한다. 이것이 이른바 기술경영(MOT: management of technology)이다(NRC. 1987; Wolfrum. 1991; Shilling; 정선양, 2019, 2023). 기술경영은 경영의 새로운 분야로서 '기술혁신을 통해 기업의 경쟁우위를 확보·유지·발전을 위한 학문적, 실무적 분야'로 정의할 수 있을 것이다. 그러나 대부분 국가에서 새로운 경영 분야인 기술경영을 충분히 인식하지 못하고 연구개발부서 및 연구개발조직 등의 효율적 경영을 하는 단편적 시각을 유지해 왔다는 문제가 있다. 그런데 기술혁신은 대단히 복잡하고, 빠르게 변하고, 이를 확보하기에 대단히 많은 자원이 들어간다. 이에 따라, 기술혁신을 확보·활용하는 것은 쉬운 일이 아니며 대단히 위험하여 심지어 기업을 파산으로 이끌기도 한다. 이에 따라 기술혁신의 확보 및 활용에 대한 최고경영자의 리더십이 절대적으로 필요하다. 최고경영자는 기술경영의 핵심주체가 되어야 할 것이며 최고경영자 개입의 중요성은 일반 경영에서보다 더욱 크다. 그리하여 최고경영자가 주도하는 기술혁신경영, 이른바 '전략적 기술혁신경영(SMTI: strategic management of technology and innovation)'의 필요성이 대두된다(정선양, 2023).

그리하여 '경영의 세기' 논문에서 강조하는 현대 경영의 화두인 리더십과 혁신은 '전략적 기술혁신경영'의 틀 속에서 연계될 수 있다. 전략적 기술혁신경영은 '기업이 기술혁신을 바탕으로 경쟁우위를 어떻게 확보·유지·발전시킬 것인가'에 관한 학문적, 실무적 분야로 인식할 수 있을 것이다. 이 정의는 전략경영은 물론 기술경영에도 올바른 시각을 가지는 데 도움을 준다. 우선 전략경영의 분야에서 경쟁우위의 근본적 원천에 대한 고찰 부족의 문제를 해결할 수 있다. 즉, 기업의 경쟁우위의 근본적 원천은 기술혁신임을 천명하고 기술혁신은 전략경영의 핵심 콘텐츠임을 강조할 수 있다. 다음으로 기술경영 분야에서도 기술경영은 연구개발 기능 차원의 경영 혹은 관리의 문제가 아니라 최고경영자 주도의 기술경영이 이루어져야 함을 강조할 수 있다. 그리하여 21세기는 최고경영자 주도로 전사적 차원에서 기술혁신을 경영하는 '전략적 기술혁신경영'의 시대가 되었다고 요약할 수 있다.

그런데 이는 새로운 것은 아니다. 본 논문 '경영의 세기'에 따르면 경영(management)의 시작은 1886년의 '미국기계공학회'에서의 Henry R. Towne의 "경제학자로서의 엔지니어(The Engineer as an Economist)"라고 강조하였고, 경영의 역사를 보면 과학기술자에 의하여 경영이 이루어진 것을 알 수 있었다. 즉, 경영은 그 태동부터 지금까지 기술과 분리된 적이 없었고 21세기에 들어오면서 기술과 경영의 접목은 더욱 필요해진 것이다. 따라서 현재와 앞으로의 시대는 '전략적 기술혁신경영'의 시대가 된 것은 확실하다. 문제는 "전략적 기술경영을 어떻게 구체적으로 실천하는가?"이고 이 책은 이를 위한 대표적인 학술자료를 검토하고 이론적, 실무적 시사점을 도출할 것이다.

CHAPTER 02

슘페터와 기술혁신[2]

제1절 슘페터: 기술혁신의 대부

전략적 기술혁신경영의 목적은 기술혁신(innovation)을 창출하는 것이다. 기술혁신을 창출하는 주체는 기업가(entrepreneur)이며 기업가가 기술혁신을 가지고 새로움과 가치를 창출하는 도전적인 정신을 이른바 기업가정신(entrepreneurship)이라고 한다. 이 점에서 전략적 기술혁신경영은 기업가로서 최고경영자가 기술혁신을 통하여 기업의 경쟁우위를 어떻게 확보·유지·발전시킬 것인가에 관한 학문적, 실무적 분야이다. 기술혁신과 기업가정신이 조명을 받는 것은 최근의 일이지만, 사실 학문적으로 이들은 오랜

---

2) 이 장은 저자의 다음 책과 논문 등을 바탕으로 작성되었음: 정선양, 「기술과 경영」, 제3판 (서울: 경문사, 2018), 73~77쪽, 80~84쪽; 정선양. "슘페터와 기술혁신: 「경제발전의 이론」 독일어판 제1판의 주요 내용과 현대에 대한 시사점", 「기술혁신학회지」, 제23권, 제2호, 2020, 181~208쪽.

역사를 가지고 있다.

혁신과 기업가정신을 최초로 강조한 것은 오스트리아 정치경제학자인 조지프 슘페터(Joseph A. Schumpeter)이다. 그는 한 국가의 경제발전이 노동과 자본에 의해 발전한다는 주류경제학자들의 주장과 달리 경제발전은 기업가(entrepreneur)에 의해 추진되는 혁신(innovation)에 의해 발전해 나간다는 매우 혁신적인 주장을 펼쳤다. 지난 세기 초·중반까지 그의 주장은 주류경제학에 밀려 널리 알려지지 않았으나 1970년대 후반 지식기반경제와 혁신기반경제의 도래와 함께 전 세계적으로 폭넓게 받아들여져 오고 있다.

슘페터는 1883년 오스트리아에서 태어났다. 그는 평생 다양한 저작을 통하여 현대사회에 대단한 영향을 미친 경제학자이다. 그의 저작 중에서 현대에 가장 큰 영향을 미친 책은 1911년 독일어로 출간된 「경제발전의 이론 (Theorie der wirtschaftlichen Entwicklung)」이다. 그는 이 책에서 모든 경제학자가 파악하고 싶어하는 경제발전의 원인에 대해서 체계적으로 논의하고, 현대에 가장 조명을 받는 혁신(innovation)과 기업가(entrepreneur)의 개념을 도입하였다. 그는 주류경제학자들이 한 국가의 경제를 모든 조건이 사전적으로 주어지고 연년세세 아무런 변화가 없이 진행된다는 가정하에 분석하는 정태이론이 현실의 경제를 설명해 주지 못한다고 설파하고 동태이론에 근거하여 새로운 경제발전이론을 제시하였다.

그는 「경제발전의 이론」 제1판에서 역사상 최초로 경제발전은 기업가에 의한 '생산자원의 새로운 결합(neue Kombinationen: new combina-tions)'에 의해 발전한다는 것을 웅변하였다. 그는 이와 같은 생산자원의 새로운 결합의 구체적 형태로서 혁신(innovation)을 제시하였다. 혁신은 새로운 것으로 위험성이 매우 높으며 성공보다는 실패가 많고 이에 대한 인지 및 창출은 일부 극소수의 사람들, 그의 표현에 의하면 '우리의 유형(unser Type)' 혹은 '새로운 유형(ein neuer Type)'의 사람만이 할 수 있다고 강조하고 이를 기업가(Unternehmer: entrepreneur)라고 표현하고 있다. 즉, 현대의 경제는 이같은 기업가의 생산자원의 새로운 결합, 즉 혁신에 의해 발전해 나간다는 것이 그의 이론의 핵심이다.

그가 이와 같은 혁신과 기업가정신 그리고 이를 바탕으로 경제발전이 이루어진다고 주장한 「경제발전의 이론」 초판이 발간된 것은 그의 나이 28세인 1911년이며 지금으로부터 110여 년 전이다. 이 책의 중요성을 충분히 인식한 '현대 경영학의 아버지'라고 일컬어지는 피터 드러커(Peter Drucker)는 슘페터를 케인스(Keynes)와 비교하면서, 현대의 나아갈 방향을 제시해주는 학자는 그 유명한 케인스가 아니라 슘페터임을 강조하며 그를 '현대의 예언자(Modern Prophet)'라고 명명하였다(Drucker, 1986). 아울러 퓰리처 상을 수상한 맥크로우(McCraw)는 2007년 슘페터의 전기를 출간하였는데, 이 책의 제목은 「혁신의 예언자(Prophet of Innovation)」이다. 아울러 Tidd & Bessant(2009, 2013)는 기술혁신경영학 분야의 대표적인 교과서인 「혁신경영(Managing Innovation)」에서 슘페터를 '혁신의 대부(Godfather of Innovation)'라고 명명하고 있다. 그만큼 많은 후학이 슘페터의 「경제발전의 이론」과 여기서 제시하고 논의한 혁신과 기업가의 중요성에 대해 찬사를 보내고 있는 것이다. 특히 현대에도 주류경제학은 아무것도 변하지 않는 정태이론에 바탕을 두고 경제발전은 노동과 자본에 의해 이루어진다고 파악하고 있다는 점에서, 110여 년 전에 새로운 경제발전이론을 제시한 슘페터의 이론은 대단히 혁신적이라 하지 않을 수 없다.

그럼에도 슘페터의 이론은 그다지 주목받지 못하였다. 그러나 1970년대 들어서면서 현대경제가 '혁신기반경제'로 접어들면서 경제 및 사회 발전이 혁신과 기업가정신에 의해 이루어진다는 주장이 폭넓게 받아들여지면서, 그의 이론에 대한 새로운 조명이 이루어졌고 그의 이론을 추종하는 학자들이 생겨났는데, 이들이 이른바 신슘페터주의자(Neo-Schumpeterian)들이다. 이들은 슘페터가 주장한 것처럼 경제와 사회의 발전은 기술혁신에 의해 이루어진다는 주장을 펼쳤는데 그 결과 1970년대부터 1980년대에 걸쳐 기술과 경제에 관한 많은 이론적 분석 및 이를 위한 슘페터 경제학에 대한 새로운 해석이 이루어졌다(대표적으로, Dosi 등, 1982; Freeman, 1982; Rosenberg, 1982; Nelson & Winter, 1977, 1982). 또한, 이들 신슘페터주의자 중 일부는 1980년대에 들어 경제와 사회 발전에 이처럼 중요한 기술혁신에 대한 시스템적 접근을 강조하는 국가혁신체제론을 주장하기에 이르렀다(대표적으로, Freeman, 1987; Lundvall, 1992; Nelson, 1993).

제2절 Schumpeter의 혁신이론

기술혁신에 관한 최초의 이론을 정립한 학자는 Joseph Schumpeter(1883~1950)이다. Schumpeter는 그동안 주류경제학을 형성해 온 신고전학파와 케인즈 경제학파가 기업의 성장 및 경제발전에 있어서 기술혁신, 즉 기술변화의 역할을 무시하였음을 강력히 비판하고 경제발전에 관한 이론을 기술혁신을 중심으로 재작성할 것을 강조하였다. Schumpeter는 이미 20세기 초반 기술혁신(technological innovation)의 중요성을 인식하고 혁신에 바탕을 둔 경쟁(competition)이 기업의 생존과 발전에 매우 결정적인 영향을 미치는 핵심적인 요소임을 강조하였다. 많은 학자는 Schumpeter의 기술혁신이론을 흔히 '전기 슘페터 논의'(혹은 Schumpeter I)와 '후기 슘페터 논의' (혹은 Schumpeter II)로 나누어 분류하고 있다(Clark, 1985). 아래에서는 이에 관해 논술하기로 한다.

1. 전기 슘페터 논의

Schumpeter의 초기 혁신이론은 그의 「경제발전의 이론(Theorie der wirtschaftlichen Entwiclung)」이라는 독일어 저서(제1판)가 나온 1911년에서 영어 번역판(The Theory of Economic Development)이 나온 1934년경에 이르기까지 논의된 혁신이론을 의미한다. 슘페터의 초기 논의는 기업이익(business profit)을 추구하는 기업가 개인의 혁신능력에 초점을 맞추고 있다. 즉, 기업가는 이익을 창출하기 위해 실패 위험이 높은 기술혁신을 추구하며 이 같은 기업가의 혁신 노력에 의해 자본주의가 발전한다는 것이다. 여기에서는 기업가와 혁신이라는 두 가지 중요한 개념이 대두된다.

1) 혁신

Schumpeter에 따르면 혁신(innovation)은 '생산자원의 새로운 결합(neue Kombinationen)'으로 정의된다. 그의 「경제발전의 이론」 제1판에는 혁신이라는 말은 등장하지 않고 das Neue, Neues, etwas Neues, Neuerungen과 같은 용어가 등장하는데, 이들은 우리말로 '새로운 것' 혹은 '새로움'으로 번역할 수 있다. 아울러 제1판에는 혁신 혹은 새로움이라는 용어보다는 '새로운 결합'이라는 용어가 훨씬 많이 사용된다. 세부적으로 혁신 혹은 새로운 결합은 다음 다섯 가지 형태를 가지고 있다.

① 새로운 재화 혹은 어떤 재화의 새로운 질의 도입
② 반드시 과학적 발견에 기초할 필요는 없으나 새로운 생산공정의 도입

③ 새로운 시장의 개척

④ 투입물 공급의 새로운 원천의 개발

⑤ 산업 조직에 있어서의 변화

이 점에서 Schumpeter의 혁신에 관한 정의는 재화, 생산공정, 시장, 투입물, 조직에 있어서 '새로움'을 창출·도입하는 것으로 파악할 수 있다. 이 같은 관점에서 슘페터가 제시한 전술한 혁신의 유형은 새로운 제품(new product), 새로운 공정(new process), 새로운 시장(new market), 새로운 투입물(new input), 새로운 조직(new organization)으로 파악할 수 있다. 이점에서 슘페터의 혁신에 대한 정의는 일반적인 기술혁신보다 포괄적이다.

이들 혁신은 새롭다는 측면에서 위험성이 많다. 그리하여 슘페터는 혁신과 새로운 결합의 관철(Durchsetzung)의 중요성을 강조한다. 즉, 그는 경제발전의 동인은 혁신 혹은 새로운 결합 그 자체가 아니라 이의 관철임을 누누이 강조하였다(정선양, 2020). 그러나 혁신에 성공하면 막대한 독점이윤(monopoly profit)을 향유할 수 있기 때문에 기업가는 혁신을 추구한다. 한 기업가의 혁신을 통한 독점적 이익의 사례는 다른 기업가들이 자신들의 이익추구를 위한 혁신의 대열에 동참하게 한다.

2) 기업가

경제발전의 핵심적 역할을 담당할 혁신을 관철하는 사람이 누구인가가 중요하다. 여기에서 Schumpeter는 '기업가'라는 새로운 유형의 경제주체를 등장시키는데, 이는 매우 신선한 충격이다. 왜냐하면, 그동안 주류경제학에서의 경제주체는 노동자, 지주, 자본가만 등장하였기 때문이다(정선양, 2020). Schumpeter는 초기 논의에서 이 새로운 경제주체를 '새로운 유형(ein neuer Type)' 혹은 '우리의 유형(unser Type)'이라는 표현을 하였고 충

분한 논의가 진행된 후 구체적으로 기업가(Unternehmer : entrepreneur)라
는 표현을 사용하였다.

Schumpeter는 혁신을 관철하는 기업가는 아주 소수의 사람이며, 이들
은 일반인과 다른 행동을 한다는 점을 강조한다. 즉, 기업가는 새로운 결합
을 보고, 이를 추구할 의지와 능력을 가지고 있으며, 여기에 있을 수 있는
여러 저항과 사슬을 뚫고 나가는 사람이다. 아울러 그는 이같은 능력은 기업
가의 정신세계 및 마음속에 존재하고 있다고 주장한다(정선양, 2020). 그리
하여 기업가의 주요 특징 중 하나는 실천력이다. 슘페터는 기업가가 행동을
위한 에너지가 충만하다는 점에서 실천가(Man der Tat)라고 명명하고 있다.
좀 더 세부적으로 기업가는 '빠른 의사결정'과 '의사결정의 관철'의 두 가지
특징을 가지고 있다.

Schumpeter는 혁신 혹은 새로운 결합의 관철은 경제의 본질적 현상이
라는 점을 강조하고, 그리하여 기업가를 자본주의를 이끌어가는 '지도자
(Führer: leader)'로 파악하고 있다. 기업가는 미래를 바라보고 통찰력을 바
탕으로 비쾌락적인 행동을 관철하며 난관을 극복하는 용기와 실천력을 가진
새로운 유형의 사람이다. Schumpeter는 다음과 같이 주장한다.

"우리의 목적을 위한 우리 유형의 중요성은 우리가 찾았던 경제발전의 원
동력을 그에게서 발견한다는 점에 있다. 그것은 우리 논의의 흐름 속에서
자연스럽게 상응하여 묘사될 것이다. 변화에 대한 끝없는 계기가 그로부터
창출된다. 그는 경제영역에서 변화의 끝없는 원천이라는 점에서 경제발전
의 원동력이다. 그는 경제발전의 바로 그 원동력인데, 그는 경제 자체로부
터의 변화를 창출하기 때문이다. 경제활동에서 다른 모든 변화는 외부로부
터 주어진 여건의 변화에서 비롯한다."(Schumpeter, 1911: 134)

그리하여 Schumpeter는 기업가를 유명한 철학자 혹은 옛날의 기사나 정치 지도자와 같은 영웅적인 속성을 가지고 있는 것으로 파악한다. 기업가는 기술혁신의 아른거리는 가능성을 잡을 수 있고, 이에 필요한 자원을 동원할 수 있으며, 기술혁신을 통한 성공적인 결과를 내다볼 수 있는 용기, 상상력, 예지를 가지고 있는 자이다. 엄밀한 의미로 이는 사람이 아니라 속성으로서 기업가정신(entrepreneurship)이라고 불리기도 한다. 기업가는 새로운 아이디어를 통한 혁신을 창출하기 위하여 기존의 관습이나 제도에서 오는 장애를 타파하여야 한다.

3) 기업가이윤

기업가는 도대체 왜 실패의 위협을 무릅쓰고 혁신, 즉 새로운 결합을 추진하는 것일까? 여기에 대한 해답으로, Schumpeter는 기업가는 이와 같은 생산자원의 새로운 결합 혹은 혁신의 결과로 창출될 미래가치, 즉 기업가이윤(Unternehmergewinn: entrepreneur profit)을 기대하기 때문이라고 강조한다. 기업가이윤은 기업가가 혁신을 창출하는 동인이며 미끼가 된다. 그는 기업가이윤의 본질에 대하여 다음 두 가지를 설명하고 있다. 먼저, 기업가이윤은 특별하고도 독립적인 가치 현상으로 경제의 지도자 역할과 관련이 있다는 점이다. 기업가는 전술한 의지와 행동을 투입하여 다른 경제주체를 지도하고 강제하여 이를 바탕으로 혁신을 창출하여 기업가이윤을 창출한다는 것이다. 둘째, 기업가이윤은 기업가에게 귀속된다는 점이다. 기업가는 위험성이 높은 혁신을 창출하고 이를 바탕으로 경제발전과 수익을 창출하였다는 점에서 그 수익, 즉 기업가이윤은 일반 경제주체가 그에게 지불하여야 할 프레미엄이고 조세라고 강조한다.

최초의 기업가는 최초의 혁신을 바탕으로 독점이윤(monopoly profit)

을 창출할 수 있다. 그런 면에서 기업가이윤은 독점적 성격이 있다. 이와 같은 독점적 이익은 다른 기업가를 위험이 큰 혁신의 대열에 참여하게 하는 것이다. 기업가이윤은 독점적 성격의 이윤으로서 기업가에 귀속된다. 기업가는 자신에게 귀속된 기업가이윤을 다시금 새로운 혁신의 창출, 미래가치의 실현에 투자한다. 그리하여 경제발전은 계속된다. 이 점에서 슘페터는 기업가이윤은 경제발전의 아이(산출물)인 동시에 희생물(투입물)임을 다음과 같이 강조한다.

> "기업가이윤은 기업가 기능이 완수되자마자 기업가에게 귀속된다. 기업가이윤은 새로운 혁신의 창출, 개발가치의 실현, 미래의 가치체계 실현에 연계되어 있다. 이는 경제발전의 아이인 동시에 희생물이다. … … 이미 나는 "경제발전 없이는 기업가이윤이 없고, 기업가이윤이 없으면 경제발전이 없다."고 말했다. 자본주의 경제에 대하여 기업가이윤이 없으면 자산형성도 없다는 점을 추가할 수 있다. 자산형성이 없으면 우리가 목격하는 큰 사회적 현상도 없다. 적어도 그것은 확실히 경제발전의 결과이며, 결국 기업가이윤의 결과이다."(Schumpeter, 1911: 322)

2. 후기 슘페터 논의

Schumpeter의 후기 혁신이론은 그의 「경제발전의 이론」 영문판이 출판된 1934년경 이후부터 「자본주의, 사회주의, 민주주의(Capitalism, Socialism and Democracy)」라는 책이 발간된 1943년을 전후에 이르기까지의 혁신이론을 의미한다. 이 논의는 전술한 전기 슘페터 논의의 단점을 반성하는 데서 출발하였다. 즉, 전기 슘페터 논의에서는 기술혁신의 창출 및 활용에 있어서 '기업가'와 '기업가정신'을 강조하였고, 기업가정신은 계속적으로 이어지지 않고 해당 기업가가 죽으면 단절되거나 다른 기업가에 의해 추월되는 것으로 보았는데, 이는 명백히 잘못된 것이라는 것이다. 후기 슘페터 논의에서는 기업가(entrepreneur)에서 기업(corporate)의 관점으로 시야를 넓히면서 기업가정신을 가진 기업은 계속적으로 혁신을 창출할 수 있으며 이를 통해 자신의 경쟁우위가 다른 기업들로부터 침해받는 것을 방지하여 시장에 있어서 비교우위를 계속하여 유지할 수 있다는 것이다.

또한, 여기에서는 기업들은 경쟁우위를 유지하기 위하여 이 같은 기업 가정신 및 혁신능력을 제도화(institutionalization)할 수 있다는 점을 강조한 다. 후기 Schumpeter 논의에서는 이처럼 혁신을 체계적이고 계속적으로 창 출할 수 있는 제도적인 틀(institutional framework)을 만들 필요성을 강조한 다. 대표적인 제도적 틀로서 Schumpeter는 기업연구소(corporate institute) 를 들고 있다. 그는 1943년의 저서인 「자본주의, 사회주의, 민주주의 (Capitalism, Socialism and Democracy)」에서 기업의 종합적인 연구개발활 동이 산업혁신의 주요한 원천임을 천명하고 있다.

3. 슘페터 이론의 특징

Schumpeter는 기술혁신경영의 아버지로 평가받을 수 있다. 그는 이미 100여 년 전에 경제발전 및 사회발전에 있어서 기술혁신의 중요성을 인식하 고 이에 대한 효율적인 경영의 필요성을 강조하였다. 이에 따라, 그는 금세 기에 들어서면서 '혁신의 예언자(Prophet of Innovation)'로 추앙받고 있으 며, 지난 세기 최고의 경영학자인 Peter Drucker도 슘페터가 '현대의 예언자 (Modern Prophet)'라고 찬사를 보냈다(Drucker, 1986).

Schumpeter의 기술혁신에 관한 논의에 따르면, 연구개발활동은 규모의 경제(economies of scale) 효과가 있어 보다 많은 자원을 연구개발활동에 투입할수록 이를 통한 기술혁신의 산출물이 더욱 많다. 이에 따라, 슘페터는 이 같은 규모의 경제를 효과적으로 달성할 수 있도록 기업연구소(corporate institute)를 제도화할 필요가 있음을 강조한다. 그 결과 슘페터의 논의에 따르면 오직 대기업만이 기업연구소를 설립·운영할 수 있으며 신기술을 신속하게 활용하는 데 필요한 생산능력, 제품을 판매할 수 있는 마케팅 능력을 가지고 있다. 실제로 실증적인 측면에서 보면 기업 규모와 연구개발성과가 상당한 연관이 있음을 보이고 있다. 슘페터는 경제발전에 있어서 기술혁신의 중요성을 강조하였다는 점에서 1970년대 대두된 기술투입론(technology－push theory) 혹은 기술추동론의 원조로 이해할 수 있을 것이다.

이 같은 기업가들 및 다양한 기업의 혁신 노력은 '혁신의 군집(cluster of innovations)'을 창출할 수 있으며, 이는 새로움이 떼를 지어 도입되고 기존의 질서를 파괴한다는 점에서 '창조적 파괴의 광풍(gale of creative de－struction)'을 이룬다. 이를 통해 기존의 산업은 파괴되고, 새로운 산업이 창출되며, 자본주의의 발전이 이루어진다. 초기 슘페터 논의는 기업가에 대한 강조와 기업가의 장래 독점적 이익에 대한 기대를 강조한 반면, 후기 슘페터 논의에서는 혁신활동에 있어서 기존기업의 독점적 지위를 강조하고 있다. 여기에서는 연구개발활동이 점점 제도화되고 있으며, 혁신을 계속적으로 창출하기 위한 효율적인 제도적 틀의 중요성을 인식하고 있는 것이다.

제3절 신슘페터주의 혁신이론

Schumpeter의 시대에는 물론 현재에도 주류경제학은 신고전파 경제학

(neo-classical economics)이다. 신고전학파의 기술혁신이론은 기술혁신의 중요성을 새롭게 인식하기 시작하여 이들이 외생변수가 아닌 경제체제의 내생변수(indigenous factors)로 파악하였다는 데 중요한 의미가 있다. 또한, 이들은 기술혁신의 원천으로서 수요 측면 요인들의 중요성을 강조하였다. 그 결과 기술은 모든 산업 및 시점에 있어서 이미 존재하여 '선반과 같은 (shelf-like)' 것으로 파악하였다. 즉, 기술은 한 경제체제 속에 이미 주어져 있으며 어떤 기업도 언제나 그 규모에 관계없이 그 기술을 선반에서 가져올 수 있는 것으로 파악하였다. 그러나 이같은 관점은 그동안 축적된 지식, 과학, 기술이 경제발전에 매우 피동적인 역할만을 담당한다는 시각이라는 점에서 문제점을 가지고 있다.

이에 따라, 1970년대 중반 이후 일련의 학자들이 이와 같은 신고전학파 경제이론의 기술혁신에 관한 입장의 문제점들을 비판하고 전술한 슘페터의 기술혁신이론을 추종하며 기술의 진보가 경제발전에 매우 중요하다는 것을 충분히 인식하고 경제 내부에서 기술혁신역량의 창출 및 축적의 중요성을 강조하였다. 이들이 이른바 신슘페터주의자(Neo-Schumpeterians)들이다.

이들은 기술혁신에 있어서 공급측면, 즉 과학투입(science push)의 중요성을 강조하고 있다. 이 개념은 앞에서 설명한 기술혁신의 '수요견인론 (demand-pull theory)' 및 '기술적 선반(technological shelf)'이라는 개념과 대치되는 것으로서, 모든 기술혁신은 과학적 연구의 진보로부터 창출된다는 입장이었다. 이에 따라, 이들은 과학적 진보를 추구하기 위한 전문적인 연구개발활동(R&D activities)의 중요성을 강조하고 있는데, 대표적인 학자로서 Freeman(1982)은 20세기에 빠르게 성장한 주요 산업들은 - 예를 들어, 화학, 약학, 전자, 컴퓨터, 항공기, 원자력 산업 등 - 전문적인 연구개발 부문에서 '조직화된 과학적 연구'를 바탕으로 발전하였음을 강조한다. 그 결과 국가의 경쟁력을 높이고자 하는 정부는 기업가(entrepreneur)가 스스로 자신의 역할을 수행할 때까지 뒷짐 지고 기다려서는 안 된다며 적극적인 기술혁신정책을 펼칠 것을 강조하고 있다.

한편 Dosi(1982)는 그동안의 기술혁신과정에 관한 기술추동론과 수요견인론이 기술혁신의 방향과 결정요인의 설명에 부족함이 있음을 강조하고 기술혁신은 과학의의 진보, 경제적 요인, 제도적 요인 등의 상호작용에 의해 발전해 나간다고 주장하였다. 즉, 그는 기술의 발전이 독립적으로 이루어지는 것이 아니라 다양한 기술들이 서로 긴밀한 네트워크를 형성하며 발전해 나가는 유기적 시스템의 형태를 가지고 이루어진다고 파악한다. 실제로 현대의 과학기술은 다양한 분야들이 서로 융합하며, 유기체처럼 발전해 나가고 있다. 그는 새로운 설명을 위하여 기술패러다임(technological para-digm)과 기술궤적(technology trajectory)이라는 개념을 제시하였다. 특히 Dosi(1982)는 기술패러다임(technological paradigm)을 어느 한 시점, 한 산업에 있어서 그 시점의 또한 미래의 기술혁신을 통해 경제적 생산을 보강하는 데 필요한 가장 가능성 있는 아이디어, 기술, 장치, 재료 등의 집합으로 정의하고 있다. 아울러 그는 기술궤적(technological trajectory) 혹은 기술경로(technological path)라는 개념을 제시하고 있는데, 이는 특정한 패러다임에 의해 규정된 일련의 가능성 있는 기술적 방향(technological direc-tions)의 집합으로 정의하고 있다. 이에 따라, 한 기술패러다임 속에는 여러 개의 기술경로가 있을 수 있다. 이들은 모두 산업적 성공을 기약하지는 않으며 기술혁신의 주체들에-그것이 정부이든 기업이든-의해 선택되어져야 한다. Dosi(1982)는 이같은 기술선택(technology choice)에 있어서 시장(market)의 역할을 강조하며, 시장은 기술경로들이 성공할 것으로 기대되는 혁신행위로 발전될 수 있도록 제한하는 지표(guiding posts) 혹은 필터

(filters)의 역할을 담당한다고 주장하고 있다.

한편 진화론적 기술경제학자인 Nelson & Winter(1977)는 기술경로를 선택하는 필터의 역할은 시장만이 수행하는 것이 아니며 보다 넓은 의미의 선택환경(selection environment)이라는 개념을 도입할 필요가 있음을 주장한다. 이들은 새로운 기술혁신의 흐름이 주어졌을 때 선택환경은 서로 다른 기술들을 시간에 따라 어떻게 상대적으로 활용할 것인가를 정해주며, 주어진 기술혁신에 의해 창출되는 생산성 증가의 경로에 영향을 준다고 주장한다. 이에 따라, 선택환경은 기업 및 산업이 이익을 창출할 수 있는 연구개발 활동을 수행하는 데에 있어서 강력한 영향력을 행사한다. 이들은 기술혁신의 창출 및 활용에 영향을 주는 비시장적 요소(non-market factors)로서 자연과학적 지식, 시장의 환경, 공공기구, 교육시스템, 학생 및 학부형, 유권자 등을 들고 있다. 기술혁신의 창출 및 확산은 이같은 비시장적 요소들에 의해서도 상당한 영향을 받는다.

이상에서 언급한 Dosi, Nelson, Winter 등은 그들의 관점이 신고전학파들의 입장보다 기술혁신을 이해하는 데 매우 유용함을 주장하고 있다. 무엇보다도 이들은 선택환경(selection environment)의 개념을 도입함으로써 기술혁신의 원천에 있어서 '수요견인론'과 '과학투입론' 간의 조화를 모색하였다는 점이 큰 특징으로 대두된다. 이들의 관점은 경제변화 및 기술변화에 관한 진화이론(evolutionary theory)으로 모아지게 되었다(Nelson & Winter, 1977, 1982). 진화론적 경제학자(evolutionary economists)는 기술의 동력성을 강조하는 Schumpeter의 견해를 근본적으로 생물학적, 즉 진화론적인 속성을 가지고 있는 기업행위에 접목시키고자 노력하였다. 기업이 환경에 대응하여 발전하고 진화론적 경로를 겪는 것과 마찬가지로 기술혁신을 통한 기업의 발전 및 경제발전도 이와 유사한 경로를 따른다는 것이다. 그리하여 진화론적 경제학은 신슘페터주의 경제학과 맥을 같이하고 서로 교환적으로 사용되기도 한다(Magnusson, 1993).

이들은 기술변화의 노력, 즉 기술혁신활동은 전술한 바와 같이 불확실한 선택환경(selection environment) 속에서 이루어지기 때문에 기업은 나름대로의 합리적인 혁신전략(innovation strategy)을 활용하여 보다 나은 기술혁신활동을 수행하여야 할 것이라고 주장하고 있다. 이같은 과정을 탐색과정(search process)이라고 부르고 있다. 여기에서 기업은 학습(learning)의 필요성이 있으며, 학습을 잘하여 선택환경 속에서 합리적인 기술혁신전략을 수립하고 성공적인 기술혁신활동을 하며 이같은 과정을 제도적으로 잘 구축하는 기업만이 생존·번영하게 된다. 이에 따라, 기업의 기술혁신활동을 둘러싸고 있는 선택환경, 보다 구체적으로 말해 기술환경이 효과적으로 구축되어야 할 것이며, 이 속에서 학습활동을 활발하게 하는 기업만이 성장할 수 있다는 것이다.

CHAPTER 03

기술혁신과 핵심역량[3)]

제1절 핵심역량의 개념

1. 핵심역량의 개념

전략경영에 따르면 기업이 경쟁우위를 확보하는 방법은 차별화된 신제품을 출하하거나, 기존제품을 보다 낮은 원가로 생산하여 고객에게 더 나은 가치를 제공하는 두 가지 방법이 있다. 전술한 바와 같이 경영 실무에서는 전자를 차별화(differentiation) 전략, 후자를 원가우위(cost leadership) 전략으로 부르며, 이들은 업종, 규모, 위치에 관계없이 모든 기업이 활용가능하기 때문에 본원적 전략(generic strategies)이라고 부른다. 이와 같은 저원가 및 차별화를 가능하게 하는 기업의 능력을 역량(competence)이라고 한다. 기업의 역량은 기업이 어떤 행위를 경쟁기업보다 훨씬 잘 수행할 수 있는

---

3) 이 장은 정선양, 「전략적 기술경영」, 제5판(서울: 박영사, 2023), 71~85쪽을 수정·보완하였음.

능력으로 정의할 수 있다. 이와 같은 역량을 지탱해 주는 것이 기술역량(technological capabilities)이며, 이들 기술능력을 지탱해 주는 것은 새로운 기술적·시장적 지식이다. 이 점에서 기술은 기업 핵심역량의 기초를 제공해 준다.

기업이 효과적인 기술경영을 통하여 기술능력을 확보하여야 하는 이유는 기술이 기업 핵심역량(core competence)의 근본이기 때문이다. 핵심역량은 Prahalad & Hamel(1990)이 그들의 저명한 논문 "The Core Competence of the Corporation"에서 주장한 개념으로서 이를 바탕으로 기업의 전략이 수립되는 내부의 강점을 의미한다. Prahalad와 Hamel은 기업을 보는 시각을 사업의 포트폴리오(portfolio of businesses)로 바라보던 그동안의 시각을 바꾸어 역량의 포트폴리오(portfolio of competencies)로도 바라보아야 할 것을 강조한다. 기업의 핵심역량은 기술, 제품, 공정, 마케팅, 하부구조, 인적자원 등일 수 있다. 핵심역량은 고객에게 독특한 가치를 제공해 줄 수 있는 제품 혹은 서비스를 창출하는 근본 능력이다. 가장 중요한 핵심역량은 기업이 고객을 위하여 가치를 부가하는 데 활용할 수 있는 지식, 기능, 기술의 집합이며(<표 3-1> 참조), 이는 기업의 경쟁력(competitiveness)을 결정한다. 예를 들어, Sony의 핵심역량은 최소화 기술, Honda는 모터기술이다. 이처럼 많은 기업은 기술을 바탕으로 핵심역량을 확보하고 있다. 이 점에서 Prahalad & Hamel(1990)은 핵심역량을 '기술의 흐름을 조율하는 것'으로 표현한다.

● 표 3-1 핵심역량의 사례

기업명	핵심역량
소 니	최소화기술
혼 다	모터기술
샤 프	액정기술
카시오	액정기술
모토롤라	무선통신
보 잉	대규모 시스템 통합
필립스	광학미디어기술

자료: 정선양, 「전략적 기술경영」, 제5판(서울: 박영사, 2023), 72쪽.

Prahalad & Hamel(1990)은 기업의 핵심역량은 '조직에 있어서 집합적 학습(collective learning)'이라고 주장하며, 특히 어떻게 다양한 기술을 조정하고 기술의 다양한 흐름을 통합할 것인가에 관한 학습능력임을 강조하고 있다. 이는 핵심역량의 배양 및 확보에는 기업의 모든 구성원의 학습 및 노력이 필요함을 나타내 주는 것이다. 이 점에서 Prahalad & Hamel(1990)은 핵심역량을 조직경계를 넘어서는 커뮤니케이션, 개입, 깊숙한 참여라고 정의하고 있다. 이들은 핵심역량(core competence)은 보통 핵심제품(core products)으로 변환되며, 이 핵심제품은 여러 개의 최종제품(end prod-ucts)에 체화되고, 최종제품은 기업과 고객을 연결해 주며, 최종제품의 가치는 기업이 제품에 독특하고도 특정한 역량을 연계시키면 증가된다고 강조하고 있다.

Prahalad & Hamel(1990)은 다각화된 기업의 핵심역량을 나무에 비유해서 설명하고 있다. 뿌리(roots)는 기업의 핵심역량이며, 나무의 몸통 (trunks)은 핵심제품을 나타내 주며, 나무의 가지(small branches)는 사업단 위를 나타내며, 잎새(leaves)는 최종제품을 나타내 준다. 핵심역량은 기업 경쟁력의 뿌리로서, 이 뿌리는 나무에 영양분을 제공하고 나무를 살아 있게 하고 성장하게 한다(<그림 3-1>). 기업은 기술역량에 바탕을 두어 다양 한 사업부문으로 다각화(diversification)하는 성장전략을 추구할 수 있다. 이 와 같은 기업 경쟁력의 뿌리 역할을 담당하는 것이 무엇보다도 기업의 기술 능력이다. 이에 따라, 경영자는 이와 같은 기술능력을 어떻게 시장에서 경쟁 력을 가지는 최종제품으로 변환하고, 이를 바탕으로 언제 어떻게 새로운 산 업분야에 진출할 것인가의 문제에 고민하여야 한다. 이것이 이른바 전략적 기술혁신경영이다.

● 그림 3-1 기업 핵심역량의 묘사

핵심역량 = 기술능력

자료: 정선양, 「전략적 기술경영」, 제5판(서울: 박영사, 2023), 74쪽.

이처럼 핵심역량이 중요한 이유는, 핵심역량이 급변하는 환경 속에서 기업의 장기적 경쟁우위를 가져다주기 때문이다. 즉, 단기적으로는 기업의 경쟁우위는 현재 제품의 경쟁력으로부터 창출되는데, 이는 대부분 기업이 쉽게 추격할 수 있다. 그러나 장기적으로 기업의 경쟁력은 예상치 못한 제품을 창출할 수 있는 핵심역량을 경쟁기업보다 더 낮은 원가로 그리고 더 빠르게 구축하는 역량으로부터 창출된다. 그리하여 기업의 진정한 경쟁우위는 기업 전체의 기술 및 생산능력을 개별 사업부가 변화하는 기회에 빠르게 대응할 수 있는 역량으로 통합하는 경영층의 능력에 달려 있다.

2. 기술과 핵심역량

경영자는 효과적인 기술경영을 통하여 기술능력을 확보하고 이의 핵심역량으로의 변환에 노력하여야 할 것이다. 기술에 바탕을 둔 기업의 핵심역량은 기업에 차별적 우위(distinctive advantage)를 제공해 준다. 차별적 우위는 경쟁기업이 모방하기 어려운 경쟁우위를 의미한다. 기술능력은 경쟁기업이 모방하기가 어렵다는 점에서 기업은 기술능력을 확보·활용하여야 할 것이다. 기술능력은 기업이 제공하는 최종제품의 창출 및 경쟁우위 제고에 대단한 공헌을 하며, 이를 바탕으로 다양한 시장에 접근을 가능하게 한다. 이에 따라, 기업은 기술에 바탕을 둔 핵심역량을 활용할 수 있어야 하는데, 여기에서 중요한 것은 이를 중심으로 기술전략 및 사업전략을 개발하여야 한다는 것이다.

기술능력의 관점에서 기술은 서로 다르게 분류할 수 있다. 기업에 의해 생산되는 제품과 서비스는 기업역량의 집합에 관련된 내부기술(internal technology)에 기초하고 있거나 외부의 다른 기업들에 의해 소유된 외부기술(external technology)에 의존한다. 이들 두 기술은 기업의 경쟁우위 확보·유지·확대에 서로 다른 전략적 중요성을 가진다. 이에 따라, 기업은 기업활동에 대한 상대적 중요성에 비추어 기술을 적절하게 도출·분류하고 차별적으로 대응하여야 한다. 이와 관련 Ford(1988)는 기업 혹은 제품 내의 기술을 다음 3개의 층으로 나누고 있다(<그림 3-2> 참조).

● 그림 3-2 제품의 상대적 위치에 따른 기술의 분류

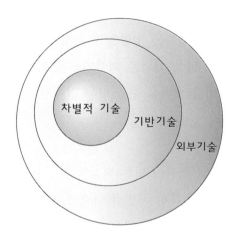

자료: 정선양, 「전략적 기술경영」, 제5판(서울: 박영사, 2023), 75쪽.

첫째, 차별적 기술(distinctive technology)로서, 이는 기술에 대한 기업의 위치가 기업에 차별적 역량을 제공해 주는 기술이다. 이 점에서 이 기술은 기업이 경쟁우위를 확보하기 위해 반드시 창출·보호·자본화해야 하는 핵심기술이다. 이는 경쟁기업들이 아직 충분한 기술적 능력을 확보하지 못한 기술을 의미한다.

둘째, 기반기술(basic technology)로서, 이는 기업이 기업활동에 있어서 크게 의존하고 있는 기술을 의미하며, 이것이 없으면 기업이 핵심적인 경쟁력을 상실할 수 있다는 점에서 생존기술(survival technology)이라고 부르기도 한다. 이는 매우 필수적인 기술이지만 많은 경쟁기업도 이를 이미 확보하

고 있다는 점에서 기업을 경쟁자로부터 차별화해 주지 못하는 기술이다. 이에 대한 대표적인 기술이 생산기술이며, 제조기술·병참기술·운송기술 등의 예를 들 수 있다.

셋째, 외부기술(external technology)은 외부기업들로부터 공급되어지는 기술로서, 이들은 보통 시장에서 대량으로 획득이 가능한 기술이다. 이 기술은 기업의 경쟁우위에 별다른 영향을 미치지 않기 때문에 기업 외부로부터 구입해도 무방하다. 많은 기업은 외부기술을 기업 내부에서 확보하는 것은 소중한 자원의 낭비를 가져올 수 있다는 점에서 외부에서 구입하는 경향이 높다.

기술은 기업 경쟁력의 핵심이 되는 핵심역량(core competence)의 근간을 형성하고 있다. 여기에서 특히 차별적 기술이 기업의 핵심역량을 구성하기 때문에 이에 대한 확보와 관리가 매우 필요할 것이다. 이에 따라, 기업은 자체연구개발활동(in−house R&D activities)을 통하여 이와 같은 차별적 기술을 확보하기 위해 많은 노력을 기울인다. 그러나 기반기술 및 외부기술도 기업의 경쟁우위 확보에 어느 정도 영향을 미치기 때문에 이들에 대한 관리 또한 필요할 것이다. 이들은 기업의 가치사슬에 다양한 영향을 미쳐 원가우위 및 차별화를 가져와 기업의 경쟁우위를 제고해 주며 부의 창출을 가져온다.

제2절 핵심역량과 인접이동

    핵심역량은 이를 바탕으로 새로운 사업 분야의 창출을 강조하고 있다. 이 점에서 핵심역량의 효율적 배양 및 창출도 중요하지만 이의 효율적 활용 및 새로운 사업의 창출도 대단히 중요하다.

    일반적으로 기업은 성장전략에 따라 다각화(diversification)를 추구할 때 매력적인 시장을 바탕으로 다각화를 추진하는 경향이 높다. 그러나 Prahalad & Hamel(1990)은 이 같은 다각화 전략이 성공하기 위해서는 시장에 따른 다각화를 추구하지 말고 핵심역량을 바탕으로 한 다각화 전략을 추구할 것을 강조하고 있다. 실제로 Honda사가 다양한 사업부문에서 성공을 거둔 것은 이들 사업부문 및 시장의 매력도가 높아서가 아니라 엔진기술이라는 핵심역량을 바탕으로 관련성이 있는 인접부문으로 다각화를 추구하였기 때문이다. 이 점에서 다각화의 성공은 핵심역량의 공유에서 비롯한 것이다. 일반적으로 핵심역량은 물리적 자산과 달리 사용 및 공유를 통하여 줄어들지 않는다.

● 표 3-2 핵심역량 개념에서 경쟁의 차원

차원	목표	경쟁의 양상	시간의 지평	최고경영자의 관여
최종제품	시장에서 매출액 증대	일상적 경쟁	단기	낮음
핵심제품	제품 사양 및 효율성 증대	사업부 차원의 경쟁	중기	중간
핵심역량	새로운 사업의 창출	전사적 경쟁	장기	높음

자료: 정선양, 「전략적 기술경영」, 제5판(서울: 박영사, 2023), 77쪽.

핵심역량의 요체는 <표 3-2>에서 나타나 있는 것처럼 새로운 사업의 창출이다. 이에 따라, 기업은 핵심(core)을 계속 확장할 것을 강조한다. Zook(2003)는 핵심역량을 바탕으로 관련성이 높은 사업, 즉 인접사업으로 확장해 나갈 것을 강조하면서 이를 인접이동(adjacent movement)이라고 부르고 있다(<그림 3-3> 참조). 이 같은 새로운 사업영역으로 진출하는 데 있어서 중요한 기준은 사업의 매력도와 핵심사업과의 인접도이다. 여기에서 사업의 매력도는 새로운 사업의 시장규모, 성장률, 경쟁강도, 앞으로의 전망을 나타내며 기업이 이곳에 진출할 경우 수익을 창출할 수 있는 가능성을 나타내 준다. 다음으로 핵심사업과의 인접도는 새로운 사업이 역량, 고객, 비용을 어느 정도 공유하며 이 산업에 진출시 이들을 어떻게 공동으로 활용하는가의 문제를 나타내 준다. 그 결과 기업들은 자신의 핵심사업과 가까운 인접사업에 진출하여야 한다. 그런데 문제는 우리 기업의 인접산업은 다른 기업의 핵심사업이라는 점이다.

이처럼 핵심역량에 바탕을 둔 인접사업으로의 이동을 강조하는 것은 그동안 인접사업이 아닌 분야로 무분별한 이동을 하여 실패한 기업들의 사례가 많기 때문이다. 예를 들어, 미국의 Kmart는 월마트와 경쟁하던 유통기업이었으나 스포츠용품점 등 관련성이 적은 무리한 사업확장으로 경쟁력을 크게 상실하였다. 이에 따라, Zook(2003)는 기업이 어떻게 사업을 확장할 것인가의 문제가 현대의 CEO들이 당면한 가장 도전적인 과제라고 강조하면서 기업이 사업을 확장할 수 있는 기준으로서 인접이동(adjacent movement)을 강조하였다. 즉, 기업은 핵심사업에 있어서 강력한 리더십을 가지고 있으며 이를 바탕으로 인접사업으로 활발하게 이동하여야 한다는 것이다.

● 그림 3-3 핵심기술을 바탕으로 한 인접이동

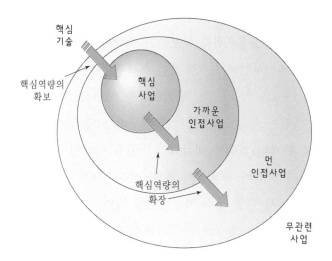

자료: 정선양, 「전략적 기술경영」, 제5판(서울: 박영사, 2023), 78쪽.

　이와 같이 어려운 기업의 성장전략 추구는 <그림 3-3>에서 제시한 바와 같이 핵심기술 및 핵심역량을 바탕으로 추구하면 성공의 가능성이 매우 높아진다. 즉, 핵심기술역량은 기업의 핵심역량으로서 핵심사업을 구축하며 이를 바탕으로 가까운 인접사업으로 이동을 하면 기업은 사업의 확장에 있어서 성공가능성이 매우 높다. 이에 따라, 최고경영자는 다각화를 위한 인접이동의 노력에 있어서 진출하려고 하는 새로운 사업부문이 기업의 핵심기술역량과 관련성이 얼마나 높은가를 판단하여야 할 것이다. Zook(2003)는 이 같은 인접이동에 있어서 지속적인 반복성을 강조하면서 반복성은 학습곡선의 효과를 달성하고, 복잡성을 감소시키며, 성장의 속도를 높이고 전략적 명확성을 제고할 수 있다고 강조한다. 기업이 성장하기 위해서는 자신의 핵심역량을 구축하여 핵심사업에 견고한 경쟁우위를 구축하고 인접사업으로 진출 및 확장하여 이곳에서 또 다른 경쟁우위를 확보하여야 한다. 여기에서 핵심역량으로서의 기술혁신역량은 이같은 성장노력의 전체를 관통하는 핵심적인 콘텐츠가 된다.

기업이 지속가능한 경쟁우위를 확보하기 위해서는 사업을 확장하는 것도 중요하지만 기존의 핵심사업에서 지속적인 경쟁우위를 확보하는 것도 대단히 중요하다(<그림 3-4> 참조). 즉, 인접이동을 하면서 핵심을 잃어서는 안 된다는 것이다. 이 같은 두 가지의 전략을 추구하는 데 있어서 기술혁신역량과 이를 바탕으로 한 핵심역량은 핵심적인 역할을 담당한다. 이 같은 기업의 성공전략의 두 가지 방법의 중요성에 관해 Zook(2003)는 지속적인 가치를 창출하는 기업의 88%가 한두 개의 핵심사업에 있어서 강력한 리더십을 가지고 있었고, 이들 중 80%는 성장을 가속화하기 위하여 활발하게 인접이동을 하고 있었다고 주장하면서, 이 같은 핵심사업에 대한 집중도가 높은 기업이 인접이동에서 성공률이 높았다는 점을 제시하고 있다. 이는 핵심사업 및 새로운 사업에서의 성공의 기반은 핵심역량임을 나타내 주는 것이다.

● 그림 3-4 핵심사업과 사업확장 균형의 중요성

자료: 정선양, 「전략적 기술경영」, 제5판(서울: 박영사, 2023), 78쪽.

한편 기업은 핵심제품 및 핵심사업의 사양화(obsolescence)를 대비하여야 할 것이다. 이 같은 핵심제품과 핵심사업의 사양화는 일반적으로 핵심역량의 사양화에 기인하는 경우가 많다. 성공적인 기업이 이 같은 핵심역량, 핵심제품, 핵심사업의 사양화에 대비하지 못하여 어려움에 처한 기업들의 사례도 많이 있다. 많은 경우 이들 기업은 핵심역량이 기술경제환경의 변화에 따라 적극적인 쇄신이 이루어지지 못하여 핵심경직성(core rigidity)이 되었기에 어려움에 처하는 것이다(Leonard−Barton, 1992, 1995). 이에 따라, 기업은 지속적인 기술혁신능력을 확보하여 핵심역량이 핵심경직성이 되지 않도록 노력하여야 할 것이다.

제3절 핵심역량의 도출과 유지방안

1. 핵심역량의 기준

핵심역량은 기업의 중장기적 발전에 대단히 중요한 만큼 기업은 이의 창출·배양·활용에 세심한 노력을 기울여야 할 것이다. Prahalad & Hamel (1990)은 핵심역량을 창출할 수 있는 세 가지 기준을 제시하고 있다.

먼저, 핵심역량은 다양한 시장에 대한 접근 가능성을 제공해 주어야 한다. 핵심역량은 그 개념상 기업의 뿌리(root)로서 여러 핵심제품과 다양한 사업부문을 창출하여야 한다. 예를 들어, 디스플레이 시스템에서의 핵심역량은 기업으로 하여금 전자계산기, TV, 컴퓨터 모니터 등의 다양한 제품과 시장에 대한 접근을 가능하게 하였다.

둘째, 핵심역량은 최종제품에 대한 고객의 효익(benefits) 인지에 큰 공헌을 하여야 한다. 핵심역량을 바탕에 둔 제품은 실제로 시장에서 고객에 의해 보다 높은 효익을 가져다줄 것으로 인식된다. 예를 들어, 혼다 자동차의 경우에는 혼다의 엔진기술이라는 핵심역량으로 인하여 고객들에게 보다 높은 가치와 효익을 제공해 줄 수 있을 것으로 인식되는 것이다.

셋째, 핵심역량은 경쟁기업이 이를 모방(imitation)하기 어려워야 한다. 이 점에서 핵심역량은 개별적 기술 그 자체가 아니라 다양한 기술들과 생산기능들의 복합적인 조화로 인식되어야 할 것이다. 여기에는 기술의 명시적인 성격뿐만 아니라 묵시적인 성격도 모두 포함되어 있어 경쟁기업이 이를 쉽게 모방하기 어렵다.

기업은 이상의 기준에 적합한 핵심역량을 창출·배양·활용하여야 할 것이다. 그러나 핵심역량의 수가 많아서는 안 될 것이다. 예를 들어, 10여개 이상의 핵심역량을 가지고 있다는 것은 핵심역량을 가지고 있지 않다는 것을 의미한다. 핵심역량의 수는 기업의 규모, 업종에 따라 차이는 있겠지만 최대 5개 이내여야 할 것이다.

2. 핵심역량의 배양 및 유지

기업은 최고경영자의 관심을 바탕으로 핵심역량의 배양에 세심한 노력을 기울여야 할 것이다. 우선 핵심역량은 전술한 바와 같은 기준을 통과하여야 할 것이며, 기업은 이들 기준을 통과한 핵심역량의 배양(nurturing)에 체계적이고 세심한 노력을 기울여야 한다(<그림 3-5> 참조).

전술한 바와 같이 대부분의 핵심역량은 기술혁신역량과 관련이 있다는 점에서 기업은 기술혁신역량의 배양 및 기술혁신의 효율적 창출 및 활용을 위하여 적극적인 연구개발활동(R&D activities)을 수행하여야 할 것이다. 이를 위하여 기업은 핵심역량으로 발전할 기술분야에 대한 연구개발투자를 적극적으로 늘리고 이를 수행할 우수한 연구개발요원을 적극적으로 고용하여야 할 것이다. 이에 따라, 많은 기업이 기술혁신의 창출 및 이의 핵심역량화를 위하여 많은 연구개발자원을 투자해 오고 있다. 이와 같은 자체연구개발활동을 통한 핵심역량의 확보는 상당히 오랜 기간이 필요하다는 점에서 최고경영자의 적극적인 의지와 후원이 필요하다.

● 그림 3-5 핵심역량의 배양

자료: 정선양, 「전략적 기술경영」, 제5판(서울: 박영사, 2023), 81쪽.

그러나 연구개발자원의 증대가 기업의 핵심역량 확보 및 유지에 반드시 유리한 것은 아니다. 기업은 주어진 상황에 맞게 연구개발자원에 투자하고 이를 효율적으로 사용하여야 할 것이다. 즉, 기업의 핵심역량 확보에 있어서 연구개발투자의 증가보다 연구개발투자의 생산성이 더욱 중요하다. 예를 들어, 1980년대 초 Canon은 복사기 시장에서 Xerox를 따라잡았는데, Canon의 연구개발투자는 Xerox에 비해 미미한 수준이었다. 여기에 전략적 기술혁신경영의 중요성이 있는 것이다.

최근 들어 개방형 혁신(open innovation) 등의 확산으로 기업이 기술혁신활동을 외부로부터 제휴하거나 아웃소싱하는 경향이 많다(Chesbrough,

2003). 아웃소싱은 핵심역량의 확보를 전제로 하여 비핵심 분야를 중심으로 이루어져야 할 것이다. 핵심역량 자체를 외부에서 아웃소싱하는 것은 매우 잘못된 선택이며, 이는 이미 구축된 핵심역량을 훼손하는 결과를 초래할 수 있다. 급변하는 기술경제환경 속에서 핵심역량의 확보는 대단히 오랜 시간이 걸리는 데 비하여 이의 훼손은 얼마 걸리지 않는 것이 일반적이다. 아울러 이미 훼손된 핵심역량을 다시금 확보하는 것도 매우 어렵다는 점에서 기업은 핵심역량이 훼손되지 않도록 세심한 노력을 기울여야 할 것이다.

제4절 핵심역량 접근방법에 대한 평가

Prahalad와 Hamel 등의 핵심역량에 관한 연구는 기술경영의 발전에 많은 공헌을 한 것으로 평가할 수 있다. 무엇보다도 이들의 연구는 기업전략에 관한 논의의 중심에 기술혁신역량의 축적 및 확장의 문제를 위치시키고 이를 기업전략과 연계시켰다는 점에서 높이 평가할 만하다. 그 결과 기업의 전략경영에서 기술혁신의 중요성이 기업의 실무는 물론 학계에서도 크게 확산되는 계기가 되었다. 그러나 이들의 연구는 다음 세 가지 점에서 한계점을 가지고 있다(Tidd 등, 2005).

첫째, 기업이 기술혁신역량을 바탕으로 다양한 산업으로 다각화(diver-sification)하고 경쟁우위를 확보하는 것은 원론적으로는 맞지만, 실무에 있어서 기업의 핵심역량이 모든 산업에서 제품 다각화로 이어지는가는 명확하지 않다는 점이다. 즉, 산업에 따라서 기술에 기반한 다각화의 잠재성이 다르다는 점이다. 역사적으로 볼 때, 거대 규모의 화학산업과 전자산업의 기업들은 기술에 기반한 다각화 전략이 일반적이지만 철강산업이나 섬유산업의 기업들은 기술에 기반한 제품 및 사업 다각화가 일반적이지 않다. 그 결과 기업이 기술역량을 확보하는 것은 바람직하지만 이를 바탕으로 다각화의 성장전략을 추구할 것인가는 기업이 처해 있는 환경과 산업적 특성을 충분히 고려하여 결정하여야 할 것이다.

둘째, 기업이 차별적 기술(distinctive technology)에 자원을 집중(focus)해야 한다는 것은 잘못된 제안일 수 있다. 즉, 기업에 차별적 기술역량을 강조하고 이에 대한 확보를 권고할 수는 있지만, 기업이 기반기술(base technology) 및 외부기술(external technology) 등을 균형적으로 확보하도록 권고하는 것이 더욱 바람직하다는 것이다. 많은 대기업은 폭넓은 기술의 범주에서 활동하고 그 가운데 오직 몇몇 분야에서만 차별적이고도 세계적위치를 차지한다. 즉, 기업이 경쟁우위를 확보하기 위해서는 다양한 분야의 기술적 역량이 있어야 한다. 이에 따라, 현대의 기업들은 복수기술기업(multi-technology firms)으로 이해하여야 할 것이다. 특히, 최근의 제품들은 복수의 기술들을 필요로 하기 때문에 기업은 경쟁력을 유지하기 위해 다양한 기술분야에서의 기술역량을 확보·유지·확장하여야 한다. 이와 같은 관점에서 Tidd 등(2005)은 핵심역량의 개념이 아마도 기술에 대한 분배된 역량(distributed competencies)의 개념으로 대체되어야 할지도 모른다는 주장을 하고 있다. 기술적 역량의 분배는 기존의 사업영역에서도 필요하지만 새로운 사업의 창출에 필요한 새로운 기술분야에서도 매우 중요하다.

셋째, 핵심역량에 대한 강조는 핵심경직성(core rigidity)으로 이어질 수 있다는 점에서 세심한 주의를 필요로 한다. Leonard-Barton(1992, 1995)이 주장한 것처럼 핵심역량이 너무 지배적이었을 때에는 기업 내에서 핵심경직성이 될 수 있다. 많은 수의 최고경영자는 기존의 핵심역량 내에서 훈련받았기 때문에 현재의 제품과 산업에 집중하는 경향이 있다. 그 결과 기업의 미래의 성장동력이 될 수 있는 새로운 역량들은 무시되거나 저평가될 가능성이 높다. 예를 들어, IBM의 메인프레임 컴퓨터 분야의 핵심역량은 핵심경직성이 되어 PC 분야에서 새로운 역량의 창출을 방해하여 IBM이 이 분야에서 경쟁력을 확보하지 못하게 하는 결과를 초래하였다. 많은 사례에 따르면 핵심역량이 핵심경직성이 되었을 경우 이를 해결하기 위해서는 최고경영층의 강도 높은 변화를 필요로 하는 것으로 나타났다. 핵심경직성의 문제는 다른 용어로도 논의되었는데, 대표적으로 Christensen(2000)은 기존의 선도적인 기업들이 기존 성공의 방식에 익숙해 새로운 기술혁신에 대해 등한시하거나 기존의 경영관행으로 인해 새로운 기술혁신을 추구하지 못해 신흥기업에 추월당하는 현상이 많다고 주장하면서 이를 혁신자의 딜레마(innovator's di-lemma)라고 명명하였다.

제5절 핵심역량이론의 시사점

핵심역량이론은 기술경영 및 전략경영에 있어서 많은 시사점을 제공해 준다. 아래에서는 이에 대해 심층적으로 살펴보기로 한다.

먼저, 핵심역량이론에 따르면 핵심역량의 기초로서 기술역량(technological capabilities)의 중요성을 강조한다. 실제로 Prahalad & Hamel(1990)도 핵심역량을 기술흐름의 조율 및 혼합으로 정의하고 있으며 이들이 예시한 기업들의 핵심역량은 대부분 기술혁신역량을 나타내 주고 있다.

둘째, 핵심역량의 배양 및 창출에 있어서 최고경영자(top manage-ment)의 역할이 대단히 중요하다. 최고경영자는 단기적 관점의 원가우위, 품질 등의 경쟁요인에 과도한 주안점을 두지 말고, 기업의 미래가 달려있는 중장기적 차원의 핵심역량 배양 및 활용에 주안점을 두어야 할 것이다. 최고경영자는 Prahalad & Hamel(1990)이 강조하였듯이 기업을 최종제품에 바탕을 둔 사업의 포트폴리오로 생각하지 말고 '핵심역량의 포트폴리오'로 파악하고 이의 효율적 구성에 노력을 기울여야 할 것이다.

셋째, 핵심역량을 효과적으로 배양·활용하기 위해서는 조직 전체 차원의 참여(commitment)가 필요하다. 핵심역량은 배양하기가 쉽지 않고 조직 전체에 영향을 미치며 조직의 미래를 결정한다는 점에서 구성원 전체의 적극인 참여와 노력을 필요로 한다. 이 점에서 Prahalad & Hamel은 핵심역량을 '집합적 학습'으로 표현하고 있다.

넷째, 기업은 핵심역량을 바탕으로 기존사업 간의 융합(convergence) 및 시너지(synergy) 창출에 노력하여야 할 것이다. 핵심역량은 다양한 사업의 공통 토대가 된다는 점에서 이를 바탕으로 다양한 사업 간의 상호작용을 통하여 사업의 경쟁력을 크게 높일 수 있을 것이다. 핵심역량을 바탕으로 한 기존사업 간의 효율적 융합 및 연계의 노력은 기존 사업부문에게 새롭고 매력적인 기회를 창출할 수 있다.

다섯째, 기업은 핵심역량을 바탕으로 새로운 사업분야로 확장해 나가야 할 것이다. 핵심역량의 개념은 다양한 사업영역으로의 확장하는 다각화 (diversification)를 전제로 한다는 점에서 매우 중요하다. 핵심역량은 새로운 사업의 창출 및 기업 성장의 동력으로 작용하기 때문이다.

이처럼 핵심역량의 배양 및 활용은 최고경영자의 리더십(leadership)을 바탕으로 조직 전체의 세심한 노력이 필요하다. 실제로 많은 기업이 핵심역량의 배양 및 활용에 많은 노력을 기울이고 있다. 또한, 기업은 경쟁기업들이 어떠한 핵심역량을 가지고 있는가에 대한 세심한 주의와 대응이 필요하다. 그러나 핵심역량은 실제의 제품이나 브랜드와 달리 외부에 드러나 있지 않다는 점에서 이를 파악하고 벤치마킹하기가 쉽지 않다. 이는 핵심역량을 나무의 뿌리에 비유한 점에서 당연한 것이다. 최종제품은 가시적이지만 핵심역량은 보이지 않기 때문이다. 여기에 최고경영자를 중심으로 한 체계적인 핵심역량의 배양 및 활용의 노력이 필요한 것이다.

핵심역량은 새로운 사업창출의 원천이다. 이 점에서 핵심역량의 배양 및 활용은 기업전략(corporate strategy)의 핵심을 구성한다. 이 점에서 Prahalad & Hamel(1990)은 최고경영자가 핵심역량의 구축을 목표로 한 기업 전체 차원의 전략적 아키텍처(strategic architecture)를 개발하는 데 상당한 시간과 노력을 투자하여야 한다는 점을 강조하면서, 전략적 아키텍처를 '핵심역량과 이를 구성하는 기술을 도출하는 미래에 대한 로드맵'으로 정의하고 있다. 이는 이 책에서 강조하는 '전략적 기술혁신경영'의 중요성을 강조하는 것으로 파악할 수 있다. 전략적 기술혁신경영은 기업 전체 차원에서 기업 핵심역량의 기초인 기술혁신능력의 확보 및 활용의 문제를 다루기 때문이다.

CHAPTER 04

전략적 기술혁신경영 모델4)

제1절 전략경영의 개념 및 모델

1. 전략경영의 배경

기업을 둘러싼 환경은 대단히 급변하고 있다. 아무리 앞선 선도기업이라 할지라도 급변하는 환경변화에 대응하지 못하거나 혹은 이러한 변화를 창조하지 못할 경우 어려움을 겪고, 심지어 파산할 수 있을 것이다. 실제로 전 세계적으로 일세를 풍미하던 초우량기업이 역사에서 사라진 예는 수없이 볼 수 있다. 그런데 여기서 중요한 것은 기업을 둘러싼 환경이 점점 더 복잡하고 변화무쌍해진다는 점이다. 이는 경영자들에게 불확실성으로 다가오며 이 같은 불확실성에 대처하는 것은 최고경영자에게 대단히 도전적인 과제가 아닐 수 없다.

---

4) 이 장은 정선양, 「전략적 기술경영」, 제5판(서울: 박영사, 2023), 45~56쪽과 115~134쪽을 수정·보완하였음.

이에 따라, 급변하고 불확실한 환경에 최고경영자가 효과적으로 대응할 수 있는 학문 및 실무 분야가 대두되었는데 이것이 이른바 전략경영이다. 전략경영(strategic management)은 '점점 복잡해져 가고 빠르게 변화하는 환경에 기업이 어떻게 대응할 것인가'를 다루는 경영학의 한 분야이다. 여기에서는 기업경영을 전체적으로 파악하며 "왜 어떤 기업은 성장하고, 어떤 기업은 쇠퇴하는가?"를 설명하려고 노력한다.

이와 같은 전략경영의 중요한 특징은 전략적 의사결정(strategic deci-sion-making)에 있다. 전략적 의사결정은 일상적이지 않고, 과거의 선례가 없으며, 상당한 자원의 투입이 필요하며, 조직에 있어서 하위의사결정 및 미래행동에 대한 지침을 제공한다는 특징을 가지고 있다. 이에 따라, 전략적 의사결정은 상당히 불확실하고 기업 전체에 미치는 영향력 또한 대단히 크다. 이러한 중요성으로 인해 전략적 의사결정의 주체는 최고경영자(top management)가 된다. 최고경영자의 의사결정은 기업의 흥망성쇠에 대단한 영향을 미치게 된다. 따라서 이 책에서 다루는 기술혁신은 기업의 경쟁우위에 대단히 중요한 영향을 미친다는 점에서 기술혁신과 관련된 핵심의사결정은 최고경영자가 담당하여야 할 것이며, 여기에 전략적 기술경영의 중요성이 대두되는 것이다.

전략경영은 이처럼 급변하는 환경에 효율적으로 대응하기 위한 학문 및 실무 분야이다. 이에 따라, 전략경영에 있어서는 다음 세 가지의 질문을 하여야 한다.

① 전략경영에서는 기업의 현재 위치(position)가 어디인가를 질문하여야 한다. 즉, 기업이 급변하는 환경에 대응하기 위한 출발점으로서 기업의 현재 상황과 위치를 알아야 할 것이다.

② 기업의 미래 비전(vision) 혹은 목표(goals)는 무엇인가 질문하여야 한다. 기업의 목표는 단기, 중기, 장기로 나누어 살펴볼 수 있는데, 이는 기업이 1년 뒤(단기), 5년 뒤(중기), 10년 뒤(장기)에 어떻게 변화되어 있을 것인가를 나타내 주는 것이다.

③ 기업이 현재의 위치에서 이와 같은 단기, 중기, 장기적 목표를 달성하기 위하여 어떤 특정한 활동(activities) 및 과업(tasks)을 추진할 것인가를 질문하여야 할 것이다. 기업의 목표달성을 위한 과제는 여러 가지가 있을 수 있으나 기술혁신경영에서는 기술 및 지식이 핵심적인 역할을 수행한다는 입장을 견지한다.

2. 전략경영의 개념 및 내용

전략경영은 기업의 장기적 성과를 결정하는 경영자의 전략적 의사결정과 관련된 일련의 행위를 의미한다(Wheelen & Hunger, 2006; Hunger & Wheelen, 1996). 전략경영은 환경평가(environmental scanning), 전략수립(strategy formulation), 전략집행(strategy implementation), 평가와 통제(evaluation and control)의 네 가지 요소로 구성되어 있다. 전략경영은 이 같은 내용을 가지고 기업의 환경적 기회(opportunities)와 위협(threats) 요인을 기업 내부의 강점(strengths)과 약점(weaknesses) 요인에 비추어 비교·분석하여 기업의 비전과 목표를 달성할 수 있는 전략적 대안을 도출하고 이를 실제 집행하여 기업의 경쟁우위 제고를 추구한다.

원래 전략경영은 경영정책(business policy)으로 불렸다. 그러나 경영정책은 대체적으로 최고경영자를 지향하고 기업의 다양한 기능전략들(functional strategies)을 적절하게 총합하는 데 관심을 둔다는 내부지향적인 특성을 가지고 있다. 특히, 경영정책은 기업이 보유하고 있는 자산의 효율적인 활용에 중점을 둠으로써 기업의 미션과 목적을 보다 잘 달성할 수 있는 일반적인 지침을 제공하는 것을 강조한다. 그러나 전략경영(strategic management)은 이 같은 경영정책의 기업 내부에 대한 전체적인 관심과 더불어 외부환경에 보다 많은 관심을 가질 것을 강조하며, 이를 바탕으로 한 종합적 측면의 전략적 대응을 강조하고 있다. 최근 급변하는 환경변화로 인하여 이러한 특징을 지닌 전략경영은 기존 경영정책의 개념을 대체하여 더욱 선호되고 있다.

Wheelen & Hunger(2006)는 전략경영의 발전단계를 다음과 같이 네 단계로 살펴보고 있다(<그림 4-1> 참조). 먼저, 제 1 단계는 기본재무기획(basic financial planning)의 단계로서, 경영자들이 차년도 예산안을 제출할 때 세심한 계획을 수립하여 예산 충족을 통한 보다 나은 업무통제(operational control)를 추구한다. 이 단계에서는 기업의 외부환경에 대한 체계적인 분석은 거의 없으며, 전략적 의사결정에 있어서 기업 내부의 정보에만 의존한다.

제 2 단계는 예측기반기획(forecast-based planning)의 단계로, 경영자는 1년 이상의 미래를 예측하려고 노력함으로써 기업 성장을 위해 보다 효과적인 계획을 수립·운용하려는 노력을 추구한다. 경영자는 기업환경에 관한 데이터를 수집하기는 하지만 이를 체계적으로 수집하는 것이 아니라 일과성으로 수집하며, 미래예측에 있어서 현재의 추세를 1년 뒤로 확장하여 유추하고, 이를 바탕으로 의사결정을 한다.

제 3 단계는 외부지향적 기획(externally oriented planning)의 단계로서, 최고경영자는 전략기획(strategic planning)을 통해 계획과정을 통제하려 한다. 기업은 전략적으로 사고하려고 노력함으로써 시장과 경쟁에 대한 대응력 제고를 추구한다. 일반적으로 최고경영자는 기획업무를 하위경영자의 손에서 전사적 전략계획의 수립을 담당하는 기획 스태프의 소관으로 옮기며, 그 결과 기획은 하향식(top-down)으로 이루어진다. 그러나 이 같은 하향식 기획과정은 전략의 수립만을 강조하고 전략집행의 문제는 하위경영자들에게 맡기게 된다. 중간경영자 및 일반 종업원은 최고경영층이 어떠한 전략을 어떠한 과정을 통하여 수립하는지 전혀 알지 못하며, 상층부에서 수립된 전략을 일방적으로 통보받을 뿐이다. 이를 통해 창출되는 전략계획(strategic plan)은 전형적으로 5년 정도의 계획으로서 외부 전문가의 도움을 받아 기획되며 기업의 하위부서의 최소한 투입만으로 이루어진다.

마지막으로, 제4단계는 이른바 전략경영(strategic management)의 단계로서, 최고경영자는 최상의 전략계획이라도 하위경영자들의 투입과 참여 없이는 가치가 없다는 점을 인식하여 기업의 모든 부서의 다양한 차원으로부터 정보와 지식을 폭넓게 반영한다. 이를 위하여 기업은 다양한 부서의 일련의 중간경영자들과 핵심 종업원들로 구성된 기획집단을 구성하여 운영하기도 한다. 이들은 기업의 주요목표 달성을 지향하는 일련의 전략계획(strategic plan)을 개발하고 통합한다. 이제 전략계획은 집행, 평가, 통제의 문제를 세부적으로 포함하게 되며, 미래에 대한 정확한 예측보다는 예상가능한 시나리오 및 우발적인 상황을 고려하게 된다. 그동안의 최고경영층 중심의 복잡한 장기전략계획은 기업의 모든 차원에서 매년 상시 준비되는 전략적 사고에 의해 대체되며, 과거 최고경영층만이 접근가능했던 전략적 정보가 기업의 모든 종업원에게 확산된다. 이제 전략기획과정은 더 이상 하향식이 아니고 상호적인 과정(interactive process)이며, 모든 차원의 종업원들이 전략경영에 관여하게 된다.

● 그림 4-1 전략경영의 발전단계

자료: 정선양, 「전략적 기술경영」, 제5판(서울: 박영사, 2023), 49쪽.

여기에서 전략경영 발전의 제4단계는 제3단계의 전략기획(strategic planning)에 전략집행, 평가와 통제의 과정을 추가적으로 포함하는 것을 의미한다. 이를 통하여 기업은 전사적인 차원에서 모든 종업원의 참여하에 기업의 경쟁우위(competitive advantage)를 창출하고 성공적인 미래를 창출하기 위해 모든 자원의 효율적 관리 및 활용을 추구한다. 이를 바탕으로 기업은 급변하는 기술경제환경 속에서 경쟁우위를 확보·유지하기 위하여 보다 차원 높은 전략경영을 할 수 있다.

General Electric(GE)사는 전략기획의 선도기업이었는데 1980년대에 들어서면서 전략기획의 단계에서 전략경영의 단계로 이동하였다. 1990년대에 들어서면서 전 세계적으로 대부분 대기업이 전략경영의 단계로 이동하기 시작하였으며, 최근에 와서는 전략경영의 문제가 모든 유형의 기업 ─ 대기업, 중소기업, 벤처기업, 공기업 ─ 에 핵심적인 사안이 되어 버렸다. 이는 최근의 세계화된 경쟁환경을 반영하여 모든 유형의 기업이 전 세계적인 경쟁에서 승리하기 위하여 전략경영을 도입하는 것으로 이해할 수 있다. 일반적으로 전략경영을 추구하는 기업들은 그렇지 않은 기업보다 높은 기업성과를 창출하는 것으로 알려져 있다. 많은 연구는 조직환경과 조직전략 그리고 구조 및 과정 간의 적절한 조화의 달성이 조직의 성과에 긍정적인 영향을 미친다고 증명하고 있다(예를 들어, Miller & Cardinal, 1994; Peker & Abraham, 1995; Anderson, 2000).

일반적으로 전략경영은 기업의 경쟁우위에 긍정적인 영향을 미친다. 전략경영은 기업의 경쟁우위에 대단히 중요한 공헌을 하는데, 이를 좀 더 세부적으로 살펴보면 다음과 같다(Wilson, 1994).

① 전략경영은 기업의 미래 비전(vision) 및 목표(goals)에 대한 명확한 감각을 제공해 줄 수 있다. 이 같은 명확한 비전과 목표는 기업의 등대와 같아서 모든 구성원의 행위 및 업무의 지침이 된다.
② 전략경영은 기업으로 하여금 전략적으로 중요한 업무에 집중(focus)할 수 있게 하여 기업경영의 효율성을 증대시킨다. 경영자 및 종업원은 기업의 비전 및 목표 달성에 핵심적인 업무와 비핵심적인 업무에 대한 구분을 용이하게 할 수 있으며 그 결과 기업 전체 차원에서 자원과 노력을 절약할 수 있게 한다.
③ 전략경영은 기업으로 하여금 급변하는 환경(environment)에 대한 이해를 증진시켜 이에 대한 효율적인 대응을 가능하게 한다. 전략경영은 기본적으로 기업의 외부환경과 내부역량의 면밀한 검토에서 출발하며, 이 같은 검토를 바탕으로 기업이 필요한 전략적 대안을 제시해 준다. 그 결과 기업은 전략경영을 통하여 급변하는 기술경제환경 속에서 나아갈 방향을 알 수 있게 된다.

3. 전략경영의 과정

전략경영은 일련의 과정으로 파악할 수 있다. 일반적으로 전략경영은 환경평가, 전략수립, 전략집행, 평가와 통제의 네 가지 단계로 구성되어 있다. 이들은 이른바 전략경영모델(strategic management model)로 불리는데(<그림 4-2> 참조), 이들은 서로 상호작용하는 하나의 과정으로 이해할 수 있기 때문에 이를 전략경영과정(strategic management process)이라고 부르기도 한다. 아래에서는 이에 대해 간략하게 살펴보기로 한다. 이들 각 단계는 순차적으로 이루어지는 것이 아니라 서로 간 활발한 상호작용적인 정보의 피드백을 가지며 전략경영과정을 완성한다.

● 그림 4-2 전략경영의 기본과정

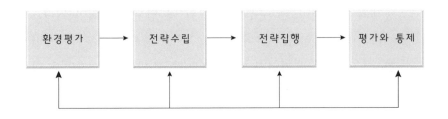

자료: 정선양, 「전략적 기술경영」, 제5판(서울: 박영사, 2023), 51쪽.

1) 환경평가

환경평가(environmental scanning)는 기업 내·외부 환경으로부터의 정보를 모니터링·평가하고 이를 기업 내부의 핵심요원들에게 확산시키는 것을 의미한다. 이 과정의 목표는 기업의 미래를 결정할 내·외부의 요인들, 이른바 전략요인(strategic factors)들을 도출하는 데 있다. 이들 전략요인은 기업의 내부환경으로부터 도출되는 강점요인(strengths)과 약점요인(weaknesses), 기업의 외부환경으로부터 도출되는 기회요인(opportunities)과 위협요인(threats)으로 나누어지며 이들을 종합하여 SWOT라고 부른다. 환경평가는 외부환경 분석과 내부환경 분석으로 나누어진다.

(1) 외부환경 분석

외부환경 분석(external environment analysis)은 경영자의 단기적인 통제하에 있지 않은 조직 밖의 변수들, 즉 기회요인과 위협요인에 대한 분석을 의미한다. 이들 변수는 기업이 존재하고 운영되는 상황(context)을 구성한다. 외부환경은 과업환경과 사회적 환경으로 구성되어 있다.

과업환경(task environment)은 기업의 주요 활동에 직접적으로 영향을 주고받는 요소 혹은 집단들을 포함한다. 이들의 대표적인 예로는 주주, 정부, 공급자, 지역사회, 경쟁자, 고객들을 들 수 있으며, 기업의 과업환경은 종종 산업(industry)으로 부른다. 이들은 기업행위에 직접적인 관련을 맺고 있다는 점에서 전략경영의 외부환경 분석에 있어서 가장 중요한 분석대상이 된다.

이에 반하여 사회적 환경(societal environment)은 기업의 장기의사결정에 영향을 미치는 일반적인 힘들을 나타내는데, 대표적인 예를 들면 경제적·사회문화적·기술적·정치적·법적 요인을 들 수 있다. 이들은 기업이 기업활동을 수행하는 준거의 틀을 구성한다. 이들은 기업에게 직접적인 영향을 미치지 않고 전술한 과업환경을 통하여 기업에게 영향을 미친다.

기업은 이와 같은 과업환경 및 사회적 환경의 면밀한 검토를 통하여 기업의 경쟁우위를 확보·유지·제고하는 데 있어서 기회요인과 위협요인을 도출하고 이에 대한 효율적인 대응을 준비하여야 할 것이다.

(2) 내부환경 분석

내부환경 분석(internal environment analysis)은 조직 자체 내에 있고 경영자의 단기적 통제 내에 있는 변수들을 분석하는 것을 의미한다. 이들 내부의 변수들은 기업 내에서 업무가 이루어지는 상황(context)을 구성한다. 일반적으로 내부환경은 기업의 조직구조, 문화, 자원 등으로 구성되어 있다.

조직구조(structure)는 커뮤니케이션, 권위, 업무흐름을 통해 기업이 조직되는 방법을 의미하는데, 이는 보통 조직도(organizational chart)에 의해 나타내어진다. 문화(culture)는 기업의 구성원들이 공통적으로 가지고 있는 믿음, 기대, 가치의 패턴을 나타내 준다. 기업의 문화는 기업의 전략적 목표를 달성하는 데 도움을 주거나 방해를 할 수도 있다는 점에서 매우 중요한 전략요소이다. 자원(resources)은 기업이 재화 및 서비스를 생산하는 데 필요로 하는 원자재를 의미하는데 종업원의 재능, 재무적 자원, 공장설비 등을 예로 들 수 있다. 기업의 자원은 기업의 전략적 목표를 달성할 수 있는 기본적인 수단이 된다는 점에서 대단히 중요한 전략요소이다.

이와 같은 내부환경의 분석을 통하여 전략요인으로서 기업의 강점요인과 약점요인을 도출할 수 있다. 기업 내부의 강점요인은 기업이 경쟁우위(competitive advantage)를 확보·유지하게 하는 일련의 핵심역량(core competence)을 구성한다.

2) 전략수립

전략수립(strategy formulation)은 기업의 강점과 약점에 비추어 기업이 환경적인 기회와 도전을 효율적으로 관리하기 위한 장기계획(long-range plan)을 도출하는 것을 의미한다. 이를 세부적으로 살펴보면 기업 미션과 목적의 정의, 달성가능한 목적의 제시, 구체적인 전략의 개발, 정책 가이드라인의 설정 등을 포함하고 있다.

조직의 미션(mission)은 그 조직이 존재하는 목적, 이유를 나타낸다. 미션은 기업이 어떻게 사업을 하고 종업원을 다루는가에 관한 기업의 철학(philosophy)을 포함하고 있으며, 기업의 현재 모습은 물론 앞으로 어떻게 변모할 것인가에 대한 미래에 관한 경영층의 전략적 비전(strategic vision)을 나타내 준다. 미션은 기업 전체를 관통하는 '공통의 실타래'(common thread) 혹은 '통합하는 테마'(unifying theme)로서 이는 미션이 기업의 모든 활동과 종업원을 가로질러야 함을 의미한다. 실제로 이 같은 공통의 실타래를 가지고 있는 기업이 그렇지 않은 기업들보다 다양한 활동을 보다 잘 관리하고 전략적 목표를 보다 잘 달성할 수 있다.

일반적으로 많은 기업은 미션 진술서(mission statement)를 가지고 있는데, 잘 정의된 미션 진술서는 기업의 효율적인 전략경영을 가능하게 한다. 기업의 미션 진술서는 다른 기업들과 차별적인 기업의 근본적이고 독특한 목표를 정의해 주며, 생산제품 및 목표시장 등으로 표현되는 기업의 활동영역을 도출하여 준다. 미션 진술서는 종업원들로 하여금 가치와 기대의 공유를 촉진하고 기업의 독특한 이미지를 기업환경의 중요한 이해관계자들에게 전달하는 역할을 담당한다.

목적(objectives)은 계획된 활동의 최종결과를 의미한다. 일반적으로 목적은 가능하면 계량화되어야 하며, 무엇이 언제까지 달성되어야 하는지를 나타내 주어야 한다. 기업의 목적 달성은 기업의 미션 완수로 이어져야만 한다. 명시적인 목적을 가지고 있는 기업도 있고 그렇지 않은 기업도 있다. 기업의 목적으로 사용되는 지표로는 수익성, 효율성, 성장률, 주주가치의 증대, 지명도 등으로 매우 다양하다.

전략(strategy)은 기업의 미션 및 목적을 어떻게 달성할 것인가를 나타내는 포괄적인 마스터플랜을 의미한다. 전략은 기업의 경쟁우위(competitive advantage)의 극대화와 경쟁불위(competitive disadvantage)의 극소화를 추구한다. 기업의 목적과 마찬가지로 명시적인 전략을 가지고 있는 기업도 있고 그렇지 않은 기업도 있다.

기업의 정책(policy)은 기업의 전략으로부터 유추되어 조직 전반에 걸쳐 영향을 주는 최고경영자 의사결정의 포괄적인 지침을 의미한다. 기업정책은 사업부들에게는 기업전략과 조화를 이루기 위해 따라야 하는 지침이 되며, 이 같은 조화는 각 사업부의 자체 목적 및 전략을 통해 구현된다. 또한, 사업부는 각각 산하의 기능부서들이 따라야 할 독자적인 정책을 개발하여야 한다. 아울러 기업의 정책은 전체 종업원들이 기업의 미션, 목표, 전략을 보조할 수 있게 의사결정하고 행동을 할 수 있게 하는 역할을 담당한다.

3) 전략집행

전략집행(strategy implementation)은 경영자가 전략 및 정책을 프로그램, 예산, 업무절차의 개발을 통해 실제 행동으로 옮기는 과정을 의미한다. 이 과정은 기업의 전반적 문화, 조직, 경영시스템의 변화를 포함하게 된다는 점에서 조직구조(organizational structure)와 긴밀한 관련을 맺고 있다. 전략의 집행은 일반적으로 최고경영층의 감독하에 중간경영자와 하위경영자들이 추진하며, 대체로 자원배분에 있어서 일상적인 결정을 포함하게 된다. 이에 따라, 최고경영자는 전략의 집행보다는 전략의 수립에 더 많은 주안점을 두는 경향이 많은데 이는 바람직한 것이 아니다. 왜냐하면 많은 자원을 투입하여 수립된 전략이 효과적으로 집행되지 못하면 전략적 목표의 달성이 불가능하며, 그 결과 전략경영과정을 시작하지 않은 것보다 못한 결과가 초래되기 때문이다.

먼저, 프로그램(program)은 일회용 계획을 완수하게 하는 데 필요한 행동 혹은 단계의 진술서이며, 이는 전략을 행위지향적으로 만드는 역할을 담당한다. 예를 들면, 기업의 구조조정 프로그램, 문화변화 프로그램, 연구개발 사업의 시행 등을 들 수 있다. 예산(budget)은 기업의 각 프로그램의 원가를 세부적으로 나타내어 경영자가 계획과 통제에 활용할 수 있게 하는 프로그램을 화폐로 나타내는 명세서이다. 예산은 '새로운 전략'을 실천에 옮기게 하는 구체적인 계획일 뿐만이 아니라 기업의 재무상태에 대한 기대효과를 나타내고 있다. 그러므로 각 프로그램을 승인·집행하는 데 있어서 경영층은 각 프로그램의 예산을 검토하게 된다. 업무절차(procedures)는 "특정 과업, 업무를 어떻게 수행할 것인가?"에 대해 자세하게 서술한 연속적 단계 혹은 기술의 체계를 나타내며, 이들은 기업의 프로그램을 완수하는 데 반드시 필요로 하는 다양한 활동을 상세하게 나타내 준다.

4) 평가와 통제

평가와 통제(evaluation and control)는 기업활동의 성과를 모니터하고 실제성과를 기대성과와 비교하는 절차이다. 모든 차원의 경영자들은 이로 인한 정보를 수정활동 및 추가적인 문제를 해결하는 데 활용한다.

비록 평가와 통제는 전략경영의 마지막 단계이지만 이것은 이미 집행된 전략계획에 있어서 취약점을 지적하고, 새로운 전략경영과정을 보다 효율적으로 추진할 수 있게 해 준다는 점에서 매우 중요한 단계이다. 성과(performance)는 기업활동의 최종결과로서 이는 전략경영과정의 실제 결과를 나타내 주며, 전략경영은 성과를 통해 정당성을 부여받게 된다. 기업의 전략경영 결과 실제성과와 기대성과 간의 차이가 있을 경우 수정활동(corrective action)을 추진하게 된다.

평가와 통제가 효과적으로 되기 위해서는 경영자는 기업의 다양한 계층에 있는 많은 사람으로부터 명료하고, 즉각적이며, 객관적인 정보를 제공받아야 한다. 이를 통하여 최고경영자는 실제 달성된 성과와 전략의 수립단계에서 원래 계획하였던 목표를 신속히 비교할 수 있다. 평가와 성과의 통제는 전략경영 모델을 완성하며, 최고경영자는 현재의 기업성과에 기초하여 앞으로 추진될 전략수립, 전략집행 혹은 양자에 대해 조정을 하게 된다.

제2절 전략적 기술혁신경영의 중요성

1. 전사적 기술혁신경영의 필요성

기술혁신이 기업의 경쟁력을 강화하고 미래 성장을 위한 기회를 제공하는 대단히 중요한 핵심 경쟁요소라면 기업은 전사적 차원에서 기술혁신을 경영하여야 할 것이다. 전사적 기술혁신경영(corporate management of technology and innovation)은 전략적 기술경영의 또 다른 표현으로 기술혁신경영이 기업의 전 부서, 전체 종업원에 의해 이루어져야 함을 의미하는 것이다. 전사적 기술혁신경영의 주체는 당연히 최고경영자(top management)이며, 최고경영자는 체계적인 기술혁신경영을 주도하여야 할 것이다. 이 점에서 전사적 기술혁신경영은 전략적 기술혁신경영을 의미하는 것으로 이해할 수 있다. 기술혁신경영에 있어서 최고경영자가 사업부에 대하여 기술혁신을 추구할 것을 독려하고 기술혁신을 보다 효과적으로 사용하라고 강조하는 것만으로는 충분하지 않다. 기술혁신이 기업의 경쟁우위에 미치는 영향은 너무나 커서 기업이 효과적으로 가치를 창출하기 위해서는 최고경영자 스스로 기술혁신의 중요성을 충분히 인식하고 전사적 차원에서 기술혁신경영을 적극적으로 추진할 필요가 있다.

Floyd(1997)는 기술혁신경영에 있어서 최고경영층의 참여가 필요한 이유를 세 가지로 보고 있다. 첫째로는, 기업의 성장과 전사적 차원의 기술혁신전략은 최고경영자의 기술선택에 의해 좌우되기 때문이며, 둘째로는 최근 기술혁신을 위한 기업의 투자가 증대되고 있기 때문이다. 마지막으로는 기술 관련 각 사업부 간의 시너지를 창출하기 위해서 전사적 차원에서 기술혁신경영이 매우 필요하다. 아래에서는 이에 관하여 보다 세부적으로 살펴보기로 한다.

1) 기업성장과 기술선택

기업의 기술선택(technology choice)은 기업 성장에 핵심적이다. 일반적으로 기술혁신이 상업적으로 실현되기까지 수년이 걸리며, 이와 같은 기술혁신의 상업적 성공은 단지 기술적 요인뿐만 아니라 다른 많은 요인에 기인하고 있다. 이에 따라, 성공적인 기업의 경우 최고경영자가 기업의 새로운 전략적 방향 설정과 미래를 위한 핵심역량의 구축 및 운용에 기술을 활용해오고 있다. 이는 최고경영자의 합리적 기술선택을 전제로 하는 것이다. 최고경영자는 기술의 개발·활용·확산에 있어서 중요한 의사결정과 선택을 하여야 한다. 이와 같은 기술혁신의 특징에 대한 시사점은 명확한데, 최고경영자의 주도하에 기술혁신경영에 대한 조직 구성원들의 전사적 참여(corporate involvement) 없이 기술혁신에서의 성공은 불가능하다는 것이다. 또한, 기술혁신과 관련한 최고경영자의 잘못된 선택은 기업을 심각한 어려움에 처하게 할 수 있다. 기술이 기업의 성장 및 경쟁우위의 가능성을 제공하는 기본적인 초석이라면 최고경영층의 충분한 관여와 모든 구성원의 적극적 참여가 반드시 필요하다.

2) 기술혁신의 비용증대

기술혁신은 근본적으로 위험하고 비용(cost)이 많이 든다. 심지어 기술혁신에 대한 투자의 부담 및 실패는 기업을 파산으로 이르게도 한다. 기술혁신의 실패로부터 기업을 방어하기 위해서도 전사적 차원에서의 기술경영이 필요하다. 예를 들어, 1970년대 초반 Rolls-Royce의 큰 어려움은 RB-211 엔진 프로그램에 대한 과도한 개발비용과 시간초과가 중요한 역할을 하였다. 실제로 기술혁신에 있어서 과도한 비용과 시간의 낭비 사례는 많다.

일반적으로 기술혁신의 과정이 진행될수록 이에 소요되는 투자(investment)는 점점 증가한다. 게다가 일반적으로 경영자들은 일단 시작된 연구개발 프로젝트를 중단하는 데 소극적이다. 즉, 연구개발 프로젝트가 점점 진행될수록 더 많은 비용이 들고, 이에 따라 이를 중단하는 데 더욱 주저하게 된다. 프로젝트가 진행되면서 기회비용이 점점 늘어감에 따라 경영자들은 프로젝트의 성공을 위해 점점 더 많은 시간과 노력을 기울이게 된다. 그 결과 연구개발 프로젝트가 실패하면 기업의 막대한 자원을 낭비하여 기업의 존립에 심각한 타격을 줄 수도 있다. 따라서 이와 같은 기술혁신의 실패에서 기업을 방어하기 위해서는 최고경영층이 연구개발 프로젝트의 초기 의사결정 단계부터 지속적으로 관여하는 것이 중요하다.

또한, 많은 기술집약적 산업의 경우 연구에서 상품화까지의 투자 규모를 살펴보면 어떤 기업도 그들이 원하는 모든 제품을 모두 다 개발할 여력을 갖고 있지는 않다. 이에 따라, 기업은 기술과 관련한 다양한 의사결정 및 선택을 하여야 할 것이며, 올바른 의사결정은 기업의 성장을 가져올 수 있다. 그러나 잘못된 선택은 기업을 어려움에 처하게 하고 심지어 파산(bankruptcy)시킬 수도 있다. 이와 같은 기술혁신의 막대한 비용과 위험을 감안할 때 최고경영자는 이처럼 중요한 기술혁신에 관한 의사결정을 다른 사람에게 대리시킬 수는 없을 것이다. 따라서 최고경영자는 기술경영의 전면에 나서서 기업의 기술혁신 노력을 선도하여야 할 것이다.

3) 기술 시너지의 창출

전사적 차원의 기술경영은 기업 내 기술혁신의 시너지를 창출하여 기업 전체의 경쟁우위 창출·유지·확대에 효과적으로 공헌하게 하는 데 필요하다. 기술 시너지(technology synergy)는 기술혁신이 기업 전체에 미치는 효익이 개별 부서나 사업부에 미치는 효익의 총합보다 크게 창출되는 것을 의미한다. 현대의 많은 기업은 기술개발과 이에 필요한 자금에 대한 결정을 사업부(divisions)에 위임하는 경향이 많다. 그러나 사업부는 기업 전체의 차원보다 자신의 사업부와 관련된 기술의 개발에 자원을 우선 배분하며, 이에 따라 자금력이 높은 거대 사업부가 그렇지 못한 작은 사업부보다 기술혁신활동에 더 많은 자금을 쓰게 된다. 이와 같은 현상은 개별 사업부의 입장에서는 별다른 문제가 없으나 전사적 차원에서는 상당한 문제가 될 수 있다.

기업이 지속가능한 성장을 달성하기 위해서는 자원배분(resources allocation)을 보다 장기적이고 미래지향적으로 계획해야 한다. 일반적으로 현재 막대한 수익을 창출하는 사업부의 경우 더 많은 연구개발자금을 사용할 것이다. 그러나 이들 기존 사업부는 미래지향적인 연구개발보다는 단기적인 연구개발에 주안점을 두는 경향이 많다. 이에 반하여 새로운 신흥기술 분야에서 기업의 미래를 준비하는 신규 사업부의 경우에는 아직 스스로 수익을 창출하지 못하여 기술혁신을 위한 자금 부족에 시달리는 경우가 많다. 이에 따라, 기술혁신활동에 대한 최고경영층의 관여가 없으면 기업의 미래에 심각한 결과를 초래할 수 있다. 즉, 최고경영층의 적극적인 개입이 없으면 기업의 전체적인 혁신역량 및 자원배분이 현재의 캐시카우(cash cow) 역할을 하는 사업영역에 집중되어 미래의 새로운 캐시카우의 발굴과 개발을 등한시할 가능성이 높다. 그 결과 기존의 사업부는 물론 신규 사업부의 경쟁우위 하락은 물론 기업 전체의 경쟁우위 감소로 이어지게 된다.

또한, 사업부는 내부지향적인 성향을 가져 전사적 효익보다는 사업부 자체의 효익을 우선한다. 일반적으로 기업 전체의 효익을 창출하는 데에는 사업부 간의 협력(collaboration)이 필요한데 기술혁신활동에 있어서 사업부에 대한 과도한 권한위양은 이와 같은 사업부 간의 협력을 저해하는 경우가 많다. 그러나 성공적인 기술혁신이 창출되기 위해서는 다양한 사업부 간, 기능부서 간의 효율적인 협력이 필요하다. 실제로 최근 들어 기업이 기술혁신을 효과적으로 창출하기 위하여 비단 기업 내 사업부뿐만 아니라 외부의 대학, 공공연구기관, 관련 기업, 심지어 경쟁기업들과의 협력이 일반화되고 있다.

이에 따라, 우선적으로 기업 전체적인 차원에서 사업부 간 기술혁신 관련 협력이 활발히 이루어져 가능하면 많은 기술 시너지(technology syn - ergy)를 창출하여야 할 것이다. 이와 같은 기업 내의 기술 시너지 창출 및 협력 문화의 제고에 있어서 최고경영층의 적극적인 관여가 필요하다.

이러한 다양한 이유로 인해 기업의 개별적 사업부들은 전사적인 수익 창출 측면에서 기술자원의 활용을 충분히 할 수 없다. 그 결과 최고경영층(top management)은 모든 사업부가 지향하여야 할 전사적 기술혁신의 전반적 방향, 전략, 중점분야 등을 제시하는 등 기술혁신경영에 적극적으로 개입하여야 한다. 그러나 최근 대부분 기업은 반대 방향인 분권화(decentralization)의 방향으로 나아가 가능한 가장 낮은 수준에서 기술혁신에 대한 전략적 의사결정을 선호하는 경향이 많다. 기업경영에 있어서 이와 같은 분권화의 이익은 의심할 여지가 없다. 분권화는 일상적인 기업경영의 효율성 향상, 사업부의 책임의식 제고, 고객의 수요에 대한 빠른 대응, 전사적인 간접비 절감 등 많은 장점을 가지고 있다. 그러나 기업의 기술혁신과 관련하여 잘못된 분권화는 사업부 간 기술 시너지의 부족, 중복투자로 인한 자원의 낭비, 부적절한 기술우선순위의 설정이라는 매우 부정적인 결과를 낳을 수 있다.

이에 따라, 기업의 경쟁우위에 핵심적인 영향을 미치는 기술혁신과 관련해서는 최고경영자가 주체가 되어 추진하는 전사적 혹은 전략적 기술혁신 경영이 필요하다. 기업의 최고경영자는 기술이 사업부 및 기업 전체의 경쟁 우위에 핵심적인 역할을 수행한다는 충분한 인식하에 기술혁신을 통한 사업 부의 경쟁우위 제고를 위한 적극적인 후원자 역할(parent role)을 담당하고 이를 바탕으로 기업 전체의 입장에서 사업부 간의 시너지를 창출하여야 할 것이다. 실제로 기업의 경영전략에 있어서 후원자 전략(parenting strategy) 은 대단히 중요한 전략으로 인식되고 있다(Campbell 등, 1994; Goold 등, 1998). 이와 같은 후원자 전략은 전사적 협력과 후원이 필요한 기술혁신경 영과 관련하여 더욱 필요할 것이다.

전사적 기술혁신경영에 있어서 기술은 기업전략과 긴밀한 관련을 맺고 있다. 이와 같은 관련성은 어느 일방적인 방향이 아니라 쌍방적인 관계로 인 식하여야 할 것이다. 기업전략은 기술의 전략적 목표를 결정하고, 기술은 기 업전략의 기회와 한계를 규정하게 된다.

2. 기업전략에서 기술의 역할

기술경영 혹은 기술혁신경영은 전사적 차원에서 이루어져야 한다. 대부분 선진기업은 기술혁신전략을 전사적 기업전략(corporate strategy)의 한 부분으로서 수립하고 기술혁신활동을 기업경영의 중추적 활동으로 인식하고 있다. 그 결과 기술혁신활동은 기업의 전략경영에 통합되어진다. 기술혁신활동은 기업의 강점, 약점, 기회, 위협의 측면에서 기술의 과거, 현재, 미래의 관련성을 판단하는 효과적인 방법이 된다. 따라서 기술혁신경영은 기업전략의 수립과 실행에 있어서 주도적인 역할을 담당하여야 한다.

그 결과 기업의 기술혁신활동을 전반적으로 조망하고, 이를 관장하며, 최고경영자의 전사적 차원에서의 기술경영적 의사결정을 도와줄 최고기술경영자(CTO: chief technology officer)의 역할이 중요하다. 실제로 현대기업들은 최고기술경영자라는 직함의 최고경영자를 두고 있는데, 그 이름은 세부적으로 기술부사장, R&D 부사장, 기술경영자 등으로 불려지기도 하며, 어떤 기업은 최고경영자(CEO)가 최고기술경영자(CTO)의 직급을 겸하는 경우도 많다. 일부 기업은 최고기술경영자 대신 최고혁신경영자(CIO: chief innovation officer)라는 직급을 두고 있다.

많은 기업이 최고기술경영자 혹은 최고혁신경영자를 두는 현재의 추세는 기업들이 기술혁신이 기업의 경쟁우위에 미치는 핵심적인 역할을 충분히 인식하고 있음을 나타내 주는 것이다. 이와 같은 최고기술경영자의 기능은 최고경영자의 기업전략 수립에 기술혁신의 측면에서 보좌하는 역할을 담당한다. 즉, 최고기술경영자는 기업의 모든 전략적 이슈에 기술적 측면을 포함하게 하고 최고경영자의 비전과 목표를 기술혁신을 통하여 효율적으로 달성하게 하는 역할을 담당한다. 이 점에서 최고기술경영자는 최고경영층이 되어야 한다.

최고기술경영자는 기업의 기술전략의 지휘자로서 기술전략(technology strategy)과 사업전략(business strategy)의 조정 및 기술전략의 집행에 깊이 관여한다. 최고기술경영자는 개별 부서로서의 연구개발기능을 뛰어넘어 전사적 차원에서 기업의 전반적인 기술계획을 조망하는 역할을 담당한다. 최고기술경영자는 기업 내의 기술능력에 대한 충분한 인식과 외부기술에 대한 창구역할을 담당하며, 기업의 기존사업을 유지 또는 쇄신하기 위한 기술의 적당한 수준을 확보하며, 새로운 사업기회에 대한 의견을 기술적 관점에서 개진하고, 나아가 전사적 요구에 부합하는 기술전략의 전체적인 방향을 결정하는 역할을 담당한다.

그 결과 최고기술경영자는 기업의 기술 포트폴리오(technology port—folio)에 있는 모든 기술의 예측, 획득, 라이선싱, 활용, 문지기(gatekeeper) 역할을 담당·조정하는 역할을 담당한다. Khalil(2000: 280~290)은 최고기술경영자의 역할을 다음과 같이 구체적으로 제시하고 있다.

① 기술예측 및 향후 획득할 목표기술의 분석
② 기업의 기술능력 배양 및 구축
③ 전사적 차원에서 기술자원 획득 계획의 수립 및 건전한 기술 포트폴리오의 유지
④ 기술혁신과 관련한 공식적, 비공식적 네트워크 및 협력 관계의 구축 및 협력 파트너 간의 기업문화, 인력, 기술적인 요소가 잘 조화를 이루게 함
⑤ 기업의 기술적 능력에 관한 기술감사의 수행
⑥ 기업의 기술자원의 배분 및 구조화

⑦ 종업원의 능력을 향상시키기 위한 기술교육 프로그램의 조직

⑧ 기업 내에 기술의 이전 및 확산 촉진

⑨ 기업 포트폴리오상의 모든 기술에 대한 문지기 역할

⑩ 기업의 지적, 기술적 소유권의 보호

⑪ 다른 기업의 차별적 경쟁우위를 훼손하지 않는 범위에서의 외부 기술의 활용

이에 따라, 일반적으로 최고기술경영자는 자연과학 및 공학적 교육을 받고 최고경영층에 오른 경우가 일반적이다. 이들은 기술경영에 대한 체계적인 교육훈련의 여부를 떠나 실무적으로 기술경영의 지식을 충분히 습득하고 기술과 경영에 대하여 균형된 시각을 가지고 있는 사람들이다. 최근 들어 이와 같은 잠재적 최고기술경영자를 양성하기 위한 기술경영 교육프로그램(MOT education program)의 설치 필요성이 많은 학자에 의해 강조되고 있으며, 실제로 선진국은 물론 우리나라에서도 기술경영 교육프로그램이 설치·운영되고 있다(정선양, 2007a, 2007b, 2009, 2012).

이상에서 살펴본 바와 같이 최고기술경영자는 기업의 경쟁우위 확보 및 제고에 필요한 모든 기술적 문제를 다루는 사람이다. 이 점에서 최고기술경영자는 최고경영자로부터 충분한 권한을 위임받고, 최고경영자를 가까운 거리에서 보좌하며, 직접 보고를 할 수 있어야 할 것이다. 성공적인 기업들의 경우 최고기술경영자가 기업전략 전반에 상당한 영향력을 지님으로써 기술이 기업전략에 충분히 공헌할 수 있게 하는 것으로 알려져 있다. 또한, 많은 기술집약적 기업의 경우 최고경영자가 최고기술경영자의 직무를 겸임하고 있는 경우도 많다. 대표적인 사례가 Microsoft사의 Bill Gates와 Apple사의 Steve Jobs이다.

3. 기업전략과 기술적 기회의 조화

최고경영자의 기술혁신경영에 대한 적극적인 관여는 기술혁신경영의 성공에 핵심적이다. 이에 따라, 최고경영자의 경영유형(management style)은 기업의 기술혁신경영 유형에 지대한 영향을 미친다. 그동안 최고경영자의 경영유형에 관한 많은 논의가 있었다. Chandler(1962, 1990)는 19세기 중반 이후 미국의 성공적인 기업의 성공요인을 분석한 결과 성공적인 기업의 배경에는 우수한 최고경영자가 있었음을 강조하고 있다. Chandler(1991)에 따르면, 대기업의 본사는 사업부에 대한 관리적 통제(administrative control)와 기업가적 촉진(entrepreneurial promotion)의 두 가지 기능을 수행하여야 한다고 강조한다. 이는 기업의 최고경영자가 일반적 관리뿐만 아니라 기술혁신을 촉진하는 기능을 담당하여야 함을 강조하는 것이다. Goold & Campbell(1987)은 기업가적 기능(entrepreneurial function)과 관리적 기능(administrative functions) 간의 균형의 차이에 따라 기업전략의 근본적 유형으로서 재무통제, 전략통제, 전략기획의 세 가지 유형을 제시하고 있다. 이와 같은 기업 최고경영자의 경영유형은 기업의 기술혁신경영에 매우 중요한 영향을 미친다. 아래에서는 이에 관해 살펴보기로 한다.

1) 재무통제

재무통제(financial control) 유형의 경영을 하고 있는 기업은 사업부의 기업활동에 대한 최고경영층 및 본사의 강력한 모니터링으로 특징지어진다. 본사 및 최고경영층은 각각의 사업부에 대하여 단기적으로 매우 높은 재무적 수익을 기대하는 경향이 많다. 이에 따라, 이와 같은 경영유형을 가지고 있는 기업의 경우에는 기업 전체적으로나 사업부에게 있어서 새로운 사업을 창출할 수 있는 기초연구 및 전략연구 등과 같은 미래지향적 연구개발활동은 기대하지 않는다. 이 유형의 기업들은 기존사업 내에서 위험이 낮은 점진적 기술혁신에 주안점을 둔다. 이와 같은 경영유형의 기업들은 일반적으로 상대적으로 낮은 성장을 하고 있는 저급기술산업(low-tech industries)의 대기업들인 경우가 많다.

2) 전략기획

전략기획(strategic planning) 유형의 경영을 하고 있는 기업은 최고경영층의 높은 기업가적 행위로 특징지어진다. 이 유형의 기업에서는 본부 및 최고경영층이 새로운 사업을 창출할 수 있는 기초연구 및 전략적 기술혁신에 대한 연구개발활동을 적극적으로 후원하는 특징을 가지고 있다. 최고경영층은 강력한 리더십을 바탕으로 미래지향적인 기술혁신활동을 선도하는 역할을 담당한다. 이러한 경영유형을 가지고 있는 기업들은 일반적으로 기술혁신의 비용이 많이 들고, 고객과 시장이 분명히 정의된 자동차, 제약, 석유산업과 같은 대규모 첨단산업(high-tech industries)에 소속되어 있는 경우가 일반적이다.

3) 전략통제

전략통제(strategic control)의 유형을 가지고 있는 기업도 기업가적 기술투자에 높은 우선순위를 부여한다. 그러나 이 유형의 기업들은 전략의 수립과 집행을 사업부에 상당한 정도로 위임하는 경향이 높다. 이 유형의 기업에서는 최고경영층이 전략적 의도를 가지고 기술혁신을 선도하는 대신 각각의 사업부들에서 떠오르는 성공적인 기업가적 벤처(entrepreneurial ventures)를 인식하고 이를 후원하는 전략을 추구한다. 이러한 전략은 현재 가장 유행하는 기술 분야를 다루는 기업으로서 다양한 시장을 가지고 있으며 상대적으로 연구개발비용이 높은 첨단산업에 적합하다. 일반적으로 이와 같은 전략 유형을 가지는 기업들은 전자산업에 속한 기업들이 많다.

이와 같이 기업의 경영유형은 기술선택에 중요한 영향을 미친다. 이 점에서 경영유형(management style)과 기술선택(technology choice) 간에는 조화가 이루어져야 할 것이다. 그러나 많은 기업에 있어서 이들 간의 조화는 쉽게 이루어지지 않는데, 그 이유는 기술적 기회의 변화하는 속성 때문이다. 즉, 기술이 변화하면 이에 대응하는 전략의 유형도 변화하여야 한다. 예를 들어, 화학 산업은 과거 대규모의 프로세스 혁신으로부터 제품혁신과 소규모 개발로 이동해 왔다. 이 경우 전통적인 화학기업은 새로운 기술적 변화에 대응하여 기술전략을 변화하고 조직적 변화를 해야 경쟁우위를 확보할 수 있다. 컴퓨터 산업의 경우에도 지난 수십년 동안의 기술변화는 집중화된 전략수립을 요구하는 시장으로부터 분산된 전략적 통제를 요구하는 시장으로 혁명적인 변화를 낳았다. 즉, 컴퓨터 산업은 대규모 조직에 대형 메인프레임 컴퓨터를 판매하는 것으로부터 폭넓은 시장의 소규모 조직에 상대적으로 값이 싼 하드웨어와 소프트웨어를 판매하는 것으로 변화하였다. 그러나 주지하는 바와 같이 IBM과 같은 과거의 컴퓨터 산업의 대기업들은 새로운 기술적 변화에 대응할 수 있는 능력은 가지고 있었지만, 기업의 전략 유형과 조직을 변환하는 데 성공하지 못하여 PC 시장에서 경쟁우위를 확보할 수 없었던 것이다. 이들 대기업은 기술 및 산업의 변화에 대응하여 효과적인 기술경영을 하지 못하여 새로운 시장에서의 경쟁우위를 상실한 것이다.

이에 따라, 기업이 급격하게 변화하는 신기술에 대응하여 기업전략을 변화시키지 못하면 기존의 성공기업들도 매우 어려움에 처하게 된다. 이것이 이른바 혁신자의 딜레마(innovator's dilemma)이다(Christensen, 1997, 2006). 과거의 기업들이 당면하는 주된 위험은 새로운 기술을 확보하는 데 무능력한 것이었다. 그러나 오늘날 대부분 대기업은 신기술을 모니터·평가

·습득하기 위한 연구소를 가지고 있는 것이 일반적이다. 따라서 현재의 기업에게 가장 어려운 도전은 신기술의 조직적 함의를 충분히 이해하고 이에 대해 어떻게 효율적으로 대응한 것인가의 문제이다. 새로운 기술은 제품, 시장, 조직에 있어서 집중화의 정도, 기업 부서 간의 경계, 외부와의 네트워크 구축 및 운영 등에 있어서 급진적이고 파괴적인 변화를 필요로 한다. 즉, 기업이 지속적인 성공을 하기 위해서는 세심한 기술혁신경영을 하여야 할 것이다.

4. 전략, 기술, 조직의 조화

좀 더 세부적으로 논의하면 성공적인 기술혁신경영을 위해서는 기술, 전략, 조직의 문제를 종합적으로 파악하여야 하는 어려운 과제를 해결하여야 한다. 그동안 전략경영에서는 Chandler(1962, 1990)를 중심으로 전략과 조직의 문제에 대해서는 충분한 논의가 이루어졌다. 가장 대표적으로 챈들러는 "조직은 전략을 따른다!!!"(Structure follows strategy!!!)라는 유명한 명제를 제시하였다. 그러나 이들 전략과 조직의 문제를 기술의 문제와 연계한 것은 최근의 일이다. 앞에서 논의한 전략과 기술과의 관계도 중요하지만 조직과 기술의 관계도 대단히 중요하다. 사실 챈들러는 이와 같은 기술과 조직의 문제를 강조한 몇 안 되는 선구자이다. 그는 기술혁신(technological innovation)과 조직혁신(organizational innovation) 간의 연계와 공진(co-evolution)의 필요성을 강조하였다. 즉, 20세기의 선도적인 기업들은 기술혁신을 지원할 조직혁신을 달성하였고 또한 이들 기업의 새로운 조직구조를 가져다준 현대의 조직혁신은 기술혁신에 의해 대단한 영향을 받았음을 강조한다(Chandler, 1990; Teece, 2010).

최근 들어, 이 같은 기술혁신과 조직혁신의 연계 문제가 중요한 화두로 대두되고 있다. Pisano(2006)는 과학 비즈니스(science business)라는 새로운 개념을 창출하고 많은 과학기반산업에서 과학적 결과가 사업화로 이루어지는 것이 매우 일반적인 현상이 되었다고 강조하고 있다. 이에 대한 대표적 사례로 그는 생명공학산업(biotechnology industry)을 예로 들고 있는데, 실제로 생명공학이 사업화가 되면서 Amgen, Genentech과 같은 세계적인 생명공학기업들이 창출되었다. 그러나 그의 주장에 따르면, 생명공학산업이 그동안의 기대와 달리 전술한 두 기업을 제외하고는 그동안 수익을 창출하지 못하였는데, 그 이유로 생명공학분야의 과학기술혁신을 지원할 수 있는 조직혁신(organizational innovation)과 제도적 혁신(institutional in-novation)이 이루어지지 않았기 때문임을 강조하면서 과학 비즈니스 및 이와 관련한 세부적인 조직혁신과 제도적 혁신이 이루어져야 할 것을 강조하고 있다.

◉ 그림 4-3 전략적 기술경영: 전략혁신, 기술혁신, 조직혁신의 조화

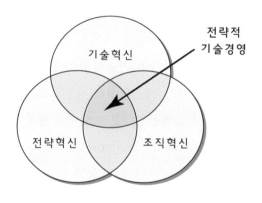

자료: 정선양, 「전략적 기술경영」, 제5판(서울: 박영사, 2023), 126쪽.

이에 따라, 전략적 기술혁신경영(SMTI: strategic management of technology and innovation)은 기술혁신, 조직혁신, 전략혁신의 효율적인 연계와 조화를 다루는 새로운 학문적, 실무적 분야로 파악할 수 있다(<그림

4-3> 참조). 챈들러는 기술혁신경영이라는 용어를 사용하지는 않았지만 기업의 성공에 있어서 최고경영자와 전략의 중요성을 강조하였고, 기술혁신의 창출 및 확산을 강조하였으며, 기술혁신과 조직혁신과의 효율적 연계를 강조하였다. 그의 주장을 종합하면 전략, 기술, 조직의 세 단어로 요약할 수 있으며, 이를 한마디로 표현하면 전략적 기술경영인 것이다. 이에 따라, 이같이 선구적인 주장을 한 챈들러를 우리는 기술경영학자로 인식하여야 할 것이다.

제3절 전략적 기술혁신경영 모델

1. 전략적 기술혁신경영 모델의 중요성

기술혁신이 급변하는 기술경제환경 속에서 기업의 경쟁우위 확보 및 부의 창출에 중요한 역할을 담당한다면 기술혁신은 최고경영자에 의해서 경영되어야 할 것이다. 최고경영자는 기술혁신을 중심으로 전략경영을 수행하여야 할 것이다. 이 점에서 기술혁신경영분야에 전략경영의 관점을 접목하여 전략적 기술혁신경영 모델(strategic technology and innovation manage-ment model)을 제시할 수 있을 것이다. 그동안 일부 학자들에 의해서 전략적 기술혁신경영의 모델을 설정하기 위한 노력이 많이 있어 왔으나 너무 기술적인 사안에 주안점을 두어 체계성이 미흡하였다는 문제점이 있어 왔다. 그동안의 연구와 문헌은 기술혁신에 대한 전략경영적 관점에 충실하기보다는 자신의 학문영역에서 전략경영의 개념을 단편적으로 활용하는 데 치우친 것으로 평가된다. 이에 따라, 이 책에서는 최고경영자의 전략경영 관점에 충실하면서 체계적인 전략적 기술혁신경영의 모델을 제시하고자 한다. 특히 이 책에서는 전략, 기술, 조직의 효율적 연계의 측면에서 기술혁신경영의 새로운 모델을 제시하기로 한다.

전략경영(strategic management)은 기업의 장기적 성과를 결정하는 일련의 경영자의 의사결정 및 행위를 의미한다. 일반적으로 전략경영의 세부적인 내용은 외부환경 분석(external environmental scanning), 내부환경 분석(internal environmental scanning), 전략수립(strategy formulation), 전략집행(strategy implementation), 평가와 통제(evaluation and control)의 다섯 단계로 구성되어 있다. 학자에 따라서는 외부환경 분석과 내부환경 분석을 통합하여 기업환경의 분석으로 제시하는 사람도 많다. 이들 여러 단계를 종합하여 전략경영과정(strategic management process) 혹은 전략경영모델(strategic management model)이라고 부른다. 전략경영은 기업을 둘러싼 환경이 대단히 복잡하고 급변하면서 이에 대한 효율적인 대응을 위하여 도입된 경영의 새로운 분야이다. 실제로 Wheelen & Hunger(2006)에 따르면 전략경영을 효과적으로 추진하는 기업이 그렇지 않은 기업들보다 경영성과가 훨씬 좋았음을 알 수 있다.

기업을 둘러싼 환경변화의 대표적인 동인은 기술혁신이다. 기술혁신은 기업 경쟁우위의 확보·유지·확장에 핵심적인 역할을 하는 반면, 기술혁신 그 자체가 대단히 급변하고 복잡하며 상호 융합하는 성격을 가지고 있다. 이에 따라, 기업은 이같이 급변하고 기업 경쟁력에 핵심적인 기술혁신에 대한 전략경영, 즉 전략적 기술혁신경영이 필요하다. 따라서 전략경영의 모델을 기술혁신경영에 접목하면 전략적 기술혁신경영 모델(strategic technology and innovation management model)을 창출할 수 있다(<그림 4-4> 참조).

사실 그동안 전략경영의 관점에서 기술혁신경영을 다룬 학자들은 있었으나(예를 들어, Wolfrum, 1991; Floyd, 1997; Tidd 등, 2005; Schilling, 2005), 이들의 분석은 외부환경 분석, 내부환경 분석, 전략수립, 전략집행, 평가와 통제라는 일반적인 전략경영 모델의 전체적인 차원에서 기술혁신경영을 다루지는 못하였다는 점에서 포괄성과 체계성이 부족하다.

Tidd 등(2005: 108)은 기술혁신경영에 대한 경영의 필요성을 강조하면서 기술혁신경영에 있어서 다음과 같은 네 가지 핵심명제를 제시하고 있다.

① 기업 특정적 지식(firm-specific knowledge)은 기업의 경쟁우위 및 성공에 있어서 핵심적인 사안이다.
② 이에 따라, 기업전략(corporate strategy)의 핵심은 이와 같은 기업특정적인 지식을 세심하게 축적하려는 목적을 가진 기술혁신전략(innovation strategy)이 되어야 한다.
③ 기술혁신전략(innovation strategy)은 복잡하고 항상 변화하는 외부환경(external environment)뿐만 아니라 기술, 경쟁위협, 시장수요에 있어서 현재와 미래에 관한 대단한 불확실성(uncertainties)에 대응하여야 한다.
④ 마지막으로, 기업 내부의 조직구조와 과정(internal structures and processes)은 첫째, 기술영역, 기업기능, 사업부 내에서의 전문화된 지식의 도출 및 개발의 문제와, 둘째, 기술영역, 기업기능, 사업부의 경계를 넘어서 통합적 차원에서 해당 지식의 활용이라는 잠재적으로 상반되는 요건에 대한 지속적인 균형을 추구하여야 한다.

이는 결국 기술혁신과 관련하여 세심한 전략경영의 필요성을 강조하는 것이다. Tidd 등(2005: 108~110)은 흥미롭게도 전략적 기술경영과 관련하여 전략경영의 세계적인 대가인 Michael Porter에 대한 평가를 하고 있다.

Porter(1980, 1985, 1990)는 그동안 기업의 경쟁우위를 확보할 수 있는 경쟁전략에 관해 체계를 구축한 경영학 분야의 대가이다. 그는 또한 국가가 경쟁우위를 확보할 수 있는 체계도 구축하였다는 점에서 매우 폭넓은 스펙트럼의 연구를 수행해 왔다. 이들에 따르면 Michael Porter는 기술의 진보로부터 창출되는 경쟁적 기회와 위협의 성격을 정확하게 규명하고 기업이 경쟁으로부터 스스로의 위치를 잡기 위하여 기업특정적인 기술의 개발 및 보호의 중요성을 올바르게 강조하였다고 평가하고 있다. 그러나 이들은 Michael Porter가 기술이 산업의 경계를 변화시키고, 새로운 제품을 개발하며, 진입장벽을 변화시켜 경쟁 게임의 규칙을 변화시키는 기술의 능력(power of technology)은 과소평가한 반면, 기업 외부의 중요한 변화를 도출하고 예측하며 기업 내의 역량과 조직관행에 있어서 급격한 변화를 추진할 수 있는 최고경영층의 능력(capacity of senior management)을 과대평가하였다고 비판하고 있다.

이는 결국 전략적 기술경영을 위한 체계적인 틀을 구축할 필요성을 제기하는 것이다. Gerybadze(1995)와 Frauenfelder(2000)는 통합적 기술혁신경영을 강조하면서 기술혁신경영의 과정을 전략(strategy) → 분석(analysis) → 기술경영(technology management) → 통합(integration)을 거쳐 다시 전략으로 이어지는 순환과정으로 파악하고 있다. Teece & Pisano(1994)와 Tidd 등(2005)은 급변하는 환경 속에서 기술혁신전략의 수립에 있어서 동적 역량 접근방법(dynamic capabilities approach)을 강조하고 이에 따른 기술경영의 체계를 제시하고 있다. 동적 역량 접근방법에서는 기업의 경쟁우위의 원천으로서 동적역량(dynamic capabilities)을 강조하고, 급변하는 환경을 감안하여 이에 대한 기업의 학습(learning)을 바탕으로 한 전략적 대응의 필요성을 강조하는 것이다. 그 결과 이들은 기술경영과 관련하여 기업의 현재 위치(position), 기업이 활용가능한 경로(paths), 기업의 관리적 과정

(processes)의 세 가지 전략적 차원을 강조한다. 여기에서 기업의 현재 위치는 기업이 가지고 있는 기술, 지적재산권, 고객기반, 공급자와의 관계 등과 같은 현재의 부존자원을 나타내고, 경로는 기업이 활용가능한 전략적 대안과 기업에 놓여 있는 기회의 매력도를 의미하며, 관리적 과정은 기업 내에서 업무가 이루어지는 방법, 즉 이른바 관행(routine)으로서 현재의 업무 및 학습이 이루어지는 패턴을 의미한다(Teece & Pisano, 1994: 537~541).

Tidd 등(2005)은 이와 같은 동적역량 접근방법에 동의하면서 전사적 차원에서의 기술전략이 경쟁자와 비교한 기업의 위치(position), 기업에게 놓여진 기술적 경로(technological paths), 기업이 추진하는 조직적 과정(organizational process)으로 구성되어야 할 것을 강조하며 거시적인 관점에서 전략적 기술혁신경영 모델을 전개하고 있다. 이들은 그동안 동적 역량의 개념을 보다 확대하여 최근 들어 보다 체계적인 기술혁신경영 모델을 제시하고 있다. 먼저, Tidd 등(2005)은 기술혁신경영이 매우 어려우나 반드시 추진하여야 할 것이라는 점에서 체계적인 기술혁신경영의 필요성을 강조하면서 기술혁신경영 모델을 탐색(search) → 선택(select) → 집행(implement)의 세 단계로 나누어 살펴보고 있다. 이들은 기술혁신경영이 대단히 어렵기 때문에 이 같은 기술혁신경영의 과정을 학습과정(learning process)으로 파악하여야 할 것을 강조하고 있다.

Teece(2009)는 기업이 기술혁신능력을 바탕으로 한 동적역량(dynamic capabilities)을 확보하여야 할 것을 강조하면서 이 같은 동적 역량을 확보한 기업들만이 성공적인 기업성과를 창출할 수 있음을 강조하고 있다. 그는 동적 역량의 확보 모델로서 인지(sensing) → 포착(seizing) → 변환(transforming)을 강조하고 있다. 이들은 모두 기술혁신경영의 모델을 구성하는 것으로 파악할 수 있다.

이들 대표적인 기술혁신경영의 모델은 기술혁신의 콘텐츠를 가지고 효율적으로 전략경영을 할 방안을 제시하고 있는 것으로 이해할 수 있다. 이들은 기술혁신경영을 체계적으로 추진하여야 한다는 점을 강조하고 이를 위한 방안을 제시하고 있다는 점에서 매우 바람직한 것으로 판단할 수 있다. 그러나 이들 모델은 기술혁신경영의 과정을 너무 포괄적으로 제시하고 일반 경영자들이 이해하기 쉽지 않은 용어를 사용하고 있다는 단점을 가지고 있다.

또한, 이들의 논의는 기술혁신경영을 대략 세 가지 정도의 구성요소를 중심으로 너무 기계적으로 파악하여 일반적인 전략경영 모델과 비교하여 구체성과 체계성이 떨어지고 그동안 경영 실무에서 폭넓게 활용되어 온 전략경영 모델의 장점을 활용하기 어렵다는 단점도 가지고 있다. 따라서 전략경영의 일반 모델의 관점에서 기술혁신을 어떻게 체계적으로 경영할 것인가를 나타내 줄 새로운 모델을 제시할 필요성이 대두된다. 특히, 이 새로운 모델에서는 기술혁신경영과 전략경영과의 합리적인 균형을 맞추고 급변하는 기술경제환경을 충분히 반영하여야 할 것이다. 이 새로운 모델이 이른바 '전략적 기술혁신경영 모델'이다.

2. 전략적 기술혁신경영 모델의 구성요소

전략적 기술혁신경영(SMTI: strategic management of technology and innovation) 모델은 기술혁신을 중심으로 전략경영을 진행하는 일련의 과정을 의미한다. 이에 따라, 전략적 기술혁신경영 모델(SMTI model)은 '전략적 기술혁신경영과정'으로 표현할 수 있다. 이는 일반적인 전략경영에 익숙한 최고경영자에게 기술혁신을 보다 효율적으로 경영할 수 있게 해 줄 것이다. 전략적 기술혁신경영 모델을 세부적으로 살펴보면 기술지향적 외부환경 분석, 기술지향적 내부환경 분석, 기술혁신전략의 수립, 기술혁신전략의 집행, 기술혁신경영의 평가와 통제 등의 단계로 구성되는 것으로 파악할 수 있을 것이다. 그러나 이 책에서는 전략적 기술혁신경영의 출발을 기술을 전체적으로 조망하는 기술환경의 평가로부터 출발하는 것으로 파악한다. 그 이유는 '전략적 기술혁신경영'을 시작하기에 앞서 최고경영자는 기술에 대한 전반적인 지식을 가지고 있어야 하기 때문이다. 그 결과 이 책에서는 전략적 기술혁신경영 모델 혹은 전략적 기술혁신경영과정(SMTI process)을 ① 기술환경의 분석, ② 기술지향적 내·외부 환경분석, ③ 기술혁신전략의 수립, ④ 기술혁신전략의 집행, ⑤ 기술혁신경영의 평가와 통제로 구성되는 것으로 이해한다(<그림 4−4> 참조). 각각의 단계에 대해 개략적으로 살펴보면 다음과 같다.

● 그림 4-4 전략적 기술혁신경영 모델

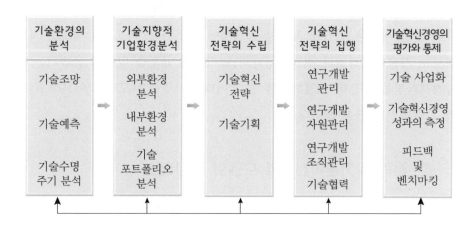

자료: 정선양, 「전략적 기술경영」, 제5판(서울: 박영사, 2023), 132쪽.

첫째, 기술환경의 분석(technological environment analysis)은 기술혁신전략의 수립에 앞서 기업을 둘러싼 기술환경에 대한 전반적인 평가를 수행하는 것을 의미한다. 기술환경의 분석은 기술조망, 기술예측, 기술수명주기분석 등 세 단계로 구성된다. 기술조망(technology diagnosis)은 기업을 둘러싼 다양한 기술들에 대한 폭넓은 조망과 조기진단을 수행하는 것이며, 기술예측(technology forecasting)은 기업의 경쟁우위에 영향을 미칠 것으로 예상되는 주요 기술들에 대한 세심한 예측을 수행하는 것이다. 이와 같은 기술환경의 평가를 통하여 기업은 기술지향적 환경분석을 수행할 준비를 할 수 있게 된다.

둘째, 기술지향적 기업환경분석(technology—oriented business environment analysis)은 기업의 환경을 기술을 중심으로 세심하게 분석하는 것을 의미한다. 일반적 전략경영의 환경분석과 마찬가지로 기술지향적 기업환경분석은 기술지향적 외부환경 분석, 기술지향적 내부환경 분석, 이들을 종합 분석하는 기술 포트폴리오 분석의 세 단계로 구성된다. 기술지향적 외부환경 분석(technology—oriented external environment analysis)은 기업을 둘러싼 경쟁환경, 산업구조, 경쟁기업을 기술을 중심으로 파악하는 것을 의미하며, 기술지향적 내부환경 분석(technology—oriented internal environment analysis)은 기업의 기술전략 수립의 기초가 되는 기술적 위치와 역량을 세심하게 파악하는 것을 의미한다. 기술 포트폴리오 분석(technology portfolio analysis)은 그동안 수행해 온 기술지향적 내·외부 환경분석을 통합하여 기업의 기술전략을 수립할 수 있는 구체적 토대를 마련하는 것을 의미한다. 기술 포트폴리오 분석에서는 앞에서 분석한 기술환경 분석을 바탕으로 기술적 측면과 기술지향적 기업환경분석을 바탕으로 경쟁환경의 측면에서 기업이 대응하여야 할 기술 포트폴리오를 구성한다. 기술 포트폴리오에서는 기업의 기술혁신전략의 일반적 방향과 세부방향을 도출할 수 있다.

셋째, 기술혁신전략의 수립(technology and innovation strategy for—

mulation)은 전술한 기술지향적 환경분석의 결과로 도출·분석된 기술 포트폴리오를 바탕으로 기업이 추진하여야 할 기술혁신전략을 세부적으로 수립하는 단계이다. 기술혁신전략의 수립은 거시적 차원의 기술혁신전략 수립과 세부적인 기술기획으로 구성된다. 기업은 전술한 기술평가 및 기술지향적 환경분석을 바탕으로 기업의 상황에 적합한 다양한 기술혁신전략 (technology and innovation strategy)을 추진할 수 있다. 기업의 기술혁신 전략이 수립되면 기업은 이를 세부적으로 추진할 수 있는 기술기획 (technology planning)을 하여야 할 것이다. 기술기획은 기업의 기술혁신전략 수립과 이의 구체적인 집행을 연계하는 역할을 담당한다. 기술기획에서 활용할 수 있는 구체적인 기획방안으로서 연구개발 포트폴리오, 기술 로드맵, 기술수명주기분석 등이 있다.

넷째, 기술혁신전략의 집행(technology and innovation strategy implementation)에서는 앞에서의 기술전략을 구체적으로 집행하는 단계이다. 기술혁신전략의 집행에는 여러 요소가 필요하지만, 무엇보다도 연구개발관리, 연구개발자원관리, 연구개발조직관리, 기술협력이 중요하게 대두된다. 연구개발관리(R&D management)는 기업이 필요로 하는 기술을 기업 내부에서 확보하려는 노력으로서 여기에는 연구개발관리의 개념, 중요성, 과정관리, 그리고 연구개발관리의 변천 등이 중요하다. 연구개발자원관리(R&D resources management)는 연구개발활동을 수행하는데 필요한 연구개발투자, 연구개발예산, 연구개발인력의 문제가 중요하게 대두된다. 연구개발조직관리(R&D organization management)에서는 기업이 기술혁신을 효과적으로 창출할 수 있는 혁신적인 기업의 모습과 연구개발활동을 전담하는 연구개발 조직구조의 유형의 문제를 다루며, 또한 기업 및 연구개발조직의 생산성 향상에 있어서 핵심적인 역할을 담당하는 연구개발 조직문화도 중요한 구성요소이다. 기술협력(technological collaboration)에서는 기업이 기술의 확보 및 활용에 있어서 외부 연구개발 주체들과 협력하는 다양한 방법을 다룬다.

다섯째, 기술혁신경영의 평가와 통제(evaluation and control of tech-nology and innovation management)는 전략적 기술혁신경영의 마지막 단계로서 앞에서의 기술혁신경영의 전 과정의 성과에 대한 측정과 측정결과를 바탕으로 한 피드백의 문제를 다룬다. 여기에서는 기업이 기술혁신경영의 결과로 창출된 기술의 사업화(technology commercialization)가 잘 이루어지는가를 파악하여야 한다. 아울러 기업은 전략적 기술혁신경영과정을 수행해 가면서 지속적으로 성과를 측정하고 기술혁신경영의 선도기업과 비교하여 지속적인 벤치마킹을 하여야 할 것이다. 이와 같은 기술경영의 벤치마킹도 평가와 통제의 중요한 구성요소이다.

전략적 기술혁신경영의 과정은 순차적으로 이어지는 것이 아니라 각 단계 간에 지속적으로 상호작용하는 것으로 파악하여야 할 것이다. 전략적 기술혁신경영에 있어서 이상적인 수준은 존재하지 않으며 각 과정 간의 지속적인 정보의 흐름과 피드백(feedback)이 필요하다. 기업은 우선 전략적 기술혁신경영의 각각의 단계에 있어서 효율성을 제고하고 이들 단계 간의 피드백을 활성화하여 전략적 기술혁신경영과정 전체의 효율성을 제고시켜야 할 것이다. 따라서 전략적 기술혁신경영의 과정은 끊임없는 학습의 과정으로 파악하여야 할 것이다. 이와 같은 학습과정(learning process)에 있어서 경쟁기업과 선도기업의 기술혁신경영과정을 창조적으로 벤치마킹하는 것도 대단히 중요하다.

P/A/R/T
02

혁신전략의 수립

CHAPTER 05

전략적 의도5)

제1절 전략적 의도의 개념과 특징

'전략적 기술경영' 혹은 '전략적 기술혁신경영'은 최고경영자 주도로 전사적으로 추진하는 기술경영을 말한다. 여기에서 전략적 의도(strategic in-tent)의 중요성은 매우 크다. 그동안 기술경영은 전략경영과 충분히 연계되지 못하여 왔다. 그러나 경쟁우위의 확보·유지·발전에 있어서 기술혁신의 중요성을 충분히 인식한다면 기술혁신은 전략경영의 핵심이 되어야 할 것이다. 여기에서 전략적 의도는 중요한 비중을 차지한다. 이같은 배경 속에서 이 장에서는 Hamel & Prahalad(1989)의 저명한 논문인 "Strategic Intent"를 바탕으로 기술혁신경영의 문제를 논의하기로 한다.

---

5) 이 장은 정선양, 「전략적 기술경영」, 제5판(서울: 박영사, 2023), 107~114쪽을 수정·보완하였음.

Hamel & Prahalad(1989)는 세계시장에서 성공한 기업들에 대한 심층적인 분석결과, 이들 기업은 그들의 자원과 역량을 넘어서는 거대한 야망(great ambition)을 가지고 있었고, 조직의 모든 차원의 모든 구성원에게 성공하려고 하는 강박관념(obsession)이 확산되었으며, 이를 바탕으로 10년에서 20여 년에 걸쳐 글로벌 리더십(global leadership)을 확보·유지하였음을 밝히며, 이와 같은 조직 전체 차원의 강박관념을 '전략적 의도'라고 명명하였다.

이 점에서 전략적 의도는 기업이 '오랫동안 지속해 온 성공하려는 강력한 의지'라고 정의할 수 있을 것이다. 일반적으로 전략적 의도는 한 산업에서 역량과 자원이 부족한 기업이 선도기업을 추월하려는 야심찬 희망으로 표현된다. 전략적 의도는 기업의 미래 방향과 야심찬 비전을 포함하고 있다는 점에서 매우 동적인 개념으로 파악할 수 있다. 이 개념의 근저에는 기업이 경쟁우위를 창출·유지하기 위해서는 그동안 강조되어 온 자원(resources)과 역량(capabilities)을 확보 및 활용하는 것도 중요하지만, 이것보다 전략적 의도(strategic intent)가 더욱 중요하다는 점을 강조하는 것이다. 전략적 의도는 기업의 매우 야심찬 장기목표로서 기존의 핵심역량(core competence)에 기반하여 조직의 모든 차원에서 도출되어야 한다. 이와 같은 전략적 의도의 대표적 사례를 살펴보면, Canon은 복사기 시장에서 거대한 Xerox를 추월한다는 목표를, Apple은 모든 사람이 PC를 가져야 한다는 미션을, Yahoo는 세계에서 가장 큰 인터넷 쇼핑몰을 운영하겠다는 야심찬 목표를 실현하였다.

Hamel & Prahalad(1989)는 전략적 의도의 특징을 다음 세 가지로 요약하고 있다. 첫째, 전략적 의도는 승리의 진수를 내포하고 있다는 것이다. 이에 따라, 승리를 위한 집중력과 실행력을 가져야 한다는 것이다. 둘째, 전략적 의도는 시간에 따라 안정적이라는 점이다. 전략적 의도는 단기적이고 일상적인 전략행위에 대한 지침을 제공해 주는 동시에 중장기적이고 미래지향적인 새로운 기회를 창출할 수 있게 하는 일관성을 가지고 있어야 한다. 셋째, 전략적 의도는 구성원의 노력과 동참을 가능케 하는 목표를 설정하게 한다. 전략적 의도는 조직 구성원 전체가 추구하여야 할 야심차고 구체적인 목표를 제공하고 구성원들이 이를 달성할 수 있도록 최선의 노력을 경주하게 한다.

많은 기업이 전략기획(strategic planning)에는 익숙해 있으며 실제로 기획을 잘하고 있다. Hamel & Prahalad(1989)는 이 같은 전통적인 기획보다 전략적 의도의 중요성을 강조하면서, 일본과 한국의 기업이 전략기획을 잘하여 세계시장에서 성공한 것이 아니라 이들 기업이 세계시장에서 성공하려고 하는 강력한 의지를 가졌기에 성공하였음을 강조하고 있다. 실제로, 세계시장을 목표로 하는 글로벌 리더십(global leadership)은 기획의 범주를 벗어나 세계시장에서 성공하려는 강력한 의지와 실행력에 의해 이루어진다. 이 점에서 기업이 글로벌 리더십을 창출하려면 전략계획이 아니라 전략적 의도에 따라 경영을 하여야 할 것이다.

전략적 의도는 전략기획과 비교하여 상대적으로 장기적인 미래(future)를 지향한다는 점에서 차이가 있다. 물론 전략기획도 미래에 대한 대응을 강조하지만, 이는 미래에 대한 기획보다는 현재의 문제에 매달리는 경향이 많다. 특히 현대의 기업은 기획의 시간적 지평이 짧고 단기적인 성과의 창출을 지향한다는 점에서 더욱 그렇다. 이 같은 전략적 의도의 미래 지향성을 강조하면서 Hamel & Prahalad(1989)는 전략적 의도의 목표는 '미래를 현재로 다시 감싸 안아 오는 것'이라고 강조한다.

제2절 전략적 의도의 활용방안

전략적 의도는 미래지향적 경쟁우위를 창출하는 기술혁신경영에 잘 적용될 수 있다. 특히 전략적 의도는 최고 경영자 주도의 기술혁신경영의 기본적 전제가 된다. 전략적 의도는 경영의 수단(means)과 목표(ends)의 관계에 있어서, 수단의 즉흥성 및 유연성을 제공해 준다는 특징을 가지고 있다. 미래는 충분히 알 수 없으므로 전략적 행위를 추진해 가면서 유연하게 대응하여야 한다는 것이다. 또한, 야심찬 목표를 추구한다는 점에서 경영에 있어서 높은 수준의 창조성(creativity)을 활용할 것을 강조한다. 즉, 전략적 의도는 목표에 대해서는 매우 세부적이지만 수단에 대해서는 매우 유연하다.

전략적 의도는 기업이 상당한 정도의 전략적 확장(strategic stretch)을 할 수 있게 해 준다. 기업의 야심찬 목표를 달성하기 위해서는 기존의 자원과 역량이 아닌 새로운 역량과 자원을 필요로 한다. 전통적인 전략경영이 기존의 자원 및 역량과 현재의 기회와의 연계를 강조하는 데 비하여 전략적 의도는 현재의 자원과 미래의 야망 간의 극심한 부정합(misfit)을 창출한다(Hamel & Prahalad, 1989). 그리하여 최고경영층의 과제는 기업의 자원과 역량을 체계적으로 배양하여 이 같은 격차를 줄일 수 있도록 독려하는 것이다(<그림 5-1> 참조).

● 그림 5-1 전략적 의도의 활용방안

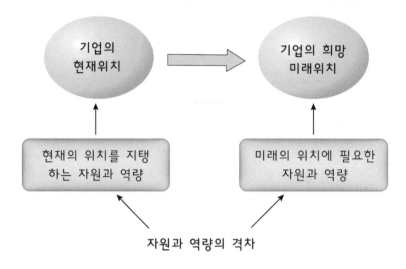

자료: 정선양, 「전략적 기술경영」, 제5판(서울: 박영사, 2023), 110쪽.

　　이를 통하여 기업은 연구개발의 목표를 정하고, 전략적 핵심기술을 개발하며, 기업의 차세대 성장동력이 될 수 있는 신제품을 창출할 수 있다. 이처럼 전략적 의도는 미래의 야심찬 목표를 추구하고 이를 위한 새로운 자원과 역량을 배양하는 데 초점을 맞추고 있다는 점에서 매우 동적인 속성을 가지고 있다. 여기에서 전략의 핵심은 경쟁자가 현재의 경쟁우위를 모방하기 이전에 미래의 경쟁우위를 빠르게 창출하는 것이다. 이 점에서 Hamel & Prahalad(1989)는 기존의 역량을 개선하고 새로운 역량을 확보하는 조직의 능력이야말로 가장 잘 방어할 수 있는 경쟁우위임을 강조한다. 이는 최근 복잡하고 급변하는 환경 속에서 일시적 우위(transient advantage)의 파동을 탈 것을 강조하는 McGrath(2013a, 2013b)의 주장과 맥을 같이 하는 것으로 파악할 수 있다(정선양·김경희 역, 2014).

Hamel & Prahalad(1989)는 기업이 야심찬 목표를 추구하고 이를 위해 새로운 자원과 역량을 축적하여야 한다는 점에서 전략적 의지를 '마라톤을 400m 달리기'로 뛰는 것으로 비유하고 있으며, 마라톤의 중간에 무엇이 있는지 아무도 모르지만, 최고경영자는 조직이 현재의 시점에서 항상 다음 400m 및 그 이상을 준비할 것을 강조한다. 이와 같은 전략적 의도의 활용방안은 <그림 5-1>과 같이 나타낼 수 있다.

이상에서 살펴본 바와 같이 전략적 의도는 '미래의 야심찬 목표를 달성하려는 조직 전체 차원의 갈망과 의지'를 나타낸다. 이는 매우 도전적인 과제로서, 이 같은 도전은 조직 구성원 모두가 적극적으로 참여하여야만 달성 가능하다는 점에서 최고경영자의 적극적인 후원과 관여가 필요하다. Hamel & Prahalad(1989)에 따르면 최고경영자는 조직 구성원 전체가 기업의 경쟁우위를 달성하는 데 전폭적으로 참여하도록 다음 사항을 추진할 것을 강조하고 있다.

① 환경의 미약한 신호를 확장하여 조직 내에 위기감(sense of ur-gency)을 창출하여야 한다. 이를 통하여 진정한 위기가 닥치는 것을 기다리기보다 미리 준비하고 대응하게 한다.

② 조직 구성원 모두에게 자신에 맞는 경쟁상대에게 집중(focus)하게 하여야 한다. 또한, 조직 구성원이 업계 최고의 경쟁기업과 종업원을 대상으로 벤치마킹(benchmarking)하게 하여야 한다.

③ 종업원이 자신의 업무를 효과적으로 처리할 수 있는 기능(skills)을 제고하기 위한 다양한 교육훈련을 실시하여야 한다.

④ 종업원에게 자신에게 제기된 도전을 순차적으로 대응하기 위한 충분한 시간(time)을 부여하여야 한다. 종업원에게 너무 많은 도전적 과제를 한꺼번에 부여하기보다는 한 개의 과제를 해결하였을 때 다

음 과제를 해결할 수 있도록 하여야 한다.

⑤ 명확한 마일스톤(milestone)과 평가 메커니즘(evaluation mecha-
   nism)을 설정하여야 한다. 이를 통하여 진척도를 점검하고 종업원이
   스스로 원하는 행위를 유발하기 위하여 내부적 인식과 보상체제를
   구축하여야 한다.

제3절 전략적 의도와 경쟁혁신

전략적 의도를 달성하기 위해서 기업은 점진적인 개선보다는 근본적 변
화를 추구하여 기존기업에게 불이익을 줄 수 있도록 경쟁의 규칙을 바꾸어
야 한다. 그리하여 Hamel & Prahalad(1989)는 기업이 경쟁우위를 가지기
위해서는 경쟁모방(competitive imitation)이 아닌 경쟁혁신(competitive
innovation)을 추구하여야 할 것을 강조하면서, 경쟁혁신에 대한 다음의 네
가지 접근방법을 제시하고 있다(<그림 5-2> 참조).

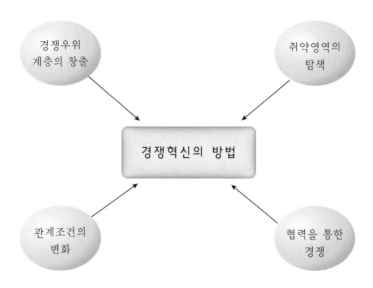

1. 경쟁우위 계층의 창출

기업이 경쟁우위의 포트폴리오를 넓히면 경쟁에서의 위험이 줄어든다. 성공적인 기업은 자신의 경쟁우위를 지속적으로 확장·변화시키고 있다. 기업은 원가우위와 같은 경쟁자로부터 방어하기 힘든 경쟁우위로부터 기술혁신능력과 같은 방어하기가 쉬운 경쟁우위로 지속적으로 이동하고 경쟁우위의 계층(layers of competitive advantage)을 창출하여야 한다. 특히 다양한 경쟁우위는 서로 배타적이지 않고 상호 간에 보완적이어야 한다. 여기에 기업 전체를 관통하는 핵심역량(core competence)이 필요한 것이며 이를 바탕으로 다각화를 위한 인접이동(adjacent movement)을 하여야 한다.

2. 취약영역의 탐색

세계시장에 새롭게 진입하는 기업은 기존 기업에 비해 경쟁우위가 약한 것이 일반적이다. 이 경우 신규기업이 취할 수 있는 전략은 경쟁기업이 방어하지 않는 취약영역(loose bricks)을 공격하는 것이다. 이와 같은 취약영역은 특정한 제품영역, 틈새시장, 가치사슬의 한 부분이 될 수도 있다. 이 전략은 기존기업도 활용할 수 있다. 기존기업은 자신의 핵심역량을 바탕으로 경쟁기업이 등한시하는 영역에 대한 공격을 단행하여야 할 것이다. 여기에 대표적인 기업이 Honda로, 이 회사는 엔진에 관한 핵심역량을 바탕으로 기존기업이 등한시하였던 모터사이클 분야를 우선적으로 공략하여 경쟁우위를 확보하였으며, 그 이후 자동차, 잔디깎이, 선박 등으로 사업영역을 확대해 오고 있다.

3. 관계조건의 변화

이는 산업의 선도기업이 이미 정의해 놓은 경쟁의 규칙, 즉 관계조건(terms of engagement)을 거절하는 것이다. 이를 위해서 기업은 상당한 기술혁신역량을 갖추고 있고 기존의 선도기업을 추월하려는 강력한 전략적 의도를 가지고 있어야 한다. 이에 대한 대표적 사례가 일본의 Canon으로, 이 회사는 Xerox와 같은 기존의 복사기 기업들의 다양한 제품군에 대비하여 표준화된 제품을 출하하여 원가를 절감하였으며, 마케팅에 있어서도 기존기업이 막대한 판매인력을 바탕으로 리스를 한 데 비하여 캐논은 직접판매에 집중함으로써 막대한 마케팅 비용을 절감할 수 있었다.

4. 협력을 통한 경쟁

기업들은 경쟁기업 및 관련 기업과 협력(collaboration)을 함으로써 싸우지 않고 승리를 할 수 있다. 이 같은 협력의 유형에는 라이선싱, 아웃소싱, 조인트 벤처 등이 있는데 관련 기업 간의 상황에 따라 다양한 형태의 협력을 추구할 수 있다. 이 같은 협력의 장점으로는 이를 통하여 특정 상대기업에 대하여 공동으로 대응할 수 있고, 잠재적 경쟁기업의 개발 노력에 효과적으로 대응할 수 있으며, 특정 경쟁기업의 강점과 약점을 검토할 수 있다는 것이다.

제4절 전략적 의도와 기술경영

전략적 의도(strategic intent)는 급변하는 세계시장에서 경쟁우위를 확보하여 성공하려고 하는 조직 전체 차원의 강력한 의지를 나타낸다. 전략적 의도를 통하여 기업이 경쟁우위를 달성하기 위해서는 다음의 사항이 필요하다.

먼저, 최고경영자(top management)의 적극적 관여이다. 기업의 야심찬 목표의 설정과 조직 구성원의 참여 유발은 최고경영자의 몫이다. 아울러 최고경영자는 미래의 목표를 달성하기 위한 미래와 현재의 자원 격차를 충분히 인식하고 새로운 자원과 역량을 확보·배양하여야 한다.

둘째, 기업의 야심찬 목표를 달성하기 위한 역량(capabilities)과 관련하여 기술혁신역량의 중요성이 대두된다(Prahalad & Hamel, 1990). 기술혁신역량은 기업의 핵심역량의 근본으로서 이를 확보·배양하는 것이 기업 성공의 가장 중요한 과제이다.

셋째, 기업은 기술혁신역량을 바탕으로 새로운 제품, 산업, 시장을 창출하는 인접이동(adjacent movement)을 하여야 할 것이다(Zook, 2003). 즉,

기업은 기술혁신을 통하여 적극적인 성장전략(growth strategy)을 추구해야 한다. 기술혁신역량은 기업 경쟁우위의 뿌리로서 이를 바탕으로 관련성 있는 미래 성장동력산업으로 이동을 가능하게 해준다.

넷째, 기업이 전략적 의도를 바탕으로 야심찬 목표를 성공적으로 달성하기 위해서는 조직 구성원 간의 커뮤니케이션(communication)이 활성화되어야 할 것이다. 기업의 목표, 전략의 방향, 자원의 배분 등은 물론 전략적 목표를 달성하는 데 발생하는 문제점과 애로점 등에 관한 정보가 조직 구성원 전체에게 전달되고 집단적 지성(collective wisdom)으로 대처할 수 있어야 할 것이다.

전략적 의도는 미래를 야심찬 목표를 지향한다는 점에서 매우 동적인 개념으로 파악할 수 있다. 그동안 많은 기업에 있어서 전략적 의도는 개념에 충실해 왔고 구체적인 추진이 충실히 이루어지지 않았다. 이상에서 살펴본 전략적 의도의 성공요건인 최고경영자의 적극적 관여, 기술혁신역량의 실질적 확보, 이를 바탕으로 한 인접이동, 조직 구성원에 대한 커뮤니케이션의 필요성을 살펴보면 전략적 의도가 성공하기 위해서는 전략적 기술혁신경영(SMTI: strategic management of technology and innovation)이 필요함을 나타내 준다. 전략적 기술경영은 급변하는 기술경제환경 속에서 최고경영자의 주관 아래 기술혁신역량을 바탕으로 조직 구성원 모두가 기업의 미래지향적 목표를 달성하기 위한 이론적, 실무적인 분야이기 때문이다. 이 점에서 전략적 기술경영은 매우 동적인 속성(dynamic nature)을 가지고 있으며, 따라서 이 개념도 기술경영 분야의 일부 학자가 강조하는 동적역량(dynamic capabilities)(Teece & Pisano, 1994; Pisano, 1994; Tidd & Bessant, 2009)을 구현하는 매우 구체적인 방법이다.

CHAPTER 06

기술혁신의 원천

제1절 체계적 혁신

1. 기업가적 경제

　기술혁신의 원천을 논의한 Peter Drucker는 우리에게 경영학의 창시자로 알려져 있다. 실제로 그는 1950년대 「경영의 실무(The Practice of Management)」 등 일련의 저서를 발간하면서 경영학의 체계를 잡았다. 그러나 그는 혁신과 기업가정신을 강조하고 이를 경영할 것을 강조한 기술경영학자로 이해할 수 있다. Drucker는 1985년 「혁신과 기업가정신(Innovation and Entrepreneurship)」이라는 저서를 발간하고, 당시 미국의 경제가 기업가적 경제(entrepreneurial economy)의 시대가 도래하였고, 이에 혁신과 기업가정신이 대단히 중요하며, 이는 실무(practice)이고 규율(discipline)이라고 강조하였다. 그는 이 책의 전반을 통하여 혁신과 기업가정신이 영감이나 반짝이는 천재성이 아니라 목표지향적 과업이며, 조직화할 수 있으며, 조직화되어야 하며, 체계적인 과업임을 강조하였다.

「혁신과 기업가정신」은 3개의 부(部)로 구성되어 있다. 제1부는 '혁신의 실무(Practice of Innovation)'로서 여기에서는 기술혁신을 목적 지향적이고 규율이어야 함을 강조하며 기업가가 기술혁신의 기회를 어디에서 어떻게 찾을 것인가를 논의하고 있다. 특히 여기에서는 혁신의 일곱 가지 원천을 논의하고 있다. 제2부는 '기업가정신의 실무(Practice of Entrepreneurship)'로서 여기에서는 혁신의 수행자로서 기관(institution)에 주안점을 두고 있다. 여기에서는 기존 기업, 공공－서비스 기관, 새로운 벤처기업 등 세 영역에 있어서 기업가적 경영(entrepreneurial management)을 다루고 있다. 마지막으로 제3부는 '기업가적 전략(Entrepreneurial Strategies)'으로서 기술혁신을 어떻게 시장으로 이전할 것인가를 논하고 있다.

이 책은 서문에서 기업가적 경제(entrepreneurial economy)의 탄생으로 경제적 혹은 기술적 사건만큼 중요한 것이 문화적 그리고 심리적 사건이 중요하다고 강조하면서 이같은 변화의 핵심수단은 '경영(management)'이라고 불리는 '기술(technology)'임을 강조하였다(14쪽). 즉, 미국에서 기업가적 경제를 출현할 수 있게 한 것은 새로운 기업, 소기업, 비기업(예: 헬스케어, 교육 등), 단순히 기업으로 분류되지 않는 활동(예: 지역 레스토랑), 그리고 시스템 혁신(인간의 수요를 충족시키기 위한 새로운 기회의 탐색 및 활용)에 대한 경영의 새로운 적용임을 강조하였다. 그는 경영을 공학 혹은 의학과 같이 '유용한 지식'이며, 그리하여 학문이 되기 전에 실무를 먼저 개발하여야 한다는 점을 강조하였다. Drucker는 학문으로서 경영학은 제2차 세계대전 중 혹은 그 직후에 탄생하였음을 강조하였다. 아울러 그는 그 이후 경영학은 대체로 대기업에 국한되어 적용되었기에 '중소기업을 어떻게 경영할 것인가'가 매우 중요하다는 점을 강조하였다. 그리하여 그는 경영학은 기존의 기업은 물론 새롭고 기업가적인 기업에 공헌하여야 할 것이 많음을 강조하였다.

Drucker는 경영(management)은 사회적 기술(social technology)로서 미국의 경제를 기업가적 경제로 탈바꿈시키고 있으며, 더 나아가 미국을 기업가적 사회(entrepreneurial society)로 변환시키고 있음을 강조하였다. 즉 그는 이같은 현상이 기업뿐만 아니라 교육, 헬스케어, 정부, 정치권의 사회적 혁신(social innovation) 등에 일반적 현상이며, 이에 따라 경영이 이들 분야에 많은 활용 가능성이 있을 것임을 강조하였다. 그리하여 기업가적 사회는 경영학의 기본 개념을 새로운 문제와 기회에 적극적으로 적용할 것을 요구한다고 강조하였다. 그리하여 Drucker는 제2차 세계대전 직후 그리 한 것처럼 기업가적 경제 및 사회에서는 혁신과 기업가정신의 원칙, 실무, 학문을 정립하여야 함을 강조하고 있다.

2. 체계적 기업가정신

이 책의 제1장의 주제는 혁신의 실무(Practice of Innovation)로, 여기에서는 혁신(innovation)은 기업가(entrepreneur)의 특별한 도구이며, 기업가가 이를 통하여 다양한 사업 혹은 다양한 서비스를 위한 기회로써 변화를 활용하는 수단으로 설명하였다. 또한, 그는 혁신은 학문으로 제시될 수 있고, 학습될 수 있으며, 실행될 수 있음을 강조하였다. 그리하여 기업가는 혁신의 원천, 변화, 성공적 혁신을 위한 기회를 나타내는 증상을 목적 지향적으로 탐색할 필요가 있으며 기업가는 성공적 혁신의 원칙을 알고 적용할 필요가 있다고 주장하였다.

제1장의 제1절은 체계적 기업가정신(Systemic Entrepreneurship)이다. 여기에서는 기업가의 정의로 시작하는데, Drucker에 따르면 기업가(entrepreneur)라는 용어는 1800년 즈음에 프랑스 경제학자 J. B. Say에 의해 최초로 정의

되었다. Say는 기업가를 '보다 낮은 영역에 있는 경제적 자원을 더욱 높은 생산성과 더 많은 산출물을 창출하는 영역으로 변환하는 사람'으로 정의하여, 현재의 기업가 정의와는 맞지 않는다. 아울러 그는 그 이후 200여 년 동안 기업가와 기업가정신에 대한 정의에 있어서 많은 혼동이 있어 왔고, 그 이후 이들 개념은 대기업, 중소기업, 비영리 기관 등에 폭넓게 적용되어 왔으며, 다양한 학자에 의해 다양하게 정의되어 왔다고 주장하였다. 특히 Drucker는 혁신과 기업가정신의 정의에 있어서 가장 중요한 공헌자로서 Joseph Schumpeter를 꼽았다. 그 이유로 슘페터자 제시한 혁신적인 기업가에 의해 창출되는 동태적 불균형(dynamic disequilibrium)은 건전한 경제의 '규범(norm)'이며 경제이론과 경제실무의 핵심적 현실임이기 때문이다. 아울러 Drucker는 Say가 기업가정신을 경제적 영역에만 국한하여 사용한 데 비하여, 슘페터는 이 개념을 경제적 영역은 물론 사회적, 정치적 영역 등 매우 폭넓게 활용하였음을 강조하였다.

Drucker(1985: 26~27)는 "모든 실무는, 비록 실무자들이 이를 인지하지 못함에도 불구하고, 이론에 의존하며, 기업가정신은 경제와 사회의 이론에 의존한다."라고 주장하면서 기업가정신의 이론과 정의의 중요성을 강조하였다. 그에 따르면, 기업가정신의 이론은 변화를 정상으로 보며 실로 건전한 것으로 보며 사회에서 특히 경제에서의 기업가의 역할은 그동안 하던 일을 '더욱 잘하는 것(do better)'이라기보다는 무언가 '다른 것을 행하는 것(do different)'으로 파악한다고 주장하며, 이것은 근본적으로 Say가 200여 년 전에 정의한 것이며, 또한 슘페터가 기업가의 업무는 창조적 파괴(creative destruction)라고 강조하였음을 상기시켰다.

그리하여 Drucker는 혁신과 기업가정신을 경제적 영역을 넘어 폭넓게 해석하여 기업가는 변화(change)를 일반적이고 건전하게 본다는 점을 강조하고, 기업가는 항상 변화를 탐색하고, 이에 대응하며, 이를 기회로 활용한다는 점을 강조하였다. 아울러 그는 기업가정신은 첨단기술(high-tech) 분야뿐만 아니라 저급기술(low-tech) 분야에도 해당한다고 강조하였다. 아울러 첨단기술 분야에도 낮은 위험을 바탕으로 기업가정신을 추구할 수 있으며, 이를 위해서는 혁신을 하는 방법을 알아야 함을 주장하였다. 이를 위해서는 기업가정신은 체계적이어야 하며, 관리되어야 하며, 무엇보다도 목표지향적 혁신(purposeful innovation)에 기반을 두어야 함을 강조하였다(Drucker, 1985: 29).

3. 목표지향적 혁신

기업가는 혁신을 수행한다. 그리하여 Drucker는 혁신은 기업가정신의 특별한 수단이라는 점을 강조하였다(Drucker, 1985: 30). 그에 따르면 혁신은 조직의 자원에 부를 창출할 수 있는 새로운 역량을 제공해 주는 행위이다. 그리하여 혁신은 자원을 창출한다. 그는 혁신을 기술적 측면보다는 경제적 혹은 사회적 측면에서 살펴볼 것을 강조하였다. 이 점에서 그는 특히 사회적 혁신(social innovation)의 중요성을 강조한 것이다. Drucker는 대표적인 사회적 혁신으로 교육을 들고 있으며, 구체적으로 독일의 마이스터(Meister) 제도와 일본의 메이지 유신 등을 들고 있다. 그에 따르면 이같은 사회적 혁신은 전신, 전화, 철도 등과 같은 기술적 혁신보다 훨씬 중요하다.

Drucker는 이 책에서 아직 혁신이론(theory of innovation)을 개발할 단계는 아니지만, 언제, 어디서, 어떻게 체계적으로 혁신적 기회를 찾고 이들 기회의 성공의 확률과 실패의 위험을 어떻게 판단할 것인가에 대해서는 말하기에 충분하다고 주장하였다. 즉 그는 완전한 형태는 아니지만 혁신의 실무(practice of innovation)를 개발할 만큼 충분한 지식을 가지고 있음을 강조하였다. 이를 위하여 그는 19세기의 가장 위대한 업적 중의 하나는 '발명의 발명(invention of invention)'이라는 것은 기술사학자들에게 상투어가 되었다고 강조하였다. 즉 1880년경 이전까지는 발명은 매우 신비로운 것이었으며 19세기 초반의 책들은 끊임없이 '천재의 번쩍임'을 얘기하였으나, 20세기 제1차 세계대전이 발발할 즈음에는 '발명'은 대단한 신뢰성을 가지고 계획하고 조직화되는 체계적이고, 목적 지향적 행위, 즉 연구(research)가 되었다는 것이다. 그리하여 기업가는 목표지향적 혁신(purposeful in-novation)을 실천하는 법을 배워야 했다고 주장한다.

그리하여 Drucker는 성공적인 기업가(successful entrepreneurs)의 특징을 다음과 같이 제시하고 있다(Drucker, 1985: 34~35). 먼저, 성공적인 기업가는 산업을 혁명적으로 바꾸거나 한순간에 막대한 부를 창출하는 대단한 것을 일상적인 혁신으로 추구하는 경향이 많다. 그리하여 그는 대단한 아이디어가 떠오르기를 기다리지 않고 작은 아이디어라도 우선적으로 실행에 옮긴다. 둘째, 성공적인 기업가는 가치를 창출하고 무엇인가 공헌을 하려고 노력을 한다. 그는 새롭고 기존과 다른 가치 그리고 새롭고 다른 만족을 창출하고 기존의 자원을 새롭고 보다 생산적인 조합으로 결합하려고 노력한다.

이와 같은 새롭고 다른 것을 위한 기회를 제공하는 것은 변화(change)이다. 그는 다음과 같이 강조하였다: "그리하여 체계적 혁신(systematic in-novation)은 변화에 대한 목적 지향적이고 조직화된 탐색에 존재하며, 기회의 체계적 분석 속에 이와 같은 변화는 경제적 혹은 사회적 혁신을 제공할 수 있을 것이다."(Drucker, 1985: 35) 그런데 대체로 이들 변화는 이미 세상에 존재한다. 그리하여 Drucker는 절대다수의 성공적 혁신은 변화를 활용한다고 강조한다. 성공적인 혁신은 대단히 평범하다. 대단한 기술혁신에 의한 변화는 예외적이라고 할 수 있다. 그리하여 혁신의 원칙(discipline of innovation) – 이것은 기업가정신의 지식 베이스임 – 전형적으로 기업가적 기회를 제공하는 변화의 영역을 체계적으로 검토하는 진단적 원칙(diagnostic discipline)이다. Drucker는 체계적인 혁신은 구체적으로 혁신적 기회를 모니터링하는 것이라고 주장하였다.

제2절 기술혁신의 원천

기술혁신에 있어서 얼마만큼 영감(inspiration)의 역할이 어느 정도인가? 아니면 노력(hard work)이 얼마만큼의 역할을 하는가? 경영학의 창시자이며 저자의 판단으로는 기술경영학자인 Peter Drucker는 성공적인 기업가는 어떠한 특정한 성격을 가지고 있는 것이 아니라 늘 기술혁신에 대한 체계적 실천에 노력한다고 강조하였다(Drucker, 1985a, 1985b). 그는 기술혁신은 번뜩이는 천재성에서 창출되는 것이 아니라 기술혁신의 기회에 대한 '의도적이고 목표지향적인 탐색'으로부터 시작된다고 강조하였다. 그는 자신이 만난 많은 성공적 혁신가(successful entrepreneurs)가 가지고 있는 공통의 특징은 어떠한 '기업가적 성격(entrepreneurial personality)'이 아니라, 혁신의 체계적 실천에 대한 부단한 노력이었다고 강조하였다.

그는 혁신은 기업가정신의 특정한 기능이며, 이는 기존기업, 공공기관, 신규기업, 식당 등 어느 조직에도 적용할 수 있다고 주장하였다. 혁신은 기업가가 이것을 가지고 부를 창출하는 자원을 창출하거나 혹은 기존자원에 부를 창출할 수 있는 잠재력을 제공하는 수단으로 파악하였다. 그는 기업가정신의 정의를 소기업, 창업기업, 대기업 등 다양하게 사용한다고 전제하면서, 이 용어는 기업의 규모, 연령에 관한 것이 아니라 어떤 행위에 관한 것이라고 강조하며, 그 행위의 핵심에는 기업의 경제적 혹은 사회적 잠재력에 있어서 목표지향적, 집중적 변화를 창출하려는 노력인 혁신(innovation)이 있다고 강조하였다.

Drucker는 기술혁신의 원천을 일곱 가지로 나누어 살펴보는데, 이중 예상치 못한 사건, 부조화, 공정상의 니즈, 산업 및 시장의 변화 등 네 가지는 기업 혹은 산업 내의 원천이고, 인구통계학적 변화, 인식의 변화, 새로운 지식 등 세 가지는 기업 외부 및 사회적 환경 내의 원천이다(<표 6-1> 참조). 이들 일곱 가지 원천은 서로 겹칠 수 있다. 그러나 이들은 성격, 복잡성, 분석의 어려움, 혁신의 잠재력 등에 있어서 매우 다르다. 그럼에도 불구하고 이들은 종합적으로 모든 혁신기회(innovation opportunities)의 대부분을 설명할 수 있다. 아래에는 Peter Drucker가 제시한 기술혁신의 원천에 관해 살펴보기로 한다.

● 표 6-1 기술혁신 기회의 원천

구분	기술혁신의 원천
기업 혹은 산업 내의 기회의 원천	1) 예상치 못한 사건 2) 부조화 3) 공정상의 니즈 4) 산업 및 시장의 변화
기업 외부 혹은 사회적 환경 속의 기회의 원천	5) 인구통계학적 변화 6) 인식의 변화 7) 새로운 지식

1. 예상치 못한 사건

예상치 못한 사건(unexpected occurrences)은 종종 기술혁신의 원천이 된다. 이것은 혁신기회의 가장 쉽고 가장 단순한 원천이다. 이는 예상치 못한 성공과 예상치 못한 실패로 나누어 살펴볼 수 있다. 일반적으로 대부분 기업은 이같은 예상치 못한 성공 혹은 실패를 버리고, 무시하고, 심지어 싫어하는데, 이들은 혁신의 매우 소중한 원천이 될 수 있다.

(1) 예상치 못한 성공: IBM

1930년대 초반 IBM은 은행을 목표시장으로 한 최신식 회계처리 기계를 개발하였다. 그러나 은행들은 이 새로운 기계를 구입하지 않았다. 그런 와중에 예상치 않게 뉴욕공립도서관(New York Public Library)에서 효율적인 사무처리를 위해 이 기계를 구입하였고, 다른 공립도서관에서도 구입하여 IBM은 당시 수백 개의 기계를 도서관에 판매할 수 있었다. 약 15년 뒤 대부분 사람은 컴퓨터가 복잡한 과학적 업무를 수행하기 위한 것으로 믿었을 때 기업들이 예상치 못하게 급여작업을 쉽게 하려고 관심을 두게 되었다. 당시 가장 선진화된 컴퓨터를 개발한 Univac은 이같은 기업의 활용 가능성에 관심을 두지 않았던 데 비하여, IBM은 '예상치 못한 성공(unexpected success)'의 가능성을 인식하였고 컴퓨터 시스템을 이같은 단순한 작업을 위해 새롭게 디자인하였다. 그리고 5년 뒤 IBM은 컴퓨터 산업의 최강자가 되었고, 이것이 IBM을 다가오는 컴퓨터 산업의 리더가 되는 계기가 되었다.

(2) 예상치 못한 실패: Ford사의 Edsel 모델

1958년 출시된 Ford사의 Edsel 모델은 자동차 산업의 역사상 최대의 신차 도입 실패사례로 알려져 있다. 그런데 이 '예상치 못한 실패(unexpected failure)'는 이후 이 기업이 성공하는 데 토대가 되었다. Edsel은 창업자

Henry Ford의 아들 이름에서 따온 것으로, 이는 Ford가 당시 최선의 노력을 쏟아부었고, 당시 세계 자동차 산업의 최강자인 GM과 경쟁하기 위해 대단히 세심하게 설계하고 막대한 투자를 한 모델이었다. 그러나 이 모델은 기대와는 달리 처절한 실패를 하였는데, 이 실패는 Ford의 향후 성공, 특히 Mustang 모델의 성공에 기반이 되었다. 이때의 실패를 바탕으로 Ford는 전통적인 소득집단에 따른 시장 세분화를 하는 대신 생활양식(lifestyles)에 따른 세분화라는 새로운 원칙을 도입하였고, 이는 향후 Ford의 후속 모델의 성공에 대단한 이바지를 하였다.

2. 부조화

부조화(incongruities)는 산업 내의 부자연스러운 현상을 의미한다. 여기에는 공정 내에서의 부조화, 경제적 현실 간 부조화, 예상과 결과의 부조화 등 세 가지로 나누어 살펴볼 수 있다.

(1) 공정 내에서의 부조화

생산공정의 논리 혹은 리듬에서의 부조화는 혁신기회의 원천이 될 수 있다. 1960년대 이미 눈의 백내장 수술은 대단히 흔한 외과 수술이었다. 그런데 안과의사들은 오랫동안 백내장 수술을 할 때 전통적으로 눈의 인대를 자르는 수술을 하였다. 그러나 이 수술은 다른 수술절차와 매우 달랐고 그리하여 일반적 안과 수술과 부조화하였으며 심지어 의사들은 이 수술을 두려워하였다. 그런데 당시 의사들은 지난 50여 년 동안 어떤 효소(enzyme)가 인대를 자를 필요 없이 녹일 수 있다는 것을 알고 있었다. Alcon Laboratories의 Bill Conner는 이같은 부조화를 의료기술의 혁신에 활용하여 성공을 거두었다. 그가 한 일은 그 효소에 방부제를 넣어 몇 달 보존을 할 수 있게 한 것뿐이었다. 안과의사들은 이 새로운 합성물을 즉시 수용하였고 Alcon은 전 세계시장을 독점하였다가 15년 뒤 Nestlé에 상당한 가격으로 회사를 매각하였다.

(2) 경제적 현실 간 부조화

경제적 현실 간 부조화의 사례로는 미니밀(mini-mills)을 들 수 있다. 1950년에서 1970년까지 선진국의 철강산업은 지속적으로 성장을 하였으나 수익률은 떨어지고 있었다. 이는 전통적인 용광로의 비효율성에 기인했던 바, 여기에 대한 반성으로 창출된 기술혁신이 미니밀(mini-mills)이다. 미니밀은 용광로 형태가 아니라 전기로 방식의 소규모 제철 공장으로 고철을 녹여 쇳물을 만들고 생산원가를 획기적으로 낮춘 새로운 기술혁신이었다. 우리나라의 포항제철, 광양제철소 등 여러 철강회사가 미니밀 시설을 갖추고 있다.

(3) 예상과 결과의 부조화

예상(expectations)과 결과(results)의 부조화도 혁신을 위한 기회와 가능성을 제공한다. 지난 세기 상반기에 조선사나 해운사들은 해상 화물운송의 원가절감을 위해 빠른 배를 만들고 이들의 연료 소모를 줄이는 선박을 만드는 데 대단한 노력을 기울였다. 그러나 예상과는 달리 해상 화물 운송에 비용의 발생은 바다에서 화물을 운송하는 것보다 항구에서 화물을 하적하기 위해 기다리는 데에서 더 많이 발생하고 있음을 발견하였다. 그리하여 새롭게 탄생한 혁신적인 화물선이 콘테이너 선박(container ship)과 적재 및 하역 선박(roll-on and roll-off ship)이다. 이들 새로운 혁신은 해양 화물운송에 기존 기술을 활용한 것이다. 기술이 아니라 이와 같은 관점의 변화는 해양화물 운송산업의 경제성을 대단히 높였고 이 산업의 대단한 성장을 가능하게 하였다.

3. 공정상의 필요

공정상의 필요(process needs)에 의한 기술혁신은 수없이 많다. 예를 들어, 일본의 고속도로 시스템은 전통 도로를 사용하고 있는 경우가 많다.

이들 도로는 10세기경에 만들어진 우마차 도로에 바탕을 두고 있는 경우가 많다. 이와 같이 구불구불한 고속도로에 자동차를 원활하게 달리게 할 수 있었던 것은 일본이 1930년대 개발되어 미국 고속도로에서 사용된 반사경 (reflector)을 적극 도입·설치하였기 때문이다. 작은 기술혁신인 이 반사경 덕분에 일본의 고속도로에서는 자동차들이 원활하게 이동할 수 있다.

또 다른 사례로는 지난 세기 초반 신문(newspaper)의 탄생을 들 수 있다. 신문에 필요한 자동식자기(Linotype)는 이미 1890년대에 개발되었고, 그리하여 신문을 대량으로 신속하게 발간할 준비가 되어 있었다. 또 다른 혁신은 사회적 혁신이다. 당시 신문을 대량으로 발간하는 것은 비용이 많이 들었는데, 진정한 의미에서 최초의 신문인 뉴욕타임스(New York Times)가 세계 최초로 현대식 광고(advertising)를 도입하였다. 이 광고의 덕분으로 이 신문은 거의 무료로 신문을 대량 발간·배포할 수 있었다.

4. 산업 및 시장의 변화

산업 및 시장의 변화는 기술혁신의 가장 직접적인 원천이다. 그리하여 기업은 연구개발 및 기술혁신 활동을 수행할 때에 환경분석의 제1차 대상으로 산업 혹은 시장을 분석한다. 많은 경영자는 현재의 산업구조가 지속할 것으로 믿는다. 그러나 산업구조는 하루아침에도 변화할 수 있고, 이와 같은 산업 및 시장의 변화는 기술혁신의 막대한 원천이 된다. 예를 들어, 지난 1970년대 전후 미국은 건강에 대한 국민적 관심사의 갑작스러운 증가로 수없이 많은 병원, 응급센터, 정신병원, 외과병원이 전국에 설립되었다. 마찬가지로 지난 세기말 전 세계적으로 이동통신 분야의 시장이 눈부신 성장을 하였다.

특히 산업이 빠르게 성장하면 산업구조(industrial structure)는 변화한다. 이처럼 시장과 산업이 변화할 때에는 전통적인 산업의 선도기업은 빠르게 성장하는 세분 시장을 경시하는 경향이 많다. 이 새로운 시장의 새로운 기회는 기존 산업이 접근하고, 정의하고, 조직하는 방식에 전혀 맞지 않는다. 그리하여 혁신기업은 오랫동안 이 새로운 시장에서 자유롭게 활동할 기회를 가지게 된다.

5. 인구통계학적 변화

인구통계학적 변화(demographic changes)는 기술혁신의 매우 믿을 만한 원천이다. 예를 들어, 일본은 인구통계학적 변화에 주시하고 로봇산업(robotics industry)에 있어서 선도국가가 되었다. 1970년경 선진국에서는 누구나 출생률의 급락과 교육수준의 급상승을 예측하였다. 그리하여 전통적인 노동에 필요한 인력이 줄어들 것으로 예상하였다. 다른 나라는 실제 행동에 옮기지 않았으나, 일본은 이 문제를 주시하고 노동을 대체할 로봇산업의 육성에 노력하였고, 지금은 세계 로봇산업의 선도국가가 되었다.

1970년대 초반, 세심한 관찰자들은 미국과 유럽에 대단히 많은 부유하고 학력이 높은 젊은이의 부상을 인지할 수 있었다. 이들 젊은 세대는 그들 부모의 세대가 휴양지에 가서 몇 주 휴식을 즐기는 휴가유형을 좋아하지 않고 자기들끼리 모여 새롭고 이국적인 휴가를 즐기고 싶어 하였다. Club Mediterranee는 이같은 변화를 인지하고 대응하여 관광과 리조트 업계의 세계적 강자로 떠올랐다.

오랫동안 경영자들은 이같은 인구통계학적 문제가 중요하다는 것은 알고 있었으나, 이들은 인구통계의 변화는 매우 천천히 진행될 것이라 믿었다. 그러나 지난 20세기부터는 이같은 인구통계는 빠르게 변화하고 있다. 기술혁신의 기회는 인구의 수, 연령분포, 교육, 직업, 지리적 위치 등에 존재하며, 인구통계에 바탕을 둔 기회는 기업가가 가장 위험 부담 없이 가장 많은 수익을 창출할 혁신기회 중 하나이다.

6. 인식의 변화

사물을 바라보는 인식은 사람마다 다르다. 물잔에 반이 담긴 물을 보고
어떤 사람은 잔의 반이 찼다고 얘기하고 어떤 사람은 잔의 반이 비었다고
얘기한다. 경영자의 인식 변화(changes in perceptions)는 기술혁신을 창출
하는 기회의 큰 원천이다. 지난 세기말 미국 국민의 건강은 눈부시게 좋아졌
고 모든 사실적 지표들이 이를 말해주고 있었다. 그럼에도 불구하고 미국에
서는 건강에 대한 관심사가 전국으로 확산되었고 심지어 건강에 대한 두려
움도 확산되었다. 이같은 변화를 감지한 경영자들은 보건산업에 뛰어들어
막대한 부를 창출하였다. 미국 전역에 새로운 건강관련 잡지, 헬스클럽 및
관련 강좌, 조깅장비, 건강식품 등에서 막대한 기회가 창출되었다.

인식의 변화는 사실(facts)을 변경하지는 못한다. 그럼에도 불구하고 이
는 의미(meaning)를 변화시키는데 그것도 대단히 빠르게 변화시킨다. 인식
의 변화는 사실의 문제라기보다 분위기이며, 이는 계량화할 수 없다. 그러나
이것은 혁신의 구체적 기회가 되며, 이는 정의될 수 있으며, 검증될 수 있고,
혁신의 기회로 훌륭하게 활용될 수 있다.

7. 새로운 지식

새로운 지식(new knowledge)은 기술혁신의 슈퍼스타이다. 역사적인
기술혁신은 대부분 새로운 지식으로부터 창출된 것이다. 일반적으로 많은
사람이 혁신을 이야기할 때에는 이 유형의 혁신을 얘기한다. 대부분 슈퍼스
타와 마찬가지로 이들도 대단히 괴팍하고 변덕스러우며 관리하기가 힘들다.
아울러 이 유형의 혁신은 다른 유형의 혁신과 비교하여 가장 리드타임이 길

다. 즉, 새로운 지식의 창출로부터 구체적으로 사용가능한 기술로 변환되고 유용한 제품으로 변환되기까지 오랜 시간이 걸린다.

새로운 지식에 바탕을 둔 기술혁신의 사례로는 컴퓨터(computer)를 들 수 있다. 컴퓨터의 탄생에 필요한 지식, 예를 들어 이진법 계산, 계산 개념, 펀치카드, 기호논리학 등은 1916년에 이미 갖추고 있었으나, 컴퓨터의 탄생은 1946년에 이루어졌다. 긴 리드타임과 다양한 지식의 융합 필요성은 지식기반 혁신의 대표적 특징 중의 하나이다.

지식기반 혁신(knowledge-based innovations)은 특정한 리듬을 가지고 있다. 새로운 혁신은 오랫동안 많은 얘기만 오갈 뿐 구체적 활동은 거의 이루어지지 않는다. 그러나 갑자기 다양한 지식이 결합하면서 대단한 흥분과 활동이 이루어지며, 또한 많은 기업의 대단한 참여가 이루어진다. 이어서 많은 기업의 퇴출이 이루어지고, 산업은 일부 대기업을 중심으로 안정화된다. 이에 관한 대표적 사례가 자동차 산업이다. 예를 들어, 1920년대 초반에만 해도 미국에는 300~500여 개의 자동차 기업이 있었으나, 1960년대에는 이들 중 네 개의 기업만이 생존하였다.

지식기반 혁신은 많은 어려움은 있으나 경영이 가능하다. 그러나 이 유형의 혁신을 경영하기 위해서는 해당 혁신을 가능하게 하는 다양한 지식(knowledge)에 대한 세심한 분석을 하여야 한다. 아울러 유망한 수요자의 니즈(needs)와 역량(capabilities)의 세심한 분석도 필요하다. 이 점에서 지식기반 혁신은 다른 유형의 혁신보다 훨씬 더 시장에 의존한다. 세계 최초의 제트 여객기를 개발한 영국의 Havilland는 시장이 무엇을 원하는지 분석을 하지 않아, 결국 미국의 Boeing과 Douglas에게 상업용 제트 항공기 산업을 넘겨주어야 했다.

제3절 기술혁신의 원칙

　　Drucker는 목적 지향적이고 체계적인 기술혁신은 새로운 기회의 원천 분석에서 시작된다고 강조하였다. 그는 기술혁신의 원천(sources of in-novation)으로 위의 일곱 가지를 제시하였는데, 이들 원천은 기업이 처한 상황에 따라 그 중요성을 달리 한다는 점을 강조하였다. 예를 들어, 인구통계학적 변화는 산업의 핵심 소재를 생산하는 철강산업에서는 그 중요성이 작으며, 새로운 지식은 사회적 혁신에는 적합성이 떨어진다. 그럼에도 그 어떠한 상황이든 기업은 기술혁신을 창출하고 효율적인 기술경영을 수행하기 위해서 모든 기술혁신의 원천을 분석하여야 함을 강조하였다. 아울러 그는 기술혁신의 원칙으로 다음 사항을 제시하고 있다.

　　먼저, 기술혁신은 개념적(conceptual)이기도 하며 지각적(perceptual)이기도 하다. 그리하여 혁신을 추구하는 기업은 현장으로 나아가 보고 묻고 들어야 한다. 즉, 성공적인 혁신가는 오른쪽 뇌는 물론 왼쪽 뇌를 모두 사용하여야 한다. 혁신가는 혁신의 기회를 도출·충족하기 위하여 무엇을 하여야 하는지 분석하여야 한다. 그리고 현장에 나가 잠재적 사용자(potential users)를 만나 그들의 기대, 가치, 니즈를 주시하여야 한다.

　　둘째, 기술혁신은 단순해야(simple) 한다. 혁신은 명백하고 이해하기 쉬워야 한다. 새로운 시장 혹은 새로운 고객을 창출하는 혁신의 경우에도 특정하고, 분명하며, 세심하게 계획된 응용을 지향하여야 한다.

　　셋째, 혁신은 거대하지 않고 작은(small) 것에서 출발하여야 한다. 예를 들면, 혁신은 성냥곽에 50개의 성냥을 항상 넣는 것과 같은 단순하고 아주 작은 아이디어에서 출발할 수 있다. 이 단순한 아이디어는 '자동성냥채우기'의 탄생을 가져왔으며, 이 기계를 발명한 스웨덴의 회사는 반세기 가량 세계 시장을 독점할 수 있었다. 이에 반하여 세상을 바꾸려는 위대한 아이디어는 보통 성공하기 힘든 게 일반적이다.

넷째, 혁신은 그 결과가 평범하더라도 처음부터 새로운 기술 혹은 새로운 산업의 방향을 결정하고 일반적인 제품을 앞서나가 새로운 산업을 창출할 수 있는 표준 설정자(standard setter)를 지향하여야 한다. 즉 혁신은 시작부터 기술, 제품, 산업에서의 리더십을 확보하는 것을 목표로 하여야 할 것이다.

다섯째, 혁신은 집중(focus)이 이루어져야 한다. 성공적인 혁신가는 거의 모두 하나의 영역 밖에서의 일을 하지 않는다. 예를 들어, 수많은 발명에도 불구하고 Thomas Edison은 오직 전기 분야에서만 종사하였고, Citibank는 금융 분야에서만 활동하였다.

결론적으로, Drucker는 기술혁신은 천재들에 의해 이루어진다기보다 실천가들에 의해 이루어진다는 점을 강조하는 것으로 이해할 수 있다. Drucker는 기술혁신은 실제적 업무이며 경영이 되어야 할 것을 강조한다. 이를 위해서는 기술혁신은 무작정 실천하는 것(doing)이 아니라 무엇을 할 것인가를 아는 것(knowing)이 중요함을 강조한다. 그는 기술혁신은 어렵고, 집중적이며, 목적 지향적인 작업을 필요로 한다고 다시금 강조한다. 그러나 그는 근면함, 끈기, 헌신이 없으면 이와 같은 재능, 천재성, 지식은 소용이 없다고 강조한다.

Drucker는 "혁신의 규율(The Discipline of Innovation)"이라는 논문의

결론으로 기업가정신에는 '체계적 혁신'보다 훨씬 더 중요한 것이 있는데, 그것은 기업가적 전략(entrepreneurial strategies)과 기업가적 경영(entrepreneurial management)임을 강조하고 있다. 그는 이 두 가지가 기존기업은 물론 새로운 창업기업, 일반기업은 물론 공공기관에도 해당되는 사항이라고 강조하였다. 아울러 그는 그럼에도 기업가정신(entrepreneurship)의 가장 핵심적 기초는 체계적 기술혁신(systematic innovation)의 실천임을 강조하였다. 결국, Drucker의 주장은 현대의 기업가 경제의 시대에 기업가정신은 기업을 포함한 모든 조직에 해당하며, 기업가정신의 목표는 체계적 혁신의 창출 및 활용이며, 이를 위하여 혁신경영, 즉 기업가적 경영의 실천이 필요함을 강조하고 있다고 결론지을 수 있을 것이다. 이 점에서 Drucker는 기술경영 혹은 좀 더 넓은 의미에서 혁신경영 분야의 학자로 이해할 수 있을 것이다(정선양, 2018). 그럼에도 불구하고 Drucker는 혁신경영을 구체적으로 어떻게 수행할 것인가에 관하여 구체적 방안을 제시하지 못한 것은 매우 아쉽다고 할 수 있을 것이다.

CHAPTER 07

기술혁신전략: Honda Effect를 중심으로

제1절 Honda Effect의 배경과 논쟁

1. Honda Effect의 배경

기술혁신전략을 논하기 전에 전략(strategy)에 대해 어떻게 접근할 것인가의 문제가 대단히 중요하다. 일반적으로 전략에 대한 접근방법은 합리주의자(rationalist)와 점진주의자(incrementalist)로 나누어진다. 전자는 전략은 합리적으로 수립될 수 있으며, 이 같은 사전적이고도 합리적인 전략의 수립 및 집행이 조직의 성공을 가져온다고 강조한다. 그러나 후자는 우리를 둘러싸고 있는 기술경제환경이 너무 복잡하여 사전적으로 합리적인 전략을 수립하는 것은 불가능하며 주어진 상황에 맞게 의사결정을 하고 상황의 변화에 따라 점진적으로 학습하고 적응해 나가야 할 것임을 강조한다.

이 같은 전략에 대한 접근방법에 대해 논쟁을 새롭게 촉발시킨 것이 미국 University of California – Berkeley의 California Management Review (CMR)의 1995년에 발간된 "The Honda Effect – Revisited"이다(Mintzberg 등, 1996). 근본적인 주제는 1960년대 미국시장에서 Honda사의 모터사이클 (motorcycle)의 성공에 대한 전략적 해석이다. 여기에는 당대의 최고의 전략 경영학자들이 논쟁에 참여하였는데 아래에서는 이를 기술혁신전략의 관점에서 해석하기로 한다.

우선 근본적인 논쟁의 출발은 영국정부의 위탁에 의해 Michael Goold 등이 참여해 1975년 발간된 Boston Consulting Group(BCG)의 Strategy Alternatives for the British Motorcycle Industry이다(BCG, 1975). 이 보고서는 미국 모터사이클 시장에서 영국의 시장점유율이 1959년의 49%에서 1973년의 9%로 하락한 데 대한 원인을 분석하고 정책적 처방을 제시한 것이다. 이 시기에 영국의 미국시장 점유율의 하락에는 일본 혼다(Honda)사의 시장 점유율의 눈부신 증가에 그 원인이 있었으며, 그 결과 이 보고서는 미국시장에서 Honda사의 성공원인이 무엇인가를 분석하는 데 주안점이 모아졌다.

표 7-1 The Honda Effect-Revisited에 참여한 학자와 논문 제목

번호	저자	논문제목
1	Henry Mintzberg	Introduction
2	Richard T. Pascale	The Honda Effect
3	Henry Mintzberg	Learning 1, Planning 0
4	Michael Goold	Design, Learning and Planning: A Further Observation on the Design School Debate
5	Henry Mintzberg	Reply to Michael Goold
6	Michael Goold	Learning, Planning, and Strategy: Extra Time
7	Richard R. Rumelt	The Many Faces of Honda
8	Richard T. Pascale	Reflections on Honda

BCG 보고서는 Honda사가 1950년대의 일본 내수시장에서의 성공을 발판으로 미국 시장에서 정교한 전략에 의해 성공을 하였다고 결론지었다. 세부적으로 혼다는 원가절감, 생산기술에 대한 투자, 세심한 마케팅 전략에 의하여 미국 시장에서 성공하였다고 강조하면서 영국기업들도 이 같은 정교한 전략을 수립, 집행해야 했고 앞으로도 해야 할 것을 주문하였다.

BCG 보고서는 그 이후 많은 경영대학에서 사례로 활용되었다. 그런 와중에 1982년 Richard T. Pascale은 혼다 모터사이클의 미국 진출을 주도한 핵심인사들과의 심층 면담을 바탕으로 "Honda Effect"라는 이름으로 논문을 발표하였는데, 여기에서 그는 혼다의 성공이 정교하고 합리적 전략(rational strategy)에 의해서라기보다 사후 대응적이고 환경변화에 적응하는 점진적 전략(incremental strategy)의 결과였다는 새로운 견해를 발표하였다. Pascale의 논문도 경영대학에서 중요한 전략의 사례로 논의·교육이 되었다.

그 이후 1995년 미국 University of California—Berkeley의 California Management Review(CMR)에서는 Honda Effect를 중심으로 한 전략에 대한 접근방법을 다시금 논의하면서 이를 "The Honda Effect—Revisited"라고 명명하였다(Mintzberg 등, 1995). 여기에서는 Honda사의 사례를 중심으로 전략에 대한 접근방법에 참여한 그동안의 학자들 모두가 참여하여 <표 7-1>에 나타나 있는 바와 같이 여덟 편의 논문이 발표되었다.

2. Honda Effect의 논쟁

이들의 논쟁을 간단히 살펴보면 다음과 같다. 먼저, Henry Mintzberg는 도입부(Introduction)에서 경영학 문헌에서 California Management Review에 발간된 Richard Pascale의 Honda Effect만큼 영향을 미친 논문은 없다고 전제하면서, Boston Consulting Group(BCG)의 보고서는 Honda사가 미국

모터사이클 시장에서의 어떻게 성공하였는가를 다루었는 데 비하여 Pascale은 Honda사의 성공사례를 미국시장에서 직접 경영을 한 중역들이 어떻게 설명하고 있는가를 설명하고 있다고 얘기하면서 이들은 동일한 이야기에 관한 두 버전의 완전한 병렬이라고 전제를 하고 있다.

두 번째로, 이같은 논쟁을 불러일으킨 Richard T. Pascale이 Honda사의 미국 모터사이클 시장에 진출한 주역들의 인터뷰를 바탕으로 작성한 1984년의 발표 논문의 축약본으로 The Honda Effect라는 제목의 논문을 제시하였다. 그는 전략(strategy)에 대한 인식이 국가마다 다르다고 전제하고 일본은 서양과 달리 단일하고 완벽한 전략을 싫어하며 영국정부가 위탁한 Boston Consulting Group의 보고서를 비판하였다. 중역들의 인터뷰의 결과 Honda사의 미국 시장에서의 성공은 정교한 전략이 있어서라기보다는 '잘못된 계산', '실수', '세렌디피티(serendipity)', '조직적 학습'의 결과였음을 제시하고 있다. 즉, Honda사의 성공은 서양의 전략에서 강조하는 일관성, 목적 지향적 합리성 등과의 반대인 현장에 진출한 하급직원(little brains)의 실험, 전략적 적응, 적응의 끈질김, 조직적 학습 등과 같은 인적 요소에 의해 이루어졌다는 것이다. 그리하여 그는 이같은 전략에 대한 병렬적 시각(juxtaposed perspectives)의 창출을 '혼다효과(Honda Effect)'라고 명명하였다.

세 번째의 논쟁은 Henry Mintzberg의 주장이다. 그는 이상의 전략의 접근방법에 관한 논쟁이 합리성(rationality) 대 점진주의(incrementalism) 혹은 기획(planning) 대 학습(learning) 간의 논쟁이라는 점을 강조하고 양자를 조화시키려 노력을 하였다. 그는 우리는 모두 합리적이고자 하나 환경은 너무나 복잡하여 세심한 기획(deliberate planning)과 더불어 대응적 학습(emergent learning)을 하지 않으면 아무것도 얻을 수 없다는 점을 강조하며 두 과정은 서로 뒤얽혀 있기에 이들을 종합 혹은 반복하여야 할 것을 강조하였다. 그는 "현대의 조직에 있어서 명시적이고도 사전적인 전략 수립이 만연한 것이 정확히 문제이다. …… 예를 들어, 나는 Harvard의 거대한 승리는 아마도 기업의 거대한 실패가 될 것이다. 다시 말해, 설계학파(design school)의 진정한 위험은 강의실에서의 피상적인 '합리성'이 너무나 쉽게 중역실로 전달하고자 하는 유혹적 모델을 제공한다는 점이다."라고 강조한다. 그리하여 그는 양자 간의 조화를 모색은 하였으나, 결론적으로 그는 '비공식적 학습(informal learning)'의 점수를 공식적 기획(formal planning)에 대하여 1대0의 점수를 부여하면서 점진주의 접근방법의 입장에 동조하였다.

네 번째의 논문은 Michael Goold가 제시한 직전의 Henry Mintzberg의 주장에 대한 반대의 논쟁이다. 그는 Mintzberg가 전략에 있어서 '점진적 학습(incremental learning)'과 '세심한 기획(deliberate planning)'이 서로 뒤얽혀 있고 모두 필요하다는 점을 인정하였으나 궁극적인 점수는 '학습 1 대 기획 0'의 점수를 부여하여 '기획'을 저평가하고 '학습'을 찬양하였다고 비판하였다. 그리하여 그는 '경영'의 관점에서 Mintzberg의 주장을 비판하였다. 즉, 현대의 경영자에게 필요한 것은 역사적 관점(이 상황이 어떻게 발생하였나?)이 아니라 경영관리적 관점(지금 무엇을 하여야 하는가?)이라는 점을 강조하며 Mintzberg의 '학습 접근방법(learning approach)'은 경영자에게 도움이 되지 않으며 심지어 짜증나게 한다고 비판하였다. 즉, 현대의 경영자는 미래가 분명하지 않은 제품을 가지고 실험할 시간과 돈이 없다는 것이다. 그럼에도 그는 경험을 위한 학습의 의지를 강조하는 Mintzberg의 주장을 수용하면서 전략에 있어서 '기획'과 '학습'이 모두 사용될 수 있음을 인정하며 최종 점수를 '기획 1 대 학습 1'로 부여하였다. 그러나 그는 두 접근방법에 동점을 부여하였으나 기획을 학습의 앞에 위치시키며 기획의 중요성을 더욱 부각한 것으로 판단된다.

다섯 번째 논쟁은 Goold의 직전 논문에 대한 Henry Mintzberg의 응답이다. 그는 이 논쟁이 '공식적 기획(formal planning)'과 '비공식적 학습(informal learning)', 즉 '현명한 통제(cerebral control)'와 '통찰력 있는 적응(insightful adaptation)' 간의 논쟁이며, Mintzberg는 Goold가 강조한 '경영관리적 관점'이 바로 문제라고 지적하였다. 즉, BCG 보고서는 Honda사가 어떻게 전략을 도출하였는지에 관한 추론을 잘못하였고 이것이 이 보고서를 읽은 많은 경영자를 오도한다고 비판한다. Honda사는 사무실에 앉아서 현명한 경쟁분석 등을 수행하여 전략을 수립하지 않았다는 것이다. Honda사는 미국 시장에서 현장에 있던 하급직원들이 중요한 의사결정을 현장에서 내렸다는 것이다. 이 사례를 살펴보면 Honda사는 합리적 전략경영에 관한 거의 모든 사항을 위반하였다는 것이다. 그리하여 전략경영의 관점에서는 일본인은 현명한 것이 아니라 우매하였고, 그들은 상식을 활용하였고, 동경에 있는 본사에서 모든 것을 수행하여야 한다고 믿지 않았고 미국시장에서 학습할 준비를 하고 진출하였다는 것이다. 그리하여 Mintzberg는 BCG 보고서의 핵심적 실수는 이같은 결정적으로 필요한 학습의 기간을 놓친 것이라고 주장하고 실제로 BCG 보고서를 전달받은 영국 모터사이클 업계는 그 이후 학습을 하지 못하여 어려움을 겪게 되었다고 주장하였다.

여섯 번째 논문은 Michael Goold가 추가적인 시간을 내어 직전의 Henry Mintzberg의 주장에 대하여 재반박한 것이다. Goold는 BCG 보고서가 만들어지던 1975년 당시로 돌아가면 전략경영의 전문가들이 영국 모터사이클 업계에 대한 자문을 어떻게 할 것인가의 의문을 제기하고, 자신이 주관한 BCG 보고서가 (뒤에 언급될 Rumelt가 제시한) 업계의 기술혁신능력의 제고를 포함한 여러 개의 훌륭한 제언을 하였으나 당시 영국의 정치상황과 극심한 노동운동 등으로 영국 정부와 모터사이클 업계에 의해 채택되지 않았다고 주장하였다. 그리하여 그는 어떤 유용한 전략 제안도 영국의 산업계가 시행착오 접근방법(trial and error approach)을 할 여유가 없었음을 인식해야 했음을 강조한다. 그리하여 그는 여전히 BCG 보고서의 전략적 처방이 완전하지는 않지만 가장 적합하다고 강조하면서, 그 이유는 학자들은 완전한 해답을 제시할 수는 없다 하여도 실무자들에게 무엇인가 유용한 방안을 제시하여야 하기 때문이라고 주장하였다. 아울러 그는 전략에 대한 BCG 유형의 접근방법은 상대적 경쟁적 지위를 판단하고 제시된 전략에 대한 성공가능성을 평가하는데 유용하며 새로운 전략을 창출하기보다는 기존의 전략을 테스트하는데 매우 유용함을 강조한다. 그는 Pascale과 Mintzberg가 선호하는 대응적 접근방법(emergent approach)은 학습과 적응의 필요성을 강조하는데 여러 가능한 전략 중 무엇을 어떻게 선택할 것인가에는 침묵한다고 비판한다. 이들 대응적 접근방법은 시행착오를 강조하는데, 이는 당장 생존을 위해 노력하고 있는 기업에 시간과 비용이 대단히 많이 든다는 것이다. 그는 어떤 전략적 처방도 완전한 진리와 모든 해답을 제시할 수 없으며 부분적인 해결책과 통찰력만을 제시할 수 있다고 한다. 그리하여 그는 학습을 위해 기획하고(plan to learn) 혹은 기획을 위해 학습을 하여야(learn to plan) 한다고 결론짓는다.

일곱 번째 논쟁은 Richard P. Rumelt가 이들 두 논쟁을 종합하면서 Honda사의 사례가 다양한 얼굴을 하고 있다고 주장하는 논문이다. 그는 '설계학파(design school)'와 '과정학파(process school)' 간의 논쟁을 다루기 전에 BCG 보고서와 Pascale의 주장을 간략하게 요약하였다. 먼저, 그는 BCG 보고서가 주장하는 Honda사의 성공요인은 영국과 일본 기업 간의 원가의 차이 때문이라고 지적하면서, 이 상대적 원가차이는 기술진보, 학습, 규모라는 변수에 의해 결정된다고 주장하고 Honda사는 특히 제품 디자인과 기술혁신에 있어서 대단한 강점을 가지고 있어서 대단히 낮은 단위원가를 달성하였음을 지적하였음을 언급하였다. 다음으로, Pascale의 견해는 전술한 이른바 '혼다효과(Honda Effect)'로 요약되는 사항이다. 즉, 서방의 학자들과 경영자는 현실을 너무나 단순화하고, 사건을 인지적으로 선형으로 설명하며, 조직이 실험, 적응, 학습하는 과정을 경시하고 있으나, 조직이 계산착오, 실수, 우연한 사건 등을 어떻게 다루는가가 성공에 핵심적일 수도 있다는 사실을 강조하였다.

이어서 Rumelt는 1990년대 대두된 Prahalad & Hamel의 핵심역량이론을 소개하였다. 이 이론은 전략을 어떻게 정의하고 가르칠 것인가에 관한 이론으로, 핵심역량(core competence), 전략적 의도(strategic intent), 확장(stretch)하는 개념을 소개하였다. 이 이론은 '자신의 강점을 바탕으로 경쟁우위를 구축하라!'는 전통적인 전략을 파괴하고, 대신 장기적 '의도(intent)'를 추구하기 위한 새로운 자원과 새로운 역량의 중요성을 강조하는 이론이었다. 이 이론에서는 글로벌 리더십을 추구하는 기업은 혁신을 위한 네 가지 근본 접근방법중 하나를 반드시 채택하라고 하였는데, 이것은 ① 경쟁우위 계층의 구축, ② 취약영역(의표)의 탐색, ③ 관계조건의 변화, ④ 협력자와 함께 일하기 등을 제시하였다(Hamel & Prahalad, 1990). 아울러 그는 경쟁자를 이기려는 강박관념과도 같은 위대한 야망을 '전략적 의도(strategic intent)'라고 정의하였다(Prahalad & Hamel, 1990). 실제로 Hamel & Prahalad(1990)는 Honda사의 미국 시장에의 성공적 진출에 있어서 경쟁기업들이 보지 못하는 것은 Honda사의 '전략적 의도'와 '엔진과 동력전달장치의 핵심역량 증대'라고 강조하였다. Rumelt는 Prahalad & Hamel이 Honda에 대한 제3의 시각을 제공한다고 주장하였다. 즉, Honda사는 내연기관 엔진의 글로벌 리더십의 장기적 비전을 추구하였고, 디자인과 제조에 있어서 역량을 구축하였으며, 경쟁기업 제품에 대한 혁신을 추구하였다는 것이다.

마지막 논쟁은 '혼다효과(Honda Effect)'라는 용어를 만들고 기술전략에 대한 접근방법에 관한 논쟁을 촉발한 Richard T. Pascale의 논문이다. 그는 Honda사의 성공사례를 회상하면서 전략에 있어서 조직(organization)의 중요성을 강조하였다. 그는 양자물리학의 입자와 파동 간의 관계를 비유로 들면서, 전략과 조직은 입자와 파동과 같이 분리할 수 없다고 주장하고, 조직역량(organizational capabilities)을 강조하였다. 즉 그에 따르면 Honda사의 진정한 교훈은 전략적 의도와 사전숙고가 조직역량에 잘 투영되었고 이는 적절한 경쟁적 대응으로 이어졌다는 것이다. 특히 그는 Honda사의 역량을 스피드와 적응성으로 정의되는 조직 민첩성(organizational agility)이라고 강조하고, 이같은 조직 민첩성은 급변하고 복잡한 환경 속에서 반드시 필요한 역량임을 강조하였다.

제2절 Honda사의 역사

Honda사의 사례를 살펴보기 위해서는 Honda사의 역사를 알아야 한다. Pascale(1984, 1995)은 Honda사의 역사를 다음과 같이 서술하고 있다. Honda사는 1949년 Sochiro Honda와 Takeo Fujisawa에 의해 설립되었다. 이 회사가 창립될 당시는 제2차 세계대전 직후라 일본에는 교통수단이 절실하였다. Honda는 우수한 발명능력을 가지고 연구개발을 담당하였고 Fujisawa는 자금을 조달하고 경영을 맡았다. Honda사가 첫 제품을 출시할 당시 Honda사는 일본의 247개 모터사이클 제조회사 중 하나였다. 연구개발을 맡은 Honda는 대단한 발명능력을 갖추고 자신의 능력에 대한 대단한 자부심을 가지고 있었고, 창립된 기업을 자신의 발명능력을 보이기 위한 수단으로 생각하였다. 즉, 그는 성공적인 회사는 자신의 웅대한 꿈을 보여줄 기회로 생각하였다. 그러나 그가 개발한 two stroke engine이었던 첫 제품은 그다지 성공적이지 않았다. 그리하여 Fujisawa는 첫 제품의 시끄러운 엔진 대신 좀 더 조용한 four stroke engine의 새로운 제품을 제작을(Honda에게 이것을 만들지 않으면 동업을 파기한다고 할 정도로) 강력히 요청하였고, 마침내 Honda는 이를 받아들였다. 그러나 1년 뒤 Honda는 경쟁기업의 모터사이클의 두 배의 마력을 가진 획기적 디자인의 모터사이클을 개발하여 Fujisawa를 놀라게 하였다. 이 새로운 모델을 바탕으로 1954년 Honda사는 일본시장의 15%를 점유하며 업계 4~5위를 차지하게 되었다.

아울러 이 모델을 가지고 Honda는 개인적으로 모터사이클 경주에 나가 우승을 하였다. 1950년대 내내 Fujisawa는 Honda의 기술적 재능을 상업적 모터사이클을 제작하도록 집중하게 하는 데 큰 노력을 기울였다. 1950년대 중반 Fujisawa는 특정한 시장을 염두에 두고 있었다. 즉, 이 시기 모터사이클을 타는 사람들은 대부분 남성이었으며 이들은 주로 버스나 기차 대신 출퇴근용으로 모터사이클을 탔다. 그러나 당시 일본에는 수없이 많은 상점이 있었으며, 이들은 심부름이나 물건을 나를 때 주로 자전거를 사용하였다. 그런데 이들 상점의 자금관리는 대부분 주부가 담당하였다. 이들은 전통적인 모터사이클이 비싸고, 위험하며, 다루기 힘들다고 생각하며 상당히 부정적인 시각을 가지고 있었다. 그리하여 Fujisawa는 이 시장을 염두에 두고 Honda에게 물건을 운반하기 좋게 한 손으로도 운전할 수 있고 비싸지 않고 안전한 모터사이클을 제작할 것을 주문하였다.

1958년 Honda사는 50cc 배기량의 모터사이클 슈퍼컵(Supercub)을 출시하였다. 이 모델은 자동 클러치, 쓰리 스피드 변속기, 자동시동장치, 안전하고 편안한 디자인을 가진 소형 모터사이클이었다. 이 제품이 출시하자마자, 주문이 쇄도하였다. 그리하여 1959년 말 Honda사는 단숨에 일본 모터사이클 시장의 1위의 자리에 올랐고 이 해 판매한 285,000대 모터사이클 중 108,000대가 슈퍼컵이었다.

일본 국내시장에서 성공을 바탕으로 Honda사는 1959년 미국 자회사인 American Honda Motor Company를 설립하면서 미국 시장에 진출하였다. Honda사는 미국 시장에 슈퍼컵을 비롯한 경량급 모터사이클을 주력 판매모델로 출시하였다 그 결과 Honda사의 미국 시장에서 모터사이클 매출은 1960년의 50만 달러에서 1965년 7,700만 달러를 기록하였다. 그러나 이 시기 영국의 미국 모터사이클 시장의 점유율은 1959년의 49%에서 1973년의 9%로 크게 떨어졌다.

그리하여 영국 정부는 세계적인 컨설팅 회사인 Boston Consulting Group(BCG)에 의뢰하여 Strategy Alternatives for the British Motor Industry라는 보고서를 발간하였고, 이 보고서에서는 영국 모터사이클 산업의 쇠퇴 원인을 ① 시장점유율 손실과 수익률 하락, ② 기술, 유통, 제조에 있어서 규모의 불경제 등 두 요인을 지적하였다. 아울러 이 보고서는 미국 시장에서 Honda사의 성장원인을 1950년대의 일본 내수시장에서 성장을 바탕으로 양적인 원가절감이 가능하였고, 이같은 원가우위를 바탕으로 1960년대에 소형 모터사이클을 필두로 미국 시장에 진출하여 성공하였음을 적시하였다.

제3절 기술혁신전략에 대한 접근방법

Honda사의 미국 모터사이클 시장 진출과 관련한 본 논쟁은 기술혁신전략에 대한 대비되는 시각을 나타내 준다. 이 같은 시각은 학자들에 따라 다르지만, 근본적으로 이는 동서양 간 문화적 차이(cultural differences)에서 비롯하는 것으로 풀이할 수 있다.

서양의 학자와 경영자는 합리성, 일관성, 단순성을 강조하며 전략경영에 있어서 최고경영자의 역할을 강조하는 경향이 있으며, 조직 구성원의 역할을 등한시하며 기업경영에 있어서 적응 및 학습을 등한시하는 경향이 많다. 이에 반하여 동양의 학자 및 경영자는 학습의 중요성을 충분히 인식하고 전략경영에 있어서 조직 구성원의 역할과 환경변화에 대한 적응의 중요성을 강조한다. 서양 사람들은 전략을 좁게 해석하여 최고경영자가 거대한 전략을 합리적으로 제시할 수 있다고 생각하지만, 동양에서는 전략을 폭넓게 생각하여 새로운 환경변화에 대하여 점진적으로 대응 및 적응해 나가는 과정으로 생각한다.

이와 같은 동서양의 시각을 간파하여 Honda Effect의 논쟁에 참여한 서양의 학자들도 기술전략에 대한 접근방법에 관한 견해가 나뉜 것이다(<표 7-2> 참조). 일부 학자들은 합리적 접근방법은 설계학파(design school), 점진적 접근방법은 대응학파(emergent school)라고 부르고 있으며, 이 점에서 이들 두 접근방법을 연계하고 통합하려는 접근방법을 통합학파(integration school)라고 부를 수 있을 것이다.

설계학파 (합리적 접근방법)	대응학파 (점진적 접근방법)	통합학파 (통합적 접근방법)
Michael Goold Igor Ansoff	Richard T. Pascale Henry Mintzberg	Richard R. Rumelt

자료: 정선양, 「전략적 기술경영」, 제5판(서울: 박영사, 2023), 241쪽.

1. 합리적 접근방법

합리적 접근방법(rational approach)은 기술혁신전략에 있어서 합리성이 필요하고 가능하다는 입장이다. 여기에서는 기업의 성공은 사전적이고 합리적인 전략의 결과로서 이루어진다는 점을 강조한다. 이 접근방법을 따르는 학자들은 전략을 사전적으로 설계할 수 있다는 점을 강조하므로 이들을 설계학파(design school)라고 부른다. Honda사의 성공과 관련하여 이 같은 입장을 취한 학자는 Michael Goold인데 그는 1970년대 중반 영국 상무성에서 발주한 BCG 보고서를 주관한 사람이다. Goold와 BCG 보고서에서는 영국 모터사이클 산업의 실패는 전략적 실패임을 강조하면서 명시적이고도 합리적 전략의 수립 및 집행의 필요성을 강조하였다.

본 사례의 출발은 1960년대 일본이 미국의 대형 모터사이클 시장에 진출하여 영국기업들의 수익률이 크게 저하된 원인의 분석에서부터 시작되었다. 실제로 이 시기의 두 나라의 생산성 차이를 살펴보면 영국은 연간 종업원 1인당 14대를 생산한 데 비하여 일본은 200대를 생산하였고, Honda사의 단위원가는 종업원 월급이 40% 더 높음에도 불구하고 영국회사들의 1/10에 불과하였다(Rumelt, 1996).

BCG 보고서는 이와 같은 생산성 차이의 원천을 기술과 규모의 경제라는 두 개의 변수로 파악하였다. 즉, 일본기업들은 정밀한 전략을 바탕으로 기술진보, 학습, 규모의 동력성을 적극적으로 활용하여 대단한 생산성을 확보하였다는 것이다. Honda사는 1960년대 초반 일반 시장에서 50cc 소형 모터사이클인 슈퍼컵(Supercub)을 출하하여 일본 내수시장을 석권하였고 이를 바탕으로 배기량이 큰 대형 모터사이클 시장을 크게 확대해 나갔는데, 미국시장 진출에 있어서도 이 같은 내수시장의 성공을 디딤돌로 삼았다는 것이다. 아울러 혼다사는 그동안의 모터사이클이 일부 폭주족 등이 타는 것으로 인식되어 있던 부정적인 이미지를 여가 및 재미로 탈 수 있으며 '아주 좋은 사람들이 타는 것'이라는 새롭고 세심한 광고전략을 통하여 상당한 성공을 거두었다. 또한, 일반인 및 여성이 모터사이클을 탈 수 있도록 자동시동장치 등 편의사항을 변경하는 등 디자인에도 세심한 신경을 썼다.

BCG 보고서는 Honda사의 미국에서의 성공은 세심한 경쟁전략(competitive strategy)의 결과로 집약하였고, 이에 반하여 영국의 기업들은 이 같은 세심한 전략을 추구하지 못하여 미국 시장에서 실패하였다고 결론지었다. 영국기업들은 단기적인 수익을 지향하여 Honda사가 미국 시장에 소형 모터사이클을 출하하여 성공을 거두자 1960년대 중반 이 시장을 포기하고 Honda사가 진출하지 않은 대형 모터사이클 시장으로 경쟁의 주안점을 옮겼다. 그러나 1970년대에 일본기업들이 대형 모터사이클 시장에 진출하자 영국기업들의 수익률은 크게 떨어졌다. 실제로 BCG 보고서에 따르면 1960년대 후반 450cc급 대형 모터사이클에 있어서 영국기업들의 판매 대수는 이전과 같이 연간 3만 대 수준으로 머물러 있었던 데 비하여, 일본기업의 판매 대수는 1969년의 2만 7,000대에서 1973년의 21만 8,000대로 크게 증가하였다(BCG, 1975). 이 점에서 Goold와 BCG 보고서는 영국의 미국 시장에서 실패가 명백한 기업가적 실패이며, 특히 전략적 실패임을 강조한 것이다.

2. 점진적 접근방법

전략에 있어서 점진적 접근방법(incremental approach)의 중요성은 Pascale(1996)에 의해 제기되었다. 그는 1982년 9월 혼다의 미국 진출에 선도적 주역들과 심층 인터뷰를 통하여 Honda사의 미국 시장에서의 성공이 합리적이고 명시적이며, 세심하게 수립된 전략에 따라서 이루어진 것이 아니라 우연한 성공(serendipity), 잘못된 계산(miscalculation), 조직학습(organizational learning)의 결과임을 밝혀냈다. 이와 같은 견해는 Mintzberg(1990)에 의해 적극적인 동조를 받았다. 이 접근방법을 옹호하는 학자들은 어떤 문제가 발생하였을 때 이에 대한 적절한 대응을 강조한다는 점에서 이들을 대응학파(emergent school)라고 부르기도 한다.

실제로 Honda사의 미국 진출을 주도하였고 American Honda사의 초대 사장이었던 Kihachiro Kawashima 등에 대한 Pascale의 인터뷰에 따르면 Honda사는 미국 진출에 있어서 체계적이고도 명시적인 전략이 없었다. 원래 Honda사는 미국이 거대한 나라이고 대부분의 미국 시장에서 팔리는 모터사이클이 대형 모터사이클이라는 점에서 250cc 이상의 대형 모터사이클을 판매할 계획을 가졌었다. 그러나 초기에 팔린 이 주력제품이 고장이 나서 본국에 보내져 수리하는 과정에 미국 지사 직원들이 개인용으로 사용하던 50cc 모델인 슈퍼컵(Supercub)이 우연한 기회에 대성공을 거두게 되었다. 이를 바탕으로 Honda사는 대형 모델의 판매로 시장을 확대해 나갔다.

Pascale(1996)에 따르면, 이 같은 Honda사의 미국 시장에서의 대성공에는 본사로부터의 정교하고 치밀한 전략적 지침이 있었던 것이 아니었다. 미국 지사에 파견 나가 있던 서너 명의 직원들이 자신들의 지혜를 짜내어 새로운 시장에서 살아남기 위해 노력하고 학습한 결과로서 성공한 것이었다. 실제로 본사에서는 미국 시장에서의 주력 모델을 대형 모터사이클로 잡았으나, 미국 시장에서 소형 모터사이클을 판매하기로 결정하고 노력을 기울인 것은 지사에 있는 직원들이었다. 즉, Honda사의 성공에는 현장에 있는 직원들의 현지시장에 대한 점진적이고도 적응적인 학습의 결과였던 것이다.

이 같은 Honda사의 미국 시장에서의 성공을 바탕으로 Pascale은 전략에 대한 접근에 있어서 합리적인 접근보다 점진적이고도 과정적인 접근이 필요하다는 점을 상기시키며 이와 같은 전략에 관한 시각의 변화를 혼다효과(Honda Effect)라고 명명하였다.

3. 통합적 접근방법

Rumelt(1996)는 수정주의의 관점에서 Honda사의 성공 원인에 있어서 여러 측면이 있음을 강조하고 있다. 그는 Hamel & Prahalad(1989)의 용어를 빌려 혼다의 성공 원인을 전략적 의도(strategic intent)로 파악하고 있다. 그에 따르면 실제로 일본 및 한국의 기업들은 대단하고 세심한 전략기획을 바탕으로 성공을 한 것이 아니라 성공하려는 대단한 야망인 전략적 의지를 바탕으로 성공하였다는 것이다.

실제로 Rumelt는 Hamel & Prahalad의 경쟁전략을 소개하면서, Honda사가 처음에는 남들이 진입하지 않고 방어하지 않는 영역(소형 모터사이클)에 집중하여 성공한 후 전략적 의도와 기술능력을 바탕으로 공격을 확장하여 성공을 거두었다는 것이다. 즉, Honda사는 엔진기술에 관한 핵심역량을 바탕으로 세계 시장에서 성공을 하려는 야망을 가지고 외관상으로는 일련의 다른 산업분야(자동차, 잔디깎기기계, 발전소, 선박엔진 등)로 확장해 나갔다. 그는 이와 같은 자신의 견해를 Honda사의 전략에 대한 제3의 시각이라고 명명하였다.

그는 전술한 양자의 논쟁에 대하여 자신의 견해를 밝히고 있다. 즉 Rumelt는 '과정/대응학파(process/emergent school)'는 좋은 전략과정이 선형적이지 않고 주변적 시각(peripheral vision)과 신속한 적응(swift adaptation)이 핵심적이라는 점에서 타당하고, 동시에 '설계학파(design school)'는 규모의 경제, 축적된 경험, 시간에 따른 핵심역량의 구축과 같은 현실적인 문제가 중요하다는 점에서 타당하다는 균형적 시각을 가지고 있다. Rumelt의 견해는 Honda사의 성공사례에 대하여 기술전략에 대한 합리적 접근방법의 타당함과 점진주의적 접근방법의 타당성을 동시에 주장하였다는 균형적인 시각을 가지고 있다. 이 점에서 그의 접근방법은 통합적 접근방법(integrated approach)이라고 부르며, 이 견해에 동조하는 학자들을 통합학파라고 부를 수 있을 것이다. Rumelt는 Honda사의 모터사이클뿐만 아니라 그 이후의 Honda사 전체의 전략을 살펴보면서 Honda사가 합리적인 전략을 바탕으로 성공을 거둔 점이 있음을 지적하였다. 아울러 그는 Honda사는 기술혁신능력의 확보와 전략적 의도를 바탕으로 경험, 직관, 의지에 의해서 성공을 하였다는 점진주의적 접근방법의 타당함을 강조하였다.

그러나 그의 주장은 이 같은 두 접근방법에서의 균형을 추구한 것보다도 기술혁신과 전략적 의도의 중요성을 강조하였다는 점에서 보다 중요한 의미가 있다. Rumelt가 강조한 이 두 주장을 현재의 시각에서 종합하면 혼다의 성공 요인은 기술혁신을 바탕으로 성공을 하려고 하는 전략적 의도, 즉 전략적 기술혁신경영(SMTI: strategic management of technology and innovation)을 바탕으로 성공을 한 것이다.

제4절 기술혁신전략의 접근방법에 관한 평가

본 장에서는 기술혁신전략에 대한 세 가지의 접근방법을 논의하였다. 합리적 접근방법은 기업이 성공하기 위해서는 사전적이고, 합리적이며, 세심한 전략을 수립하여야 할 것을 강조한다. 그러나 점진적 접근방법은 급변하는 환경 속에서 합리적인 전략의 수립은 사실상 불가능하며 사후적이며, 학습적이고, 대응적인 적응이 기업의 성공에 더욱 중요하다는 점을 강조한다. 마지막으로 통합적인 접근방법은 이 같은 두 주장이 장단점이 있으며 서로 보완적으로 적용하여야 함을 강조한다.

사실 급변하는 기술경제환경 속에서 합리적인 전략을 수립하고 대응한다는 것은 쉬운 일은 아니다. 그러나 Rumelt와 Prahalad & Hamel 등이 주장한 균형주의적 시각, 핵심역량, 전략적 의도의 개념에 따르면 기업전략에 있어서 기술혁신전략이 중요하며, 기술혁신전략의 측면에서는 전략적 기술혁신경영이 중요함을 나타내 준다. 여기에서 특히 중요한 것은 다음 두 가지이다.

① 기업이 성공을 거두기 위해서는 핵심역량(core competence)이 필요한데, 핵심역량의 근본은 기술혁신(technological innovation)이라는 점이다. 실제로 그동안의 핵심역량이론에서 제시된 가장 가시적인 역량은 기술혁신능력이었다.

② 이 같은 핵심역량의 배양·활용, 그리고 기업성공으로의 이전은 최고경영자(top management)의 몫이라는 것이다. 최고경영자는 기업을 성공시키려는 대단한 야망인 전략적 의도(strategic intent)를 가지고 기술혁신능력을 바탕으로 기업을 발전시켜야 할 것이다. 물론

전략적 의도는 최고경영자의 고유한 영역은 아니며 조직 전체 차원의 종업원 모두가 참여하여야 하는 문제이다. 그러나 조직 구성원에게 성공하려는 의지를 불러일으키고 실천에 옮기게 하는 데에는 최고경영자의 선도적인 역할이 대단히 중요하다.

이 점에서 이 시기의 Rumelt는 기술혁신의 중요성을 인식한 몇 안 되는 경영학자였다. 이 논쟁에 있어서 그의 마지막 주장은 다음과 같다.

> "마지막으로 나는 전략적 사고(strategic thinking)가 필요하지만 기업의 성공에 있어서 대단히 과장되어 있다고 본다. 만약 당신이 위대한 자동차 엔진을 설계할 줄 안다면, 나는 당신에게 당신이 필요로 하는 전략에 관한 모든 것을 며칠 만에 가르쳐 줄 수 있다. 그러나 당신이 전략경영학 박사학위를 가지고 있다고 해도 당신이 새롭고 위대한 모터사이클 엔진을 설계하는 능력을 가르치는 데는 수년의 노력을 기울여도 불가능할 것이다."(Mintzberg 등, 1995: 110쪽)

이상에서 Rumelt는 기업의 경영에 있어서 전략 그 자체보다도 기술의 중요성을 더욱 강조하고 있음을 알 수 있다. 즉, 기업의 성공을 위한 전략경영의 핵심 콘텐츠는 기술혁신이다. 이 같은 주장을 적극 수용하면 전략경영의 핵심은 기술혁신경영임을 나타내 주는 것이다. 전략적 의도와 기술경영을 종합하면 전략적 기술혁신경영(SMTI: strategic management of technology and innovation)으로 표현할 수 있는 것이다. 비록 이 논쟁이 일어나던 시기에는 기술혁신경영이라는 학문 분야가 존재하지 않았기에 Rumelt가 이런 용어를 사용하지 않았지만 기술혁신경영을 공부하는 우리는 이들의 주장을 전략적 기술혁신경영으로 적극 인식하여야 할 것이다. 이 점에서 기술혁신경영에 관한 근본적인 논의는 상당히 역사가 오래되었음을 알 수 있다.

한편 '혼다효과(Honda Effect)'에 관한 재논쟁의 마지막 논문은 Richard T. Pascale의 "혼다에 관한 회상(Reflections on Honda)"이다. 이 논문에서 그는 Honda사의 성공요인을 조직 민첩성(organizational agility)이라고 결론지었다. 그리하여 그는 자신의 논문 마지막 문단에-이것은 사실 Honda Effect－Revisited의 마지막 문단이기도 함-다음과 같이 주장한다.

"점점 더 많은 기업이 급변하는 경쟁상황에 위치하게 되면서, 가장 큰 전략적 보상은 경쟁의 장기판에서 밖으로 향하는 움직임을 민첩성 (Agility)을 위한 내부의 역량으로 사전숙고와 의도성을 재정렬하는 데 있을 수 있다. Honda사의 성공 이야기 중 가장 중요한 교훈은 적응적인 시장 대응행위를 촉진하고 지속하는 근본적 조직역량(organizational capabilities)을 배양하는 데 있어서의 정교함에 있다."(Mintzberg 등, 1995: 116쪽)

이와 같은 Pascale의 주장은 Honda사의 성공방정식의 조직 내의 체화를 의미하는 것이다. 아울러 조직 민첩성의 입장에서 보면 Honda사의 성공방정식을 빠르게 체화하는 기업일수록 세계 시장에서 리더로 자리매김할 수 있음을 강조하는 것이다. 그렇다면 Honda사의 성공방정식은 무엇인가? 기술혁신전략에 대한 통합적 접근방법의 측면에서 보면, Honda사의 성공은 전략적 의도와 기술혁신역량을 바탕으로 성공을 거둔 것이다. 한편 Pascale의 논문 마지막 절의-이것은 사실 Honda Effect－Revisited의 마지막 절이기도 함-제목은 '미완의 혁명(Partial Revolution)'이며, 이 절에서는 "혁명은 언어에 대한 공격으로 시작된다. 우리가 단어를 바꾸면 우리는 생각하는 방법을 바꾼다."라는 문장으로 시작하고, 이같은 언어에 대한 공격으로 Hamel & Prahalad의 '전략적 의도', '(핵심역량의) 확장'을 들고 있다. 그러면서 정작 Pascale 자신은 '언어에 대한 공격'을 하지 않고 있다. 아마도 그는 자신의 언어에 대한 공격은 '혼다효과(Honda Effect)'라는 용어로 충분하다고 생각했을지도 모른다.

　　그리하여 Honda사의 성공방정식을 언어에 대한 공격으로 표현할 필요가 있을 것이다. 앞에서 Honda사의 성공 요인으로 전략적 의도, 기술혁신역량, 조직역량이 도출되었으며, 이들을 종합하면 '전략적 기술혁신경영(SMTI: strategic management of technology and innovation)'으로 요약할 수 있을 것이다(정선양, 2023). 그리하여 전략적 기술경영을 빠르게 하는 기업이 더 빨리 경쟁우위를 확보하여 세계 시장의 리더가 될 수 있을 것이다. Pascale이 주장한 '미완의 혁명'은 세계의 많은 기업이 전략적 기술경영을 도입 · 체화하지 못하였음을 나타내는 것이며, 이에 따라 전 세계의 대부분 기업이 '전략적 기술혁신경영'을 체화하면 혁명은 완수될 수 있을 것이다. 이 점에서 정선양(2023)은 전략적 기술혁신경영은 본원적 과정(generic process)으로서 기업의 규모, 업종, 국적을 떠나 전 세계의 모든 유형의 기업이 이를 학습하고, 실천하여야 할 것임을 강조하고 있다.

혁신전략의 집행

CHAPTER 08

파괴적 혁신의 경영

제1절 파괴적 혁신의 중요성

급변하는 기술경제 환경 속에서 대부분 산업에서 선도기업이 최고의 자리에서 물러나는 현상은 더욱 활발히 진행되고 있다. 예를 들어, Canon은 복사기 시장에서 Xerox를 물리치고 최고의 기업이 되었고, Caterpillar는 굴착기 시장에서 최고의 선도기업이 되었으며, Wal-Mart는 Sears를 이기고 유통시장의 최강자로 등장하였다. 이같은 선도기업의 실패는 특히 컴퓨터 산업에서 두드러지는데 컴퓨터 시장이 메인프레임 컴퓨터 시장에서 미니컴퓨터로, 미니컴퓨터에서 PC로, PC에서 노트북으로 옮겨 갈 때 해당 기술 및 제품의 선도기업은 후발기업에게 처참할 정도로 추월당했다(<그림 8-1> 참조).

이들 선도기업의 특징은 이들 기업이 대단히 잘 경영되는 기업들이라는 점이다. 이 점에서 파괴적 혁신(disruptive innovation)의 경영은 일반기업의 실패에 관한 얘기가 아니라, 그동안 많은 기업이 칭찬하고 닮고 싶어 했고, 혁신과 집행에 있어서 대단히 우수하고 좋은 기업의 실패에 관한 얘기이다. 이들 기업은 경쟁환경의 분석을 아주 잘하였고, 고객의 소리를 아주 잘 들으며, 새로운 기술에 공격적으로 투자하며, 아직 시장에서 지배권을 잃지 않은 기업들이다. 이들은 바로 이러한 이유로 인하여 시장에서 리더십을 잃어버리게 되었다.

이와 같은 선도기업의 처참한 실패의 원인으로 이들 기업의 관료적 성격, 오만, 최고경영층의 태만, 부실한 기획, 단기지향적 투자 등으로 설명하기도 한다. 그러나 Harvard 경영대학원의 Christensen은 더 근본적 이유로서, 이들 선도기업이 "그들은 기존의 고객에 너무 가까이 있는다!"라는 가장 유명하고 가치 있는 경영 도그마 중의 하나에 굴복한 것이라고 말하며, 이에 따라 이들 선도기업은 파괴적 기술(disruptive technology)의 경영에 실패한 것을 근본 이유로 제시하고 있다. 이에 따라, 이 장에서는 파괴적 혁신 경영의 중요성을 강조한 Christensen 등의 저서와 논문을 바탕으로(Bower & Christensen, 1995; Christensen, 1997), 파괴적 혁신을 어떻게 효율적으로 경영할 것인가의 문제를 다루기로 한다.

🔵 표 8-1 파괴적 혁신의 적용사례

산업	파괴기업	피파괴기업
소형 복사기	Canon	Xerox
유통	Wal-Mart	Sears
굴착기	Carterpillar, Deere	Bucyrus-Erie
컴퓨터	Apple	IBM, Digital Equipment

이처럼 파괴적 혁신의 성공과 실패의 사례는 다양한 산업에서 발견할 수 있으며, 특히 파괴적 혁신의 경영에 실패하면 산업에서 도태된다는 점에서 파괴적 혁신의 경영 필요성이 대두된다. 대체로 파괴적 혁신을 잘 경영한 기업은 작은 기업 혹은 벤처기업인 경우가 많다. 이는 중소기업 및 벤처기업이라도 파괴적 혁신의 경영을 잘 하면 산업의 강자로 부상할 수 있음을 나타내 준다. 마찬가지로 산업의 선도기업의 경우 산업에서 지속적 경쟁우위를 유지하기 위해서는 파괴적 혁신의 경영에 게을리하지 말아야 할 것이다. 그리하여 모든 기업이 파괴적 혁신의 경영을 해야 하는바, 본 장에서는 파괴적 혁신의 특징, 평가방법, 경영방안을 살펴보기로 한다.

제2절 선도기업의 실패

1. 선도기업의 실패

일반적으로 기술경영을 포함한 경영(management)에서는, 경영자는 기술을 개발하고, 신제품을 출하하고, 공장을 설립하고, 새로운 유통망을 구축하기 이전에 그들의 고객을 먼저 주시하게 된다. 즉, 그들의 고객이 이를 원하는가, 시장의 규모는 얼마나 큰가, 투자에 대한 수익은 얼마인가를 살펴보게 된다. 경영자가 이같은 질문에 대한 해답을 원하면 원할수록 이들 기업의 투자는 그들의 고객수요에 더욱더 정렬하게 된다. 이것은 아주 잘 경영되는 기업들이 운영되는 방식이다. 예를 들어, Xerox의 고객들은 처음에는 소형의 느린 탁상용 프린터가 필요하다고 생각하지 않았다, IBM의 메인프레임 컴퓨터의 고객인 정부나 대형 기업 및 조직은 미니컴퓨터에 관해 관심이 없었다. 이들 기업은 모두 자신의 주요 고객의 목소리를 들었으나, 이들은 바로 그들의 고객이 무시하도록 유도한 그 기술혁신에 의해 파괴되었다.

그런데 문제는 이와 같은 패턴은 기술변화에 부닥쳐 있는 다양한 산업에서 반복적으로 이루어진다는 점이다. Christensen 등에 따르면, 대부분의 잘 운영되는 기존기업은 그들이 속한 산업에서 기존 고객의 차세대 성과 수요를 충족시키는 새로운 기술혁신의 개발 및 상업화에는 선두주자의 역할을 잘 해오고 있으나, 이들 기업은 주류고객(mainstream customers)의 니즈를 충족시키지 못하고 아주 작고 새롭게 대두되는 시장에만 적용되는 신기술의 상업화에는 선두의 자리에 거의 위치하지 못하였다는 것이다.

대부분의 잘 운영되는 기업(well-managed companies)이 개발한 합리적이고 분석적인 투자기법 및 과정을 사용하면, 기존시장의 알려진 고객(known customers)의 니즈로부터 겉보기에는 하찮거나 아직 존재하지 않는 시장과 고객으로 자원의 흐름을 바꾼다는 것은 거의 불가능하다. 이들 기업은 현재의 시장과 고객에만 주안점을 둔다. 그리하여 이들 기업은 새롭게 대두되는 신흥시장의 중요한 새로운 기술들에 대해 눈이 멀게 된다. 예를 들어, 1980년대 초반 PC는 주류시장이었던 미니컴퓨터 사용자의 계산능력에 대한 요건을 만족시키지 못하였으나 PC의 계산능력은 미니컴퓨터 사용자의 수요보다 더 빠르게 개선되어 새롭게 대두된 PC 제조업체는 새로운 시장을 창출하고 선도기업의 위치를 차지하게 되었다. 그러나 미니컴퓨터 제조업체들이 자신의 주류고객과 너무 가까운 관계를 유지하였고, 새롭게 대두되는 시장의 겉보기에는 하찮은 고객이 사용하는 초기의 낮은 성과를 보이는 데스크톱 PC 기술을 무시하는 것은 매우 합리적인 결정이었으나, 결국 이들에게 재앙의 결과가 되었다.

2. 파괴적 혁신의 특징

이들 저자는 이처럼 기존의 선도기업을 파괴하는 이같은 새로운 기술을 파괴적 기술(disruptive technology)이라고 명명한다. 이들에 따르면 기존 기업에게 타격을 주는 이들 기술은 기술적 관점에서는 보통 급진적으로 새로운 기술이거나 어려운 기술이 아니다. 그러나 이들 기술은 다음 두 가지의 특징을 가지고 있다. 먼저, 이들 기술은 적어도 초기에는 기존 고객에 의해 평가받지 못하는 다른 성과특성(performance attributes)의 패키지를 가진다. 둘째, 기존기업이 평가하는 성과특징은 현재에는 매우 낮지만, 시간에 따라 대단히 빠른 비율로 증가하여 이 기술은 나중에 기존시장을 공략할 수 있게 된다. 오로지 이 시기쯤 되어야 기존고객은 이 기술을 원하게 되는데, 이때쯤이면 불행하게도 기존의 공급기업에는 너무 늦었고 이 새로운 신기술의 선구자들이 시장을 장악하게 된다.

이와 같이 기존 주류고객과 너무 가까운 관계를 유지하는 위험성을 보여주는 산업으로 이들 저자는 하드디스크 드라이브 산업(hard-disk-drive industry)을 들고 있다. 이들에 따르면, 1976년과 1992년 사이 디스크 드라이브의 성과는 아찔할 정도로 발전하였다. 즉, 100 메가바이트(MB) 시스템의 물리적 크기는 5,400큐빅 인치에서 8큐빅 인치로 줄어들었고, 메가바이트당 원가는 560달러에서 5달러로 떨어졌다. 여기에는 급진적 기술혁신과 점진적 기술혁신이 큰 공헌을 하였다. 디스크 드라이브 제조기업들은 대단히 공격적인 기술적 투자를 하였음에도 불구하고 이 산업에서 수년 이상의 독점적 위치를 차지한 기업은 하나도 없었다. 일련의 기업이 이 산업에 나타나서 선도적 자리를 차지하였으나 이들은 처음에는 주류고객의 니즈를 충족하지 못하던 기술을 추구한 새로운 기업에 의해 파괴되었다. 그 결과 본 논문이 쓰여진 1995년 기준 1996년에 존재하였던 독립 디스크 드라이브 제조

기업은 하나도 생존하지 못하였다.

이들 저자는 이 현상을 설명하기 위하여 성과궤적(performance tra-jectories)의 개념을 제시하였다. 성과궤적은 시간에 따라 제품의 성과가 개선되어 왔고 개선될 것으로 예상되는 비율을 의미한다. 모든 산업은 핵심적 성과궤적을 가지는데, 예를 들어 굴착기 산업은 분당 굴착하는 용량의 연간 개선을, 복사기 산업은 분당 복사량의 개선을 의미한다.

이들은 파괴적 기술과 대응되는 기술혁신의 유형으로서 지속적 기술(sustaining technology)을 비교하여 설명하고 있다. 이들에 따르면 지속적 기술은 성과특성의 개선 비율을 유지하는 경향을 보이고 있으며, 그리하여 이들 기술은 기존 고객이 가치있게 생각하는 성과특성에 있어서 이들에게 더욱 좋거나 나은 무언가를 제공한다. 예를 들어, 디스크 드라이버 산업의 경우에는 현재 드라이브 유형의 저장능력 개선을 가져다 주는 기술을 의미한다. 그러나 이들은 이에 반하여 파괴적 기술(disruptive technology)은 주류고객이 역사적으로 가치있게 생각하는 성과속성과는 다른 속성 패키지를 제시한다고 강조한다. 일반적으로 기존 고객은 이들 기술 및 제품을 자신들이 이해하고 알고 있는 분야에 사용하려 하지 않는다. 그리하여 파괴적 기술은 오직 새로운 시장 혹은 새로운 활용영역에서만 사용되고 평가받는 경향이 있다.

이들 저자는 디스크 드라이브 산업의 역사를 분석하면서 각각의 파괴적 기술변화의 시점에서 선도기업들은 모두 무너졌음을 강조하였다. 디스크 드라이브의 크기는 원래의 14인치에서 8인치로, 그리고 5.25인치로, 그리고 3.5인치로 축소되었다. 이들에 따르면, 8인치 드라이브는 처음 출시 당시에 20MB의 저장능력을 가졌는데, 당시의 디스크 드라이브의 주류시장은 200MB

의 저장용량을 요구하던 시기였다. 당연히 컴퓨터 산업의 선도기업들은 처음에는 8인치 드라이브를 선택하지 않았다. 그러나 이들 디스크 드라이브 산업의 파괴적 기술들은 당시의 주력기술들보다 저장용량은 적었지만 다른 성과특성, 예를 들어 내부소요전력, 크기, 견고성, 가벼움 등을 가지고 있었다.

3. 기존기업의 실패 이유

일반적으로 파괴적 기술은 선도기업들에 의해 있는 개발되어 있는 경우가 많다. 그러나 이들 기술은 경영층이 출하를 허락하지 않아 시장에 도입되지 않는다. 선도기업은 이들 기술 및 이에 기반한 제품을 적절한 시점에 시장에 출하하지 못한다. 이것은 이들 기업이 핵심적인 지속적 기술을 아주 적절한 시점에 출하하는 것과 아주 명확한 대비가 된다. 그리하여 신규참입기업(new entrants)은 파괴적 기술을 개발하고, 이를 바탕으로 신흥시장을 장악하고, 그 다음 주류시장에서 선도기업을 파괴하는 세 단계의 혁명을 단행한다. 왜 이런 일이 발생할까?

Christensen 등에 따르면 이는 기존기업의 수익 및 원가 구조(revenue and cost structures)에 기인한다고 강조한다. 일반적으로 선도기업에게는 파괴적 기술이 재무적으로 매력적이지 않다. 이들 기술의 잠재적 시장은 매우 작고 이들이 장기적으로 얼마의 시장규모를 가질 것인가를 가늠하기가 매우 어렵다. 그 결과 선도기업의 경영자는 이들 기술이 기업의 성장에 의미있는 공헌을 하지 못할 것으로 결론짓고 이들 기술의 개발 및 상업화에 노력하지 않는다. 이들에 따르면 기존기업의 경영자는 파괴적 기술을 추구할 것인가를 결정할 때에 전형적으로 다음의 두 가지 대안을 가진다고 강조한다. 첫 번째는 파괴적 기술이 본래 충족하는 신흥시장의 낮은 수익률을 수긍하는 저급시장(down-market)으로 가는 방안이다. 다른 방안은 지속적 기술을 가진 고급시장(up-market)으로 가는 방안으로서 대단히 큰 수익률을 가지는 세분 시장으로 진입하는 것이다. 일반적인 기업의 합리적 의사결정에 따르면, 경영자들은 저급시장보다는 고급시장으로 진입하는 것을 선택한다.

그러나 새로운 시장에서 파괴적 기술의 경영을 선도하는 기업의 경영자는 아주 다른 접근방법을 선택한다. 기존기업과 같은 높은 원가구조 없이 이들 기업은 신흥시장을 아주 매력적으로 본다. 이들 기업은 이 시장에서 발판(foothold)을 마련하고, 이들 기술의 성과를 빠르게 개선하며, 이를 바탕으로 선두기업들이 충족시켰던 기존시장을 공략한다. 기존 선도기업은 이에 대해 준비를 하지 않았기 때문에, 이들 신흥기업은 쉽게 기존 주류시장을 공략할 수 있다.

그런데 기존시장에서의 선도기업은 파괴적 기술이 대두될 때마다 이에 대한 경영에 실패하여 왔다. 이들 저자에 따르면 이같은 선도기업의 실패 원인은 이들 기업의 투자결정과정(investment decision process)에 있다고 주장한다. 새로운 시장에서 새로운 사업을 창출하는 사업계획서는 이들이 시장규모에 있어서 거의 예측할 수 없으므로 거부되는 것이 일반적이라는 것이다. 그리하여 최고경영자와 중간경영자는 시장이 확실하게 예측되는 프로젝트를 선호하게 마련이다. 이렇게 신뢰할 만한 시장이 있으면 위험이 줄어들고 이들의 커리어도 보호될 수 있기 때문이다.

이와 같은 기존기업의 파괴적 기술 경영의 실패를 설명하기 위하여 Christensen(2006: xvii~xx)은 실패구조(failure framework)의 개념을 도입하였는데, 이는 세 가지 요소로 구성되어 있다.

(1) 지속적 기술 대 파괴적 기술

실패구조의 첫 번째 요소는 지속적 기술과 파괴적 기술 간의 전략적 구분이다. 대부분의 신기술은 개선된 제품성과를 촉진하는데, 이를 지속적 기술(sustaining technology)라고 부른다. 지속적 기술은 주요 시장의 주류 고객이 역사적으로 가치를 두는 성과 차원을 따라 기존제품의 성과를 개선한다. 대부분 기술은 지속적 성격을 가진다. 그러나 때로는 파괴적 기술(disruptive technology)이 대두되는데, 이들은 적어도 단기적으로는 제품성과가 좋지 않다. 파괴적 기술은 그동안 적용되었던 것과 아주 다른 가치명제(value proposition)를 가진다. 일반적으로 이들 기술은 주류시장의 기존제품보다 성과가 낮다. 이들 기술에 기초한 제품은 전형적으로 보다 단순하고, 값싸며, 작고, 보다 사용하기 간편하다. 예를 들어 Honda사의 소형 모터사이클은 파괴적 기술에 기반한 제품이다.

(2) 시장 니즈 궤적 대 기술개선

실패구조의 두 번째 요소는 기술진보(technological progress)의 속도는 시장수요(market demand)의 속도보다 빠르게 진행된다는 것이다(<그림 8-1> 참조). 일반적으로 기업은 경쟁기업보다 더 좋은 제품을 제공하고 더 높은 가격과 마진을 확보하기 위하여 고객이 필요하거나 지불하려는 것보다 더 좋은 성과의 제품을 제공한다. 이것은 시장의 사용자가 요구하는 것과 비교하여 현재 낮은 성과를 내고 있는 파괴적 기술이 내일은 동일한 시장에서 충분히 성과경쟁력이 있을 수 있다는 것을 의미한다. 예를 들어, 한때 메인프레임 컴퓨터의 데이터 처리능력을 필요로 했던 많은 사람은 더 이상 이 컴퓨터를 사용하지 않는다. 빠른 기술진보에 의하여 데스크톱 컴퓨터가 메인 프레임 컴퓨터의 성능을 달성하여 많은 기존 고객이 요구하는 성과요건을 초과하였기 때문이다. 다시 말해, 많은 컴퓨터 사용자의 니즈는 컴퓨터의 기술적 역량의 진보보다 훨씬 천천히 증가하였다.

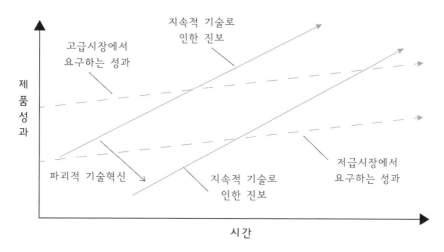

자료: Christensen, C. M., *The Innovator's Dilemma: The Revolutionary Book that Will Change the Way You Do Business* (New York: Collins Business Essentials Edition, 2006). p.xix.

(3) 파괴적 기술 대 합리적 투자

　실패구조의 세 번째 요소는 파괴적 기술에 공격적으로 투자하는 재무적 의사결정은 합리적 투자(rational investment)의 결정이 아니라는 기존기업의 결론은 다음 세 가지에 근거한다. 먼저, 파괴적 제품은 보다 단순하고, 값이 싸서 일반적으로 보다 낮은 마진만을 제공할 것으로 기대된다. 둘째, 파괴적 기술은 전형적으로 신흥시장 혹은 중요하지 않은 시장에서 처음 상업화된다. 셋째, 일반적으로 선도기업의 가장 많은 수익을 제공해 주는 고객들은 파괴적 기술에 기반한 제품을 원하지도 않고 사용할 줄도 모른다. 대체로 파괴적 기술은 시장에서 가장 적은 수익을 제공해 주는 고객에 의해 처음으로 수용된다.

제3절 파괴적 혁신의 원칙

　　Christensen 등은 좋은 경영 관행이 성공한 기업이 파괴적 혁신의 경영에 실패하는 것이라고 강조한다. 이들 성공적인 기업은 보다 나은 기획, 보다 강도 높은 업무, 보다 고객지향적, 보다 장기적인 시각을 가지고 있고, 보다 나은 집행, 시장으로의 빠른 스피드, 총체적 품질관리, 효율적 공정 리엔지니어링도 파괴적 혁신 경영에는 효과적이지 않다고 강조한다. 그리하여 이같은 도전적 상황에 대응하기 위해 Christensen(2006: xxii~xxviii)은 파괴적 기술의 경영을 위한 다섯 개의 법칙 혹은 원칙을 제시하였다. 그는 파괴적 기술의 경영에 성공하려면 경영자들은 이들 원칙과 싸우지 않고 이들을 이해하고 활용할 것을 강조하였다. 아래에는 이들 원칙을 세부적으로 살펴보기로 한다.

1. 제1원칙: 기업은 자원을 확보하기 위하여 고객과 투자자에 의존한다.

　　파괴적 기술이 대두될 때에, 기존기업은 자신의 고객이 필요로 하는 지속적 기술의 정점에 머물러 있고 보다 간단한 파괴적 기술에는 지속적으로 어려움을 겪는다. 경영자들이 자기 기업의 자원의 흐름을 통제할 수 있다고 생각하지만, 결국 자원을 진정 통제하는 것은 고객(customer)과 투자자(investor)이다. 좋은 성과를 내는 기업들은 자신의 고객이 원하지 않는 아이디어를 제거하는 정교한 시스템을 갖추고 있다. 그리하여 이들 기업은 현재 자신의 고객이 원하지 않는 낮은 마진의 기회만을 창출하는 파괴적 기술에 적절한 자원을 투자하기 매우 어렵다. 향후 이들 기업이 자신의 고객이 이 기술에 바탕을 둔 제품을 원할 때에는 투자를 하기에는 이미 시간이 너무 늦었음을 깨닫게 된다.

Christensen은 이 원칙을 이해하고 활용하기 위하여 파괴적 기술을 중심으로 새롭고 독립적 사업을 수행할 수 있는 작은 자주적 조직(autonomous organization)을 구축, 운영할 것을 제안한다. 이 조직은 주류기업의 고객 힘에서 자유롭고 파괴적 기술의 제품을 원하는 다른 종류의 고객들을 편안하게 대응할 수 있다. 다시 말해 경영자가 자원 의존성(resource dependence)의 힘을 무시하거나 싸우는 대신 이를 이해하고 자신의 조직을 이와 정렬할 때 파괴적 기술의 경영에 성공할 수 있다.

기업이 파괴적 기술의 위협을 받을 때 이 원칙이 주는 시사점은, 주류기업의 경영자와 의사결정과정은 작고, 새롭게 대두되는 시장에 진출하기 위한 핵심적인 재무적, 인적 자원을 자유롭게 투자할 수 없다는 것이다. 이들 기업의 원가구조(cost structure)는 고급시장은 물론 저급시장에서도 수익을 창출하도록 구축되어 있다. 그리하여 파괴적 기술의 낮은 마진의 특성에서 수익을 창출할 수 있도록 설계된 원가구조를 가진 독립조직을 운영하는 것만이 기존기업이 이 원칙을 활용할 수 있는 유일한 길이다.

2. 제2원칙: 작은 시장은 대기업이 필요로 하는 성장의 문제를 해결할 수 없다.

파괴적 기술은 전형적으로 새로운 시장을 창출할 수 있다. 그리하여 이들 신흥시장에 빨리 진입하는 기업은 후발 기업에 대하여 상당한 선점자 우위(first-mover advantage)를 향유할 수 있다. 그러나 기업들이 성장하고 규모가 커질수록 이들은 미래에 대형시장으로 성장할 수 있는 새롭고 작은 시장에 진입하는 것이 점점 더 어려워진다. 기업이 점점 더 커지고 성공할수록, 신흥시장이 성장을 위한 유용한 엔진이 될 것이라는 주장은 점점 더 약해지게 된다. 그리하여 많은 대기업은 새로운 시장이 충분히 관심이 있을 만큼 커질 때까지 기다리는 전략을 채택할 수 있다. 그러나 이는 성공적인 전략이 아니라는 것이다.

파괴적 기술이 창출한 새로운 시장에서 기존기업이 성공하기 위해서는 이 시장의 규모에 걸맞는 규모의 조직을 구축, 운용하는 것이다. 이같은 작은 조직(small organization)은 작은 시장에서의 성장의 기회에 쉽게 대응할 수 있다. 그렇지 않으면 대기업의 공식적, 비공식적 자원배분과정은 비록 작은 시장이 향후 큰 시장이 될 것이라는 기대가 있음에도 불구하고 이 시장에 적절한 자원을 배분하는 것을 방해한다.

3. 제3원칙: 존재하지 않은 시장은 분석할 수 없다.

좋은 기획, 양호한 시장조사, 계획에 따른 집행 등은 좋은 경영(good management)의 특징이다. 이들 경영 관행은 지속적 혁신에 대해서는 매우 가치가 있다. 기존기업은 이같은 경영 관행을 바탕으로 지속적 혁신에 바탕을 둔 시장의 선도자가 되었다. 이 시장의 특징은 시장의 규모와 성장률이 알려져 있고, 기술진보의 궤적이 이미 구축되어 있으며, 선도 고객의 니즈가 일반적으로 잘 알려져 있다. 대부분 경영자는 분석과 기획이 타당성을 가진 이같은 지속적 환경 속에서의 혁신경영을 학습해 왔다.

그러나 새로운 시장으로 유도하는 파괴적 기술을 다루는 데에는 시장조사와 사업기획이 지속적으로 좋은 성과를 창출하지 못한다. 시장에 대하여 거의 아는 것이 없고 강력한 선점자 우위가 존재하는 곳이 파괴적 혁신이 창출한 시장이다. 여기에는 혁신자의 딜레마(innovator's dilemma)가 존재하는 것이다. 시장에 진입하기 이전에 시장규모와 재무적 수익에 관한 계량화된 정보를 요구하는 대부분 기업의 투자결정과정은 파괴적 혁신과 관련하여 심각한 실수를 하는데 일반적이다. 그리하여 파괴적 기술을 경영하기 위해서는 적절한 시장과 이를 활용하기 위한 적절한 전략은 사전에 알 수 없다는 이 원칙을 인지하고 전략과 기획 등에 관한 일반적 방법과는 매우 다른 접근방법을 적용하여야 한다. 이와 관련하여 Christensen은 '발견기반 기획(discovery-based planning)'이라는 기법을 제시하고 있는데, 이 기법은 예측은 맞기보다는 틀리며 선택한 전략도 마찬가지로 틀릴 수 있다는 것을 전제로 기획을 한다. 이같은 가정 하에서 경영자는 무엇을 알아야 하는지 학습하기 위한 계획을 개발하게 되며, 이것이 파괴적 기술을 성공적으로 경영하는데 더 나은 방법이라는 것이다.

4. 제4원칙: 조직의 역량은 조직의 장애를 규정한다.

일반적으로 대부분 경영자는 혁신의 문제에 부닥치면, 매우 능력 있는 적절한 사람(right people)을 선발하여 그에게 이의 해결업무를 맡기며, 그가 과업을 성공적으로 해결할 것을 기대한다. Christensen은 조직은 그 안에서 일하는 사람과는 독립적으로 존재하는 역량(capabilities)을 가지고 있어서, 이것은 위험하다고 주장한다. 그에 따르면 조직의 역량은 과정과 가치의 두 곳에 스며들어 있다. 여기에서 과정(processes)은 사람들이 투입물을 보다 가치가 높은 산출물로 전환하는 것을 학습하는 방법이며, 조직의 가치(values) 조직의 경영자와 종업원이 우선순위에 관한 의사결정을 할 때 사용하는 기준이다. 그런데 사람은 아주 유연한 데 비하여, 조직의 과정과 가치는 유연하지 않다는 점이다. 그리하여 어떤 한 상황 속에서 조직의 역량을 구성하였던 과정과 가치는 다른 상황 속에서는 장애(disabilities)를 구성한다는 것이다.

5. 제5원칙: 기술공급은 시장수요와 필적하지 않을 수 있다.

파괴적 기술은 비록 주류시장에서 떨어진 작은 시장에서만 사용됨에도 불구하고 이들은 주류시장에서 기존제품에 대하여 완전한 성과 경쟁력을 가질 수 있기 때문에 파괴적인 특징을 가진다. 이는 제품에 있어서의 기술진보의 속도가 종종 주류시장 고객이 요구하는 혹은 수용할 수 있는 성과의 개선율을 초과하기 때문이다(<그림 8-1> 참조). 그리하여 현재의 시장 니즈(market needs)를 거의 맞출 수 있는 사양과 기능성을 가진 제품이 내일의 주류시장 니즈를 넘어서 충족하는 개선의 궤적을 종종 따른다. 그리하여 주류시장의 고객의 기대와 비교하여 현재 심각하게 낮은 성과를 창출하는 제품이 내일은 직접적으로 성과 경쟁력을 가질 수 있다.

많은 기업은 경쟁적으로 우수한 제품을 개발하여 선두에 위치하려는 노력에 있어서 보다 높은 성과와 보다 높은 마진의 시장을 향해 경쟁한다. 이 과정에서 이들 기업은 고급시장에서 자신이 움직이는 속도를 인지하지 못하고 그들의 원래의 고객 니즈를 과도하게 만족시키게 된다. 그렇게 함으로써 이들 기업은 파괴적 기술을 활용한 기업들이 진입할 수 있는 저가의 시장에 공백을 창출하게 된다.

제4절 파괴적 혁신의 경영방안

이상과 같은 배경과 원칙에 의하여 기존의 선도기업이 파괴적 기술에 부닥쳤을 때 성공을 하는 것이 거의 없다는 것은 놀라운 일이 아니다. 그리하여 Bower & Christensen(1995)은 파괴적 기술의 성공적인 경영방안에 관하여 다음과 같이 논의하고 있다.

1. 해당 기술이 파괴적 기술인가 혹은 지속적 기술인가를 결정하라!

파괴적 기술을 경영하는 첫 단계는 수많은 기술 중에서 무엇이 파괴적 기술인지를 결정하고, 이들 중 무엇이 기업에게 위협이 될 것인가를 결정하는 것이다. 대부분 기업은 잠재적으로 지속적 기술의 발전을 도출하고 추적하는 정교한 절차를 가지고 있는데, 그 이유는 이들 기술이 기존의 고객의 수요를 충족하는데 중요하기 때문이다. 그러나 잠재적으로 파괴적 기술을 도출하고 추적하는 체계적 절차를 가지고 있는 기업은 거의 없다.

이들 저자는 파괴적 기술을 도출하는 방법으로 기업 내에서 새로운 기술 혹은 제품의 개발에 대한 내부적 불일치(internal disagreements)를 검토할 것을 제안하고 있다. 일반적으로 마케팅부서나 재무부서는 파괴적 기술의 개발에 거의 동의하지 않는다. 이에 반하여 우수한 연구원 혹은 연구개발부서는 종종 해당 기술의 새로운 시장이 급부상할 것이라는 주장을 굽히지 않는다. 이와 같은 두 집단 간의 불일치는 종종 최고경영자가 검토하여야 할 파괴적 기술의 신호인 경우가 많다.

2. 파괴적 기술의 전략적 중요성을 정의하라!

저자들에 따르면, 파괴적 기술의 전략적 중요성(strategic importance)의 파악은 '적절한 사람(right people)'에게 '적절한 질문(right question)'을 할 것을 강조한다. 기존기업은 새로운 아이디어에 관하여 주류고객에게 질문하는 절차를 가지고 있는 경우가 많다. 그러나 이들 고객은 지속적 기술의 잠재력 평가에는 매우 정확하지만, 파괴적 기술의 잠재력 평가에는 정확하지 않다. <그림 8-2>는 시간에 따른 제품성과의 발전 추이를 나타내 준다. 이 그래프는 적절한 사람들에게 적절한 질문을 하는 데 도움을 준다. 우선 기존의 주류고객이 역사적으로 누려 왔던 성과의 증가궤적과 앞으로 증가할 것으로 예상하는 궤적을 그린다. 다음으로는 새로운 기술성과의 현재 수준을 묘사하고 이의 앞으로 증가할 것으로 예상하는 궤적을 그린다. 만약 새로운 기술이 파괴적 기술이라면, 현재의 시점에서 새로운 기술의 성과 수준은 현재의 고객이 요구하는 성과의 수준에 훨씬 미치지 못할 것이다.

<그림 8-2>에서 파괴적 기술 성과진보의 예상궤적의 기울기는 기존 시장에서 요구하는 성과진보의 기울기보다 훨씬 가파를 것이다. 그러면 현재 기존 고객의 니즈를 충족시키지 못하는 그 기술은 가까운 미래에 이들 고객의 니즈를 잘 충족시킬 것이다. 이 점에서 이들 기술은 전략적으로 매우 핵심적인 기술이다. 이에 따라, 파괴적 기술을 효과적으로 경영하기 위해서는 이 기술의 예상되는 성과궤적(performance trajectory)이 기존 고객이 요구하는 궤적보다 얼마나 빠르게 진행될 것인가를 질문하여야 한다. 그러나 대부분 경영자는 이같은 질문 대신 잘못된 질문을 한다. 즉, 이들은 새로운 기술의 기대되는 성과진보율과 기존 기술의 기대되는 성과진보율과 비교를 한다. 이것은 아주 많이 잘못된 질문으로서, 이들 저자에 따르면 적절한 의사결정이 가능한 기간까지는 대부분 파괴적 기술의 성과 수준은 기존기술의 성과진보보다 낮기 때문이다.

● 그림 8-2 파괴적 기술의 평가방법

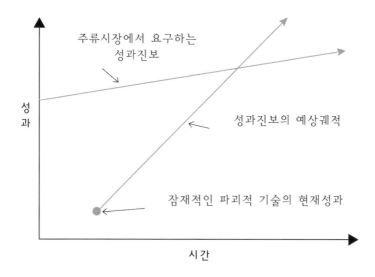

자료: Bower, J. L. and Christensen, C. M., "Disruptive Technologies: Catching the Wave," *Harvard Business Review,* January-February 1995.

3. 파괴적 기술의 초기시장을 확보하라!

일단 경영자가 새로운 기술이 파괴적 기술이고 전략적으로 중요하다고 결정을 내렸으면, 다음 단계는 이 기술에 대한 초기시장(initial market)을 확보하는 것이다. 여기에서 그동안 경영자가 전통적으로 의존해 왔던 기존의 시장조사기법은 거의 도움이 되지 않는데, 파괴적 기술에 참여를 결정하는 전략적 의사결정을 할 시점에는 구체적인 시장이 존재하지 않고 이들 기술은 새로운 시장을 창출하기 때문이다.

그리하여 파괴적 기술은 종종 새로운 시장이 대두되는 신호이기 때문에, 경영자는 이같은 시장에 대한 정보를 스스로 창출하여야 한다. 여기에서 중요한 정보는 누가 고객이 될지, 어떠한 고객에 어떠한 제품성과가 중요할지, 제품에 대한 적정한 가격은 얼마일지 등이다. 저자들에 따르면 이같은 정보는 제품과 시장에 대하여 빠르고, 반복적으로, 값싸게 실험(experiment)을 하여야만 창출할 수 있다고 주장한다. 그러나 이와 같은 실험을 기존기업이 실행하기는 매우 어렵다. 이들 기업의 자원배분과정은 이처럼 매출이 작은 시장에 자원을 투입하는 것을 허락하지 않는다. 그렇다면 기존기업이 파괴적 기술을 실험할 수 있는 방안은 무엇일까? 저자들은 그 방안으로 기업 자금이 필요하지 않고 기업과 관련이 없는 창업기업(start-ups)을 설립하여 실험할 것을 제안한다. 이들 작은 기업은 이같은 작은 시장에 관심을 가지고 시장의 변화에 따라 빠르게 제품을 개발·개선하고 유연한 시장전략을 추진할 수 있다. 아울러 기존기업 경영자는 작고 선도적 기업이 파괴적 기술의 시장을 독점하는 것을 막기 위해서는 이들 선도기업의 발전과정에 관한 정보를 직접 모니터링하여야 한다. 이를 위한 구체적인 방법은 기업의 핵심연구원, 대학교수, 벤처캐피털리스트 등 다른 비전통적인 정보원들과 정례적인 미팅을 갖는 것이다.

4. 파괴적 기술을 개발하는 책임을 독립조직에 부여하라!

새로운 기술을 개발하기 위하여 주류조직의 답답한 요구로부터 분리하는 독립된 조직(independent organization)을 구성하여 스컹크워크 프로젝트 팀(skunk-work project team)을 구성하는 것은 잘 알려졌지만, 이에 대한 이해의 정도는 매우 낮다. 저자들은 이같은 독립된 조직을 구성하는 것은 오로지 파괴적 기술이 주류 사업보다 낮은 수익률을 창출하고 새로운 고객의 독특한 니즈를 충족할 때에만 필요하다고 강조한다. 즉, 새로운 혹은 파괴적 기술이 기존의 기술 혹은 제품보다 재무적으로 더 매력적일 경우에는 이같은 독립된 조직을 구성하는 것은 자원의 낭비라는 것이다.

5. 파괴적 기술 개발을 위한 조직을 독립적으로 유지하라!

기존기업은 작은 연구개발조직을 운영함으로써 파괴적 조직을 개발하고 새로운 신흥시장을 독점할 수 있다. 그러나 새로운 시장이 커지고 확고한 시장이 되면 이들 기업은 이 작은 연구개발조직을 주류조직에 통합하는 경향이 많다. 그 이유는 제품의 엔지니어링, 제조, 판매, 유통 등과 관련한 고정비를 다른 주류 제품 및 시장과 공유를 하기 위해서다. 그러나 이들 저자는 이같은 접근방법이 지속적 기술에는 통할 수 있으나 파괴적 기술에는 매우 재앙적인 결과를 초래할 수 있다고 경고하고 있다. 그 이유는 만약 독립조직과 주류조직이 통합하면 이들 두 조직 간의 자원의 배분과 관련된 갈등이 필연적으로 나타나며, 더 나아가 기존제품의 '의도적 구식화'(cannibal-ize)를 할 것인가 혹은 언제 할 것인가에 관한 소모적 논쟁이 필연적으로 나타나기 때문이다. 이와 관련 이들 저자는 전술한 디스크 드라이브 산업의 역사에서 주류사업부와 파괴적 기술 사업부를 하나의 조직으로 통합한 모든 기업은 실패하였다고 단언한다. 그리하여 이들은 파괴적 기술에 의한 기존 사업부의 대체를 무리하게 추진하지 말고 점진적으로 진행되는 자연스러운 과정으로 받아들일 것을 권고한다. 이를 이해하는 기업은 필연적으로 사라져야 할 사업부를 대체할 새로운 사업을 창출한다는 것이다. 그리하여 비록 그 과정이 궁극적으로 주력사업을 파괴하는 것을 의미하더라도, 기업은 파괴적 혁신의 경영자에게 그 기술의 모든 잠재력을 실현할 수 있는 자유로운 권한을 부여하여야 한다는 것이다.

제5절 시사점

파괴적 기술이 대두될 때 잘 경영되어온 선도기업은 어려움을 겪게 되는데, 이를 Christensen(1995, 2006)은 '혁신자의 딜레마'라고 명명하였다. 파괴적 기술을 경영하는 데에는 이들 선도기업이 잘해온 더 좋은 경영, 더 열심히 일하기, 실수하지 않기 등은 해답이 될 수 없다는 것이다. Christensen (2006: 257-261)은 혁신자의 딜레마로 어려움을 겪고 있는 기업을 위하여 간단하고 실용적인 통찰력(insights)을 제시하고 있는데, 아래에는 이를 살펴보기로 한다.

먼저, 시장이 요구하거나 수용할 수 있는 진보의 속도는 기술진보의 속도(pace of technological progress)와 다르다. 이는 현재 우리의 고객에게 유용하게 보이지 않는 제품, 즉 파괴적 기술이 내일은 이들의 니즈를 정확하게 충족시킬 수 있다는 것을 의미한다. 이에 따라, 우리의 고객과 긴밀한 관계를 유지하는 것은 지속적 혁신을 다루는 중요한 경영 패러다임이기는 하지만, 이것은 파괴적 혁신을 다루는 데에는 잘못된 자료를 제공할 수 있다.

둘째, 혁신경영은 자원배분과정(resource allocation process)을 잘 보여준다. 필요한 자원을 확보하는 혁신 계획서(innovation proposals)는 성공할 수 있지만 낮은 우선순위를 가진 계획서는 자원 부족에 시달리며 성공할 기회조차 얻지 못한다. 혁신경영이 어려운 이유 중의 하나는 자원배분과정의 복잡성이다. 기업의 최고경영층이 자원배분의 결정을 하는 것처럼 보이지만, 이들 결정의 실질적 집행은 자신의 지성과 직관이 기업의 주류 가치 네트워크 속에 구축된 직원들에 의해 이루어진다. 이같은 상황 속에서 경영자는 자원을 파괴적 기술의 추구에 집중하기가 대단히 어렵다.

셋째, 시장(market)을 파괴적 기술에 맞추는 것은 매우 어렵다. 성공적인 기업은 자신의 고객이 원하는 것보다 더 많이 그리고 더욱 나은 것을 일상적으로 제공하는 지속적 기술을 시장에 제공하는 정교한 역량을 가지고 있다. 이들 기업이 현재의 주류고객의 니즈에 파괴적 기술을 맞추려고 한다면, 이들은 거의 모두 실패할 것이다. 더욱 성공적인 접근방법은 파괴적 기술의 현재의 특징을 가치있게 여기는 새로운 시장을 발견하는 것이다. 즉 파괴적 기술의 경영은 '기술적 도전'의 문제가 아니라 '마케팅 도전'의 문제로 살펴보아야 한다.

넷째, 대부분 기업의 역량(capabilities)은 대부분 경영자가 믿고 싶은 것 이상으로 전문화되어 있고 상황에 특정적이다. 이는 역량이 조직의 가치 네트워크(value network) 속에 구축되기 때문이다. 그리하여 기업은 어떤 새로운 기술을 어떤 시장에 출하할 수 있는 능력을 가진다. 그러나 이것은 다른 시장에 다른 방법으로 출하하는 데 장애(disabilities)로 작용한다. 이들 기업은 특정한 범위의 생산량과 주문 규모에는 수익을 창출하며 제조를 할 수 있으나, 다른 생산량 혹은 다른 규모의 고객에 대해서는 수익을 창출할 수 없다. 이들 기업의 제품개발주기와 생산능력은 그들의 가치 네트워크 속에 이미 설정되어 있다. 이들 모든 역량은 그것이 조직 역량이든 개인 역량이든 과거부터 다루어 온 문제들에 의해 정의되고 다듬어져 온 것이며, 이들 역량의 본질은 조직과 개인이 역사적으로 경쟁해 온 가치 네트워크의 특징에 의해 구축되어 온 것이다. 그러나 파괴적 기술에 의해 창출되는 시장은 종종 아주 다른 역량을 필요로 한다.

다섯째, 파괴적 기술에 직면하여 대형의 그리고 결정적 투자에 필요한 정보(information)는 존재하지 않는다. 이 정보는 시장과 제품에 대한 빠르고, 비용이 적게 들고, 유연한 공격을 통해 창출되어야 한다. 파괴적 기술의 위험성은 매우 높아 이 기술을 바탕으로 한 제품 특성 혹은 시장에 적용은 실행력이 없을 수도 있다. 그리하여 실패(failure)와 상호작용적 학습(interactive learning)은 파괴적 기술을 경영하는데 본질적이다. 비록 파괴적 기술에 관한 아이디어의 치사율은 높지만, 파괴적 기술을 위한 새로운 시장을 창출하는 전반적인 사업은 그렇게 위험할 필요는 없다. 새로운 아이디어를 추진하고 시행착오와 학습을 빨리하며 다시 시도하는 경영자는 파괴적 혁신을 상업화하는데 필요한 고객, 시장, 기술을 개발하고 이해하는 데 성공할 수 있을 것이다.

여섯째, 항상 선도자가 되거나 혹은 추종자가 되려는 전면적 기술전략(blanket technology strategy)을 추진하는 것은 현명하지 못하다. 기업은 파괴적 기술의 경영을 추구하는가 혹은 지속적 기술의 경영을 추구하는가에 따라 명확하게 다른 접근방법을 취하여야 한다. 지속적 기술과 달리 파괴적 기술은 상당한 선점자 우위를 포함하고 있어서 리더십이 매우 중요하다.

일곱째, 파괴적 기술의 경영에 성공하기 위해서는 일반적인 진입장벽(entry barriers) 및 이동장벽(mobility barriers)과 다른 보호 수단을 구축, 활용하여야 한다. 일반적으로 대부분 진입장벽과 이동장벽은 다른 기업이 확보하거나 모방하기 어려운 자산 혹은 자원 등에 관한 것이다. 그러나 파괴적 기술을 위한 신흥시장을 구축하면서 작은 진입기업이 취할 수 있는 가장 강력한 보호 수단은 기존의 선도기업에는 전혀 말이 안 되는 것을 추진하는 것이다. 기술, 브랜드 이름, 제조능력, 경험 많은 경영능력, 강력한 유통망 등에도 불구하고 우수한 경영진으로 가득한 성공적인 기업은 파괴적 기술의 경영에 매우 어려움을 가진다. 파괴적 기술은 이에 대한 투자가 가장 중요할 시기에는 기존기업에게는 전혀 말이 안 되기 때문에, 이들 기존기업은 기업가가 의존할 수 있는 진입장벽과 이동장벽을 구축하여야 할 것이다. 그리하여 기존기업도 이같은 장벽을 극복할 수 있다. 지속적 기술과 파괴적 기술의 상충하는 수요에 의해 제기된 혁신자의 딜레마(innovator's dilemma)는 해결될 수 있다. 먼저 경영자는 이들 근본적인 상충이 무엇인가를 이해하여야 한다. 그다음으로는 기업의 시장에 대한 태도, 조직구조, 개발역량, 가치를 기업이 지향하는 고객의 힘에 정렬하는 상황을 구축하여야 한다. 즉, 지속적 혁신과 파괴적 혁신은 서로 다른 접근방법이 필요하다.

결론적으로, 파괴적 혁신을 효율적으로 경영하는 것의 핵심은 위험을 더 많이 감수하고, 장기적인 투자를 더 많이 하며, 조직 내 관료주의를 해결하는 등의 단순한 작업이 아니다. 핵심은 작은 주문이 에너지를 창출하고, 잘 정의되지 않은 시장에서 저원가로 진입하며, 신흥시장에서도 수익을 창출할 수 있을 정도의 간접비가 충분히 낮아야 하는 조직 환경 속에서 전략적으로 중요한 파괴적 기술을 경영하는 것이다. 파괴적 기술의 경영은 작은 기업가형 기업(entrepreneurial companies)에만 유리한 것이 아니다. 기존기업(established companies)도 파괴적 기술의 경영에서 큰 성공을 거둘 수 있다. 그러나 이들 기존 기업이 주류 사업의 재무적 요구의 상황 속에서 중요한 고객에 의해 거부된 파괴적 기술을 개발하고 출하하려고 노력한다면, 이들은 반드시 실패한다. 그 이유는 이들 기업이 잘못된 의사결정을 하였기 때문이 아니라 이들이 그동안 추진해 온 올바른 의사결정 때문이다.

CHAPTER 09

불연속적 혁신의 경영

제1절 불연속적 혁신의 개념과 특징

    기업이 운영되는 환경은 대체로 안정적이고, 게임의 규칙이 명확히 이해되고 있어 대부분 기업은 다양한 혁신을 그동안 하던 것을 더욱 더 잘함으로써 혁신을 하려고 노력한다. 이같은 혁신은 특정한 영역 속에서 이루어진다. 그러나 종종 이 같은 체제를 혼란에 빠뜨리고 게임의 규칙(rule of game)을 바꾸는 일이 발생한다. 이는 일상적인 현상은 아니지만, 기업 행위의 영역과 경계조건을 변화시켜 새로운 기회를 창출한다. 이런 경우 기존기업은 새로운 환경에 맞게 자신들이 그동안 수행한 경영 관행을 새롭게 구축하여야 하는 도전적 상황에 부닥치게 된다. 이것이 이른바 Schumpeter가 강조하는 혁신이론의 근간이다. 그는 혁신을 창조적 파괴의 과정으로 이해하였다(Schumpeter, 1911, 1934; 정선양 번역, 2020). 이런 유형의 혁신을 불연속적 혁신(discontinuous innovation)이라고 부르는데, 이는 기존의 혁신과 다른 특징을 가지고 있다.

일반적으로 기존기업은 기존 기술궤적의 성숙단계에는 혁신경영을 잘하지만 새로운 불연속적 혁신에 대한 경영에는 어려움을 겪는다. 그 이유로는 매몰비용, 기존 기술 및 시장에 대한 많은 투자, 심리적 장애 등이 원인이 될 수 있다. 그럼에도 불구하고 많은 기존기업이 불연속적 혁신을 성공적으로 경영하기도 한다. 이들은 새로운 기술궤적에 충분한 자원을 투자하여 기술역량을 구축하고 새로운 기회를 성공적으로 활용한다(Bessant 등, 2005; Tidd & Bessant, 2013). 이 점에서 불연속적 혁신은 새로운 작은 기업이 경영하는데 유리한 점이 많다. 불연속적 혁신을 경영하기 위해서는 민첩성, 유연성, 빠른 학습능력 등이 필요한데, 이는 새로운 벤처기업이나 중소기업의 장점이 아닐 수 없다. 그럼에도 새로운 중소기업도 이 유형의 혁신을 경영하는데 필요한 경영 관행을 체계적으로 학습하지 못하면 성공을 거두기 어렵다. 이 점에서 파괴적 혁신의 경영은 모든 유형의 기업이 노력하여야 할 것이다.

불연속적 혁신을 창출하고 경영하는 것이 강조되는 것은 최근의 일이다. 이는 그동안 기업이 기술혁신에 막대한 투자를 하지만 큰 상업적 성공을 거두지 못하는 것에 대한 반성에서 시작되었다. 특히 지난 세기 중반 이후 기술경제 환경의 변화로 전 세계적으로 단절성, 즉 불연속성이 일반화되어 오고 있다. 이에 따라, 연속적 혁신(continuous innovation)을 창출하기 위한 그동안의 혁신경영 방안은 그 효용이 많이 떨어지고 있으며 새로운 기술을 바탕으로 새로운 시장을 목표로 하는 불연속적 혁신(discontinuous in-novation)을 창출하기 위한 혁신경영이 필요하다는 것이다(Miller & Morris, 1999).

● 표 9-1 연속적 혁신과 불연속적 혁신의 특징

연속적 혁신	불연속적 혁신
1) 게임의 규칙이 존재	1) 게임의 규칙이 존재하지 않음
2) 특정한 기술궤적의 존재	2) 모호성에 대한 높은 용인
3) 명확한 선택환경	3) 개방적이고 희미한 선택환경
4) 약간의 개선	4) 실험으로부터의 학습
5) 전략 방향이 매우 경로 의존적	5) 전략 방향이 매우 경로 독립적
6) 위험 회피	6) 높은 위험부담
7) 위험의 통제	7) 실패로부터의 학습
8) 구조화된 조직관행	8) 유연한 조직관행
9) 일정 기법을 통한 선택행위	9) 주변 시야
10) 외부와 강력한 네트워크 구축	10) 외부의 여러 집단과 느슨한 관계

자료: 정선양(2021), 「연구개발경영론」(서울: 시대가치, 471쪽).

불연속적 혁신은 연속적 혁신과 상당히 다른 특징을 가지고 있다(<표 9-1>). 먼저, 불연속적 혁신은 게임의 규칙(rule of game)이 정해져 있지 않아 이를 경영하기 위한 방안이 알려져 있지 않다. 그리하여 불연속적 혁신에 대해서는 기술궤적이 존재하지 않기 때문에 이에 대한 경영을 추구할 때에는 모호성(ambiguity)을 인식하고 다양한 접근방법을 추구하여야 한다.

의사결정에 있어서 선택환경(selection environment)이 모호하고 모든 가능성을 열어 놓는 개방적인 환경을 가지고 있다. 기술궤적이 존재하지 않기 때문에 불연속적 혁신은 경로 독립적(path-independent)이라는 특징을 가지고 있다. 그리하여 이를 창출하기 위한 연구개발은 기존의 접근방법에 얽매이지 않고 새로운 접근방법을 추구하여야 한다. 불연속적 혁신은 과거와의 단절적이고 경로 독립적이기 때문에 높은 위험성을 가지고 있으며, 이에 따라 이를 성공적으로 경영하기 위해서는 실패로부터 적극적인 학습을 하여야 한다. 아울러 기회의 인식 및 선택에 있어서 기존의 시장 및 산업을 지향하는 것이 아니라 이른바 주변 시야(peripheral vision)를 가지고 산업 및 시장 밖을 적극 주시하여야 한다. 이를 위하여 외부 집단의 다양한 주체들과의 유연한 연계체제를 구축하여야 한다.

제2절 불연속적 혁신의 원천

불연속적 혁신을 경영하기 위해서는 불연속성(discontinuity)의 원인을 찾아야 한다. 불연속성은 새로운 기술의 대두 등 다양한 원인에 의해서 발생하며 이들은 혁신의 기회가 창출되는 새로운 환경을 창출한다. 이들 기회를 포착하는 것은 상당한 정도의 조직 민첩성(organizational agility)이 필요한데, 일반적으로 기존기업은 이같은 능력이 부족하고 신규참입기업이 장점을 가진다(Bessant 등, 2005). 물론 신규참입기업도 이들 기회를 활용할 지식, 자본, 다른 자산이 부족할 수도 있다. 그리하여 어떤 유형의 기업이든지 불연속적 혁신을 탐지하고 대응하는 조직역량(organizational capability)을 확보하여야 한다. Bessant 등(2005)은 불연속성의 다양한 원천을 <표 9-2>와 같이 제시하고 있다.

먼저, 신기술(new technology)의 창출은 제품기술 혹은 공정기술에 있어서의 큰 변화로서 불연속성의 주요 원천이 된다. 이는 다양한 기술의 융합 혹은 단일 기술의 거대한 변화를 통해 발생한다. 이같은 신기술의 창출은 일반적 기술평가 환경의 영역을 벗어나는 경향이 많으므로 일반 기업은 이를 인지하기가 쉽지 않다. 대표적인 사례로서 얼음채취에 대응한 냉장고 기술을 들 수 있다.

둘째, 새로운 시장(new market)의 창출도 불연속성의 주요 원천이 된다. 대부분 시장은 성장과 세분화 등을 통하여 진화하지만, 때로는 전통적인 시장분석기법으로는 사전에 분석 또는 예측이 어려운 완전히 새로운 시장이 대두된다. 대표적인 사례가 디스크 드라이버, 굴착기, 미니밀 시장을 들 수 있을 것이다. 이 경우 기존기업은 자신의 기존시장에 집중을 하기 때문에 이 새로운 시장을 인지하지 못한다. 아울러 이 시장은 너무 작기 때문에 기존기업은 이를 과소평가하는 경향이 많다.

● 표 9-2 불연속성의 원천

불연속성 원천의 유형	내용	문제점	사례
1) 신기술의 창출	제품기술 혹은 공정기술에서의 큰 변화	일반적 기술환경 평가 영역을 벗어나 인지하기 어려움	얼음채취에 대한 냉장기술
2) 새로운 시장의 창출	전통적 분석기법으로 예측하기 어려운 완전히 새로운 시장의 창출	기존기업은 자신의 주력시장에 주안점을 두어 이를 인지하지 못하며, 새로운 시장은 너무 작아 무시되는 경향이 많음	디스크 드라이버, 미니밀, 휴대전화
3) 새로운 정치환경의 대두	새로운 정치환경은 경제적, 사회적 규칙을 급격하게 바꿀 수 있음	기존의 경영방법, 게임의 규칙은 도전을 받아 기존기업은 새로운 규칙을 이해·학습에 어려움을 가짐	소련 및 동구권 공산국가의 붕괴
4) 성숙산업에서 길을 잃어버림	성숙산업 내의 경쟁의 증가 및 제품혁신과 공정혁신의 공간이 줄어듦	기존의 기술궤적과 안정적 기술환경에 적응된 기존기업은 폭넓은 기술탐색 및 실험을 하기 어려움	최근 일부 화학산업의 혁신의 둔화
5) 시장 분위기 및 행위의 급격한 변화	시장 분위기가 일순간 바뀌어 새로운 게임의 규칙을 창출	일반기업은 이를 알아차리지 못하고 기존의 경영관행에 집착함	음악산업의 급격한 변화

6) 규제 레짐의 변화	정치적 혹은 시장의 압력에 의한 규제의 틀의 변화 및 새로운 게임의 규칙 대두	기존기업은 과거의 규칙에 집착하고 새로운 규칙의 기회를 인지하기 어려움	탈규제, 자유화, 환경규제
7) 단층선의 균열	소수집단에 대한 오랜 관심사의 급격한 변화로 게임의 규칙이 갑자기 변함	오랜 관행에 익숙한 기존기업은 새로운 규칙에 적응이 어려움	흡연에 대한 사회적 태도 변화; 비만과 패스트푸드에 대한 관심사 증가
8) 예상치 못한 사건의 발생	예상치 못한 사건은 새로운 규칙 창출	새로운 규칙은 기존기업의 핵심역량을 필요 없게 만듦	미국의 9/11테러
9) 비즈니스 모델 혁신	신규참입기업에 의한 새로운 규칙 창출로 인하여 기존의 비즈니스 모델이 도전을 받음	신규참입자는 새로운 비즈니스 모델을 통해 새로운 기회를 창출, 활용	출판업계의 아마존의 대두
10) 아키텍처 혁신	시스템 아키텍처 차원의 변화는 새로운 게임 규칙을 창출	아키텍처 내 부품차원의 기존기업은 새로운 규칙을 인지하고 대응할 능력 부족	반도체 산업의 노광 공정
11) 기술경제 패러다임의 변화	기술과 시장 모두가 변화하는 시스템 전체 차원의 변화	기존기업은 새로운 패러다임을 인지하고 대응하는 데 많은 어려움을 가짐	산업혁명; 장기파동

자료: Bessant, J., Lamming, R., Noke, H., and Phillips. W. (2005). "Managing Innovation beyond the Steady State", *Technovation* 25, pp.1366~1376에서 저자의 수정.

셋째, 새로운 정치적 환경(new political conditions)도 불연속성의 원천이다. 경제적, 사회적 규칙을 형성하는 정치적 환경은 급격하게 변할 수 있다. 이 경우 기업의 경영방법, 게임의 규칙에 관한 과거의 관행은 도전받으며, 기존기업은 새로운 규칙을 이해하거나 학습하는 데 많은 어려움을 겪는데, 대표적인 예로 1990년대 초반의 소련과 동구권 공산 국가들이 붕괴하여 일부 국가가 시장경제로 이행한 상황을 들 수 있다.

넷째, 성숙산업에서의 일부 기업은 제품혁신과 공정혁신의 공간이 대폭 줄어들고 산업 내의 경쟁의 증가로 인해 '길을 잃어버리는(running out of road)' 현상에 부닥치기도 한다. 이 경우 이들 기업은 산업을 떠나가나 사업의 급격한 재정렬을 하여야 한다. 이들 기업은 특정한 기술궤적과 연속적 상황의 혁신 관행에 체화된 기업 운영체제를 가지고 있어 폭넓은 혁신기회의 탐색 혹은 위험을 감수하는 실험을 하기 어렵다.

다섯째, 시장 분위기 혹은 행위(market sentiment or behavior)의 급격한 변화는 천천히 진행되지만, 일순간 새로운 모델을 창출할 수 있다. 이 경우 기존 기업은 이를 알아차리지 못하거나 인지 부조화의 문제에 부닥치는데, 이를 인지할 때에는 이미 늦은 경우가 많다. 대표적인 사례가 음악산업으로, 이 산업은 레코드와 테이프에서 CD를 거쳐 전자기기에 내려받는 방식으로 급격히 변화해 오고 있다.

여섯째, 정치적 압력 및 시장의 압력 등으로 인한 탈규제 등 규제레짐의 변화(shifts in regulatory regime)는 일련의 새로운 규칙을 창출한다. 대표적인 사례로 국가정책에 있어서의 자유화, 민간화, 탈규제, 환경규제 등을 들 수 있다. 이같은 상황 속에서 기존기업이 과거의 관행을 고집하면 새롭게 대두되는 기회를 인지하고 충분히 빠르게 활용하는 데 어려움을 겪는다.

일곱째, 소수집단에 대한 관심사의 오래된 이슈가 모멘텀을 축적하여 변경, 파괴되는 단층선의 균열(fractures along fault lines)의 현상은 갑자기 시스템을 바꾸는 결과를 초래한다. 이같은 모멘텀 축적은 사회적 압력집단의 행동을 통하여 축적되는 경우도 많다. 대표적인 사례로 담배에 대한 사회적 태도, 비만과 패스트푸드에 대한 건강 관심사의 변화 등을 들 수 있다. 이와 같이 게임의 규칙이 갑자기 변하고 새로운 패턴이 급속한 모멘텀을 확보하면 오래된 경영 관행을 가지고 있는 기존 기업은 큰 어려움을 겪을 수 있다.

여덟째, 예상치 못한 사건(unthinkable events)의 발생도 불연속성의 원천이다. 그동안 상상하지 못하여 대비하지 못한 사건은 세상을 크게 변화시키며 새로운 게임의 규칙을 창출한다. 이같이 변화된 게임의 규칙은 기존 기업의 힘을 크게 약화시키며 이들의 핵심역량을 불필요하게 만든다. 대표적인 사례로는 9/11테러를 들 수 잇는데, 이는 국토안보 및 보안 분야에 새로운 규칙을 창출하였고 많은 혁신이 창출되는 계기가 되었다.

아홉째, 비즈니스 모델 혁신(business model innovation)도 중요한 불연속성의 원천으로, 이는 기존 비즈니스 모델을 구식화한다. 새로운 비즈니스 모델은 기업 운영의 문제와 이에 따른 게임의 규칙을 새롭게 정의하고 재구축하는 신규참입기업에 의해 이루어지는 경우가 많다. 이들 신규참입기업은 새로운 비즈니스 모델을 통하여 제품과 서비스를 제공하는 방식을 획기적으로 바꾸고 게임의 규칙을 다시 작성한다. 대표적인 사례로 출판업계에서 새롭고 획기적인 비즈니스 모델을 도입한 아마존을 들 수 있다.

열 번째, 시스템 아키텍처 차원에서의 변화를 나타내는 아키텍처 혁신(architectural innovation)은 시스템을 구성하는 부품 차원에 관여한 기업에게 새로운 규칙을 제시한다. 이와 같은 아키텍처의 변환은 기업운영방식의 재구성을 필요로 할 수 있는데, 이 경우 부품 차원에서 기존기업이 재구성을 추진하는 것은 쉽지 않고 신규참입기업이 강자로 대두될 수 있다. 대표적 사례로 반도체 생산의 노광(photo−lithography) 공정을 들 수 있다.

마지막으로, 거의 모든 산업부문 혹은 사회 전체에 강력한 영향을 미칠 수 있는 기술경제 패러다임의 변화(shifts in techno−economic paradigm)

는 대단한 불연속성의 원천이다. 변화는 기술과 시장의 급격한 변화를 수반하는 시스템 전체 차원에서 발생하며, 다양한 기술의 융합에 의해 발생하며 오래된 질서를 대체하는 '패러다임 전환(paradigm shift)'이 이루어진다. 이 경우 기업은 새로운 패러다임이 구축되기 전까지는 이것이 어디에서 언제 시작하는지 알기 어렵다. 그리하여 기존기업은 오히려 오래된 질서에 더 많은 노력을 기울이는 경향이 있다. 이같은 패러다임 전환의 사례로는 산업혁명을 들 수 있다.

제3절 불연속적 혁신에 대한 접근방법

불연속적 혁신의 경영에는 기존의 연속적 혁신과 다른 접근방법을 필요로 한다(Miller & Morris, 1999). 전통적인 연속적 혁신(continuous in-novation)은 변화가 점진적이며, 혁신의 기회가 기존의 하부구조 내에서 발생한다. 그리하여 기업은 기존의 기본적 전략 혹은 가정에 도전함이 없이 기존시장(existing markets) 내의 기존지식(existing knowledge)에 근거하여 연구개발경영을 한다. 또한, 연속적 혁신은 고객의 미래 경쟁요건을 기존의 산업구조, 즉, 기존의 경쟁구조(existing competitive architecture) 내에서 충족하는 것을 지향한다. 그리하여 연속적 혁신에 대한 경영은 기존의 산업구조에 대한 수렴적 사고(convergent thinking)로 특징 지어지며(<그림 9-1> 참조), 보다 강력한 집중 및 전문화의 증가 등으로 특징 지어진다. 그리하여 연속적 혁신의 창출을 위한 연구개발전략은 포트폴리오 기획(portfolio planning), 5개 힘 분석(five forces analysis), 고객의 수요와 가까이 있는 지역 자회사를 통한 세계화 등을 들 수 있으며, 핵심역량(core competence)에 대한 인식도 내부를 지향한다.

◈ 그림 9-1 연속적 혁신을 위한 수렴적 사고

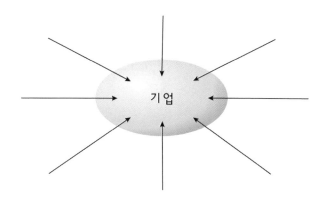

자료: Miller, W. L. and Morris, L., *4th Generation R&D* (New York: John Willey & Sons, 1999), p.4.

불연속 혁신(discontinuous innovation)은 개인교통수단에 있어서 말에서 자동차로 변환되는 것 이상의 변화이다. 그러나 지난 30여 년간 기술집약 산업에서 성공한 어떤 기업들을 살펴보더라도 – 실제로 산업의 역사상 언제나 – 남보다 앞선 대단한 노력에 의해 창출되는 새로운 제품라인에 있어서 거대한 도약을 발견할 수 있다. 우리는 '연속적 개선'의 관행에 대해서는 비교적 많이 아는 데 비하여, '불연속적 혁신'을 어떻게 경영할 것인가에 대해서는 아는 게 너무 없다.

불연속적 혁신은 기존시장의 밖에서 발생하며, 성공하면 새로운 가능성을 제시하면서 시장을 확장하거나 재정의한다. 이는 제품, 서비스에 영향을 줄 뿐만 아니라, 이들의 활용에 핵심적 하부구조 그리고 수많은 기업 및 산업이 포함되어 있는 분배체인에도 영향을 준다.

그리하여 Miller & Morris(1999)는 불연속적 혁신에 대한 접근은 확산적 사고(divergent thinking), 수평적 사고(lateral thinking), 정의된 경계 밖의 고찰, 시장의 수요와 기술능력의 양자와 관련된 새로운 지식의 발견이 필요하다고 강조한다(<그림 9-2> 참조).

불연속적인 혁신은 매우 극적으로 진행되는데, 이는 고객의 수요가 기존역량의 체계 속에서는 충족될 수 없을 경우에 발생하게 된다. 그러나 이는 '새로운 경쟁규칙'을 가져와 새로운 것을 창출함으로써 기존의 모든 기업 및 모든 산업을 쓸모없게 만드는 비용을 수반한다. 이제 불연속적 혁신의 영향으로부터 스스로를 충분하게 보호할 수 있는 산업은 없다. 예를 들어, 컴퓨터, 통신기술혁신은 모든 산업에 영향을 미쳐오고 있다.

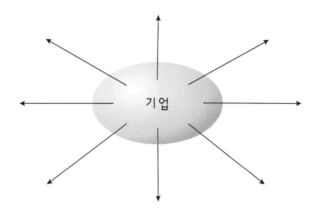

자료: Miller, W. L. and Morris, L., *4th Generation R&D* (New York: John Willey & Sons, 1999), p.6.

안정적인 세계에서는 불연속적 혁신에 대한 수요가 필요하지 않으며, 연속적 혁신만으로도 모든 필요를 충족시킬 수 있다. 그러나 현재의 실상은 기하급수적 변화(exponential change)가 다양한 형태로 창출되고 있으며, 특히, '새로운 기술의 유입'은 기업들을 이로부터 회피를 할 수 없게 만들어 시장에서 경쟁력을 가지기 위해서는 경쟁자들이 추구하는 기술개발의 과정에 반드시 참여하여야 한다. 즉, 기대치 못한 경쟁의 위협, 산업발전의 위험, 매출액의 변동 위험 등은 불연속적 혁신의 경영능력을 확보하는 것이 바람직한 것이 아니라 필수적인 것이 되었다.

그런데 여기에서 더욱 중요한 것은, 기업은 시장에서 이상과 같은 불연속성을 단순히 관리·경영하는 것이 아니라, 새로운 불연속성을 창출(creating new discontinuities)하여야 하는데, 이것을 어떻게 할 것인가의 문제가 제4세대 연구개발경영의 핵심 과제이다(Miller & Morris, 1999). 연속적 혁신은 기존의 니즈에만 주안점을 두어도 되지만, 불연속적 혁신은 거의 표현되지 않은 고객의 미래수요(future needs)에 의해 창출된다. 그런데 고객의 미래수요는 구체화되어 있지 못하기 때문에, 이를 이해할 수 있는 유일하고도 가장 좋은 방법은 고객을 혁신과정(innovation process)에 참여시키는 일이다. 이에 따라, 불연속적 혁신과정은 미래에 가치를 가진 것이 무엇인가를 결정하기 위해 무엇이 가능한가를 고객이 반드시 경험하여야 하는 '상호의존적 학습과정'이다.

제4절 불연속적 혁신의 경영방안

불연속적 혁신은 정상적인 환경 밖에서 창출되며, 일단 창출되면 '게임의 규칙(rule of game)'을 파괴한다. 이같은 상황에서는 기존의 혁신경영 관행을 계속 잘하는 것은 충분하지 않으며, 기업은 새로운 형태의 혁신경영 관행을 필요로 한다. 그러나 이같은 새로운 관행을 창출하는 것은 쉬운 일은 아니다. 그런 기본적으로 이 관행은 매우 유연한 혁신경영을 필요로 한다. 즉, 민첩성, 모호성과 불확실성에 대한 관용, 빠른 실패를 통한 빠른 학습 등이 필요하다(Tidd & Bessant, 2013: 96). 이들 특징은 작은 모험형 중소기업에게서 많이 발견된다. 그리하여 기업은 연속적 혁신은 물론 불연속적 혁신을 창출하기 위한 혁신경영을 모두 추진해야 하는 도전적인 상황에 놓여 있다. <표 9-3>은 이 책에서 강조하고 있는 전략적 기술혁신경영의 주요 분야 및 흐름을 바탕으로 불연속적 혁신을 창출하기 위한 새로운 혁신경영의 관행을 제시하고 있다. 아래에는 이를 자세히 살펴보기로 한다.

1) 기술혁신환경의 평가

기술혁신 환경분석은 혁신경영의 출발점으로 기술혁신 기회의 인식(opportunity recognition)을 목표로 하고 있다. 불연속적 혁신을 창출하기 위해서는 환경분석과 새로운 기술혁신의 기회를 인식하는데 기존의 접근방법과 다른 접근방법을 추구하여야 한다.

먼저, 고객, 즉 혁신의 사용자(users)와 긴밀한 협력관계를 구축, 운용하여야 한다. 그동안의 혁신경영에서는 사용자 및 고객을 기술혁신의 단순히 수동적 수용자의 역할만을 한다고 생각해 왔다. 그러나 불연속적 혁신에서는 사용자가 기술혁신의 주요 원천이다. 사용자의 아이디어 그리고 기존의 해결책에서의 좌절과 불편의 경험은 실험적 연구개발을 가능하게 하고 기술혁신의 초기 버전을 가능하게 한다. 불연속적 혁신에서 고객은 기업의 연구개발과정 및 기술혁신과정에 적극 참여하는 주체로 인식한다(von Hippel, 2005). 여기에서 사용자의 미표현된 수요(unarticulated needs)와 현재의 고객이 아닌 잠재적 고객(potential customers)이 중요한데, 이들은 불연속적 혁신을 위한 기회의 원천이 되기에 기업은 면밀한 주시와 탐색을 하여야 할 것이다. 특히 대단히 적극적이며 관심이 많은 사용자를 선도사용자(lead users)라고 부르는데, 이들은 혁신의 수요에 있어서 보통 시장에 훨씬 앞서가는데 이들의 중요성이 크다(von Hippel, 1986). 사용자 혁신에 관한 Mansfield(1968)의 자본재 산업에 관한 폭넓은 사례연구에 따르면, 이들 사례의 75%에서 주요 혁신이 주요 기업으로 완전히 확산하는 데 20여 년이 걸렸다고 지적하고 있다. 이는 선도사용자를 바탕으로 불연속적 혁신 창출의 중요성을 나타내 준다.

둘째, 기업 외부의 혁신주체와 적극적 연계를 구축하여야 한다. 불연속적 혁신을 창출하기 위해서, 기업은 핵심 이해관계자, 즉 전술한 사용자, 공급기업, 경쟁기업, 학계, 연구계 등과 긴밀한 협력관계를 구축하고 기술혁신의 기회를 탐색하여야 한다. 이에 따라, 불연속적 혁신을 창출하기 위해 기업은 개방형 혁신(open innovation)이나 연계개발(C&D: connect & develop) 전략을 추구하여 기업 및 산업 밖에서 혁신의 기회를 적극 탐색하여야 한다. 그리하여 기업은 이해관계자와 공진(co-evolve)의 관점에서 기술혁신의 기회를 적극 탐색하여야 한다.

셋째, 불연속적 혁신을 창출하기 위해서는 새로운 과학(science)의 발전에 주시하여야 할 것이다. 이 유형의 혁신은 기존의 산업 밖에서 그 기회가 창출된다는 점에서 새로운 과학의 발전은 이를 위한 기회의 탐색의 중요한 장이 된다. 이에 따라, 기업은 대학, 공공연구기관 등과 공동연구 등 연구개발협력을 강화하고 세계적인 학술대회 등에 참가하여 기업이 관심 있는 분야의 과학기술 발전을 주시하고, 관련 학술지의 게재논문과 특허 동향 등을 면밀히 살펴보아야 한다.

넷째, 기회의 인식을 위한 기술혁신 환경평가의 구체적 방법에 있어서도 새로운 기법을 적극 활용하여야 한다. 예를 들어, 사람들이 자신들이 무엇을 하는가를 말하는 것보다는 이들이 실제 무엇을 하는지 면밀히 분석하는 심층분석(deep diving), 새로운 무엇인가를 우선 시험하고 성공 혹은 실패에서 학습하는 시험학습(probe and learn), 다양한 미래에 대한 시나리오(scenarios)를 적극적으로 개발, 분석하는 등 다양한 새로운 기법을 혼합하여 사용하여야 할 것이다.

● 표 9-3 불연속적 혁신을 위한 혁신경영

혁신경영 주요과정	순서	불연속적 혁신을 위한 주요 과제
1. 기술혁신환경의 평가	↓	1) 고객과 긴밀한 연계 및 사용자 혁신 2) 기업 외부의 혁신주체와 적극적 연계 3) 기술혁신 환경평가에 있어서 새로운 방법 활용
2. 기술혁신전략의 수립		1) 기술혁신 선도자 등 선도자 전략의 추구 2) 기술혁신전략에 대한 점진적 접근 3) 최고경영자 주도의 전략적 기술혁신경영
3. 기술혁신조직의 운영		1) 기업 전체의 양손잡이 조직구조 운영 2) 중앙연구소의 적극 활용 3) 기업의 기술혁신우호적 문화 구축
4. 기술혁신자원의 조달		1) 최고경영자에 의한 하향식 기술혁신 예산수립 2) 실물옵션기법 등 새로운 연구개발 투자의사결정법 적용 3) 글로벌 인재의 유치 및 이들의 적극적 활용
5. 기술혁신활동의 수행		1) 중앙연구소 등 불연속적 혁신을 위한 별도 조직 운영 2) 국내 산-학-연 혁신주체와 연구개발협력 강화 3) 혁신활동의 세계화를 통한 선진국과의 기술협력 강화

자료: 정선양(2021), 「연구개발경영론」(서울: 시대가치, 476쪽).

2) 기술혁신전략의 수립

불연속적 혁신은 새로운 기술능력을 바탕으로 새로운 시장의 창출을 추구한다. 이에 따라, 이 유형의 혁신을 창출하기 위해서는 다음과 같은 차별적인 기술혁신전략을 추구하여야 한다.

먼저, 불연속적 혁신을 창출하기 위해서 기업은 여러 기술혁신전략 중에서 연구 선도자, 혁신 선도자, 급진적 차별화 전략을 추구하여야 할 것이다. 일반적으로 이같은 선도자 전략(leader strategy)은 기술혁신능력을 어느 정도 확보한 대기업 이상 규모의 기업들이 추진하기에 용이할 것이다. 그러나 기술집약형 중소기업도 민첩성, 유연성, 집중성과 같은 특징을 살려 자신의 목표시장 혹은 틈새시장에서 선도자 전략을 추구할 수 있을 것이다.

둘째, 기술혁신전략에 대한 접근방법과 관련하여 합리적 접근방법(rational approach)보다는 대응적 접근방법(emergent approach)이 적합할 것이다. 급변하는 기술경제환경에 대응하기 위한 불연속적 혁신은 사전적으로 혁신전략을 수립하기가 매우 어렵다. 이에 따라, 조직 구성원 모두가 기술혁신전략의 수립과정에 참여하고, 실패로부터 학습하며, 변화하는 기술과 시장 환경에 맞추어 적극적 대응을 해나가는 접근방법이 필요하다. 특히 혁신의 기회를 창출하는 데 있어서 조직 구성원 모두가 적극적으로 참여하여 기업 내·외부와 적극적 연계를 추구하여야 할 것이다.

셋째, 불연속적 혁신은 새로운 게임의 규칙을 창출하여 막대한 수익의 창출 가능성이 크지만, 근본적으로 위험성과 복잡성이 매우 높다. 그리하여 이를 창출하기 위한 의사결정과 기술혁신경영에는 최고경영자의 역할이 중요하다. 최고경영자는 산업에서 선도자가 되려는 강력한 의지, 즉 전략적 의도(strategic intent)를 가지고 새로운 혁신의 창출에 노력하고, 새로운 시장을 창출하려는 '거대한 야망'을 가져야 한다(Hamel & Prahalad, 1989). 이는 최고경영자 주도의 기술혁신경영을 의미한다. 전반적인 기술경영이 최고경영자 주도로 추진하는 '전략적 기술경영'이어야 하듯이(정선양, 2016; Schilling, 2005; White & Bruton, 2007), 불연속적 혁신을 위한 경영도 반드시 최고경영자 주도의 '전략적 기술혁신경영(SMTI: strategic management of technology and innovation)'이 되어야 할 것이다.

3) 기술혁신조직의 운영

불연속적 혁신 창출을 위한 기술혁신조직 역시 다른 조직구조를 필요로 한다. 먼저, 기업 전체로 볼 때 기업은 양손잡이 조직구조(ambidextrous organization)를 구축·운영하여야 할 것이다. 이 조직구조는 '전통적 사업부문'과 새로운 기술혁신을 바탕으로 한 '새로운 사업부문'을 동시에 운영하는 구조이다(Tushman & O'Reilly III, 1986, 1996, 2002). 이와 같은 조직구조 하에서 새로운 산업부문은 불연속적 혁신의 창출 및 사업화에 노력하여야 할 것이다. Tushman & O'Reilly III는 양손잡이 조직구조를 성공적으로 운영하기 위해서는 양손잡이 경영을 할 수 있는 다양한 조직문화, 대기업인데도 유연하게 운영되는 독립집단의 운영, 오케스트라 지휘자와 같은 양손잡이 경영자를 필요로 한다고 강조하였다. Bessant 등(2005)도 양손잡이 조직구조는 실천하는 데 많은 어려움은 있으나 기존 기업이 불연속적 혁신으로부터 창출되는 새로운 기회를 활용할 재무적 자산, 경험, 지식자산을 동원, 활용하는데 아주 좋은 방안임을 강조하였다.

둘째, 불연속적 혁신을 창출하기 위해서는 독립적인 중앙연구소(central research institute)의 운영이 필요하다. 중앙연구소는 사업부 연구개발부서에 비하여 중장기적이고 불연속적 혁신의 창출에 용이하다. 중앙연구소는 단기적인 사업화 압력에서 벗어나 최고경영자의 독립적 지시와 후원을 받아 위험성이 높은 연구를 수행할 수 있다. 그리하여 중앙연구소의 주요 미션을 불연속적 혁신의 창출 및 사업화에 부여할 필요가 있다.

셋째, 불연속적 혁신은 근본적으로 위험이 크고 많은 자원을 필요로 하기에 생산, 마케팅 등 일반 사업부서에서는 이에 대한 부정적인 시각이 많다. 이에 따라, 불연속적 혁신을 창출하기 위해서는 기업 전체가 혁신우호적 문화(innovation−friendly culture)를 유지하여야 할 것이다. 이같은 문화를 바탕으로 기업 전체가 기업가적 문화를 확보하여야 불연속적 혁신에 대한 적극적인 경영을 할 수 있을 것이다. 즉, 이같은 문화를 가진 기업은 불연속적 혁신의 특징인 모호성에 대한 관용, 경로 독립적 연구개발활동, 적극적 실험, 실패로부터의 학습 등이 용이하게 이루어질 것이다.

4) 기술혁신자원의 조달

불연속적 혁신을 창출하기 위한 기술혁신자원의 확보는 쉬운 일이 아니다. 이를 담당할 연구개발조직은 기업의 다른 사업부서와는 물론 연구개발 조직 내에서의 다른 부서와 자원의 확보에 경쟁하게 된다. 그리하여 이 유형의 혁신을 위한 자원확보가 매우 중요하다.

먼저, 불연속적 혁신을 위해서는 하향식 예산배분(top−down budgeting)이 필요하다. 불연속적 혁신을 창출하기 위한 연구개발 프로젝트의 수행은 최고경영자의 의지와 의사결정이 중요하고, 이를 바탕으로 자원의 조달 및 예산의 확보가 필요하다. 아울러 사업부서 및 연속적 혁신을 수행하는 연구개발부서는 불연속적 혁신에 대한 부정적인 인식이 높은 경향이 있어 상향식 예산배분으로는 불연속적 혁신을 위한 예산의 확보가 쉽지 않다. 기업은 일반적으로 상호작용적 예산배분을 하는 것이 바람직하나 불연속적 혁신을 위한 예산은 일반적 예산배분에 추가하여 특별히 최고경영자 지시에 의한 하향식 예산배분이 필요할 것이다.

둘째, 불연속적 혁신은 기업의 차세대 성장동력을 창출하는 것으로서 이를 위한 연구개발 프로젝트의 선정에 있어서 새로운 접근방법이 필요하다. 일반적으로 연구개발 투자결정은 기초연구를 위한 '간접비 접근방법'으로부터 개발연구를 위한 '자본예산기법'에 이르는 여러 방법을 복합적으로 사용하나, 불연속적 혁신을 위한 프로젝트는 이들 접근방법으로는 채택되기 어렵다. 그리하여 최근 강조되고 있는 실물옵션접근방법(real options approach)을 적용하는 것이 바람직할 것이다. 이 접근방법은 매우 폭넓은 연구개발 프로젝트에 대해 상대적으로 소규모 연구개발투자를 하여 일단 프로젝트를 진행하고, 일정 기간이 지난 결과 가장 유망한 프로젝트들만 계속 진행하고 이들에 대해 전폭적인 투자를 하여 위험을 저감하는 투자기법이다(Tidd & Bessant, 2013: 383~384). 이 기법을 통하여 기업은 많은 범위의 기회를 모색하고 기술혁신활동의 가치를 제고할 수 있을 것이다.

셋째, 기업의 핵심 기술혁신자원은 연구개발인력이다. 불연속적 혁신을 추구하기 위해서는 전 세계적으로 최고의 글로벌 인재(global talent)를 유치하고 이들의 연구능력을 최대한 끌어내야 할 것이다. 이와 같은 글로벌 인재를 유치하는 것은 쉬운 일이 아니다. 일단 이들은 인건비가 매우 비싸고 이들을 유치하기 위해서는 이들과 가족들을 위한 정주환경 등 인프라가 확충되어야 한다. 특히 외국 국적의 인재를 유치하는 것은 언어, 문화 등의 문제로 인해 쉬운 일이 아니다. 이에 따라, 일부 기업은 실리콘밸리 등 첨단 혁신 클러스터에 해외연구개발조직을 설치하고 이들을 유치하고 있다. 이와 같은 인재의 유치 및 활용에는 최고경영자의 적극적인 후원이 필요하며, 여기에 전략적 연구개발경영의 필요성이 있는 것이다.

5) 기술혁신활동의 수행

이제는 불연속적 혁신을 위한 기술혁신활동을 어떻게 수행할 것인가의 문제가 대두된다. 먼저, 불연속적 혁신은 중앙연구소(central research institute)에서 수행하여야 할 것이며, 만약 중앙연구소가 존재하지 않으면 연구개발부서에서 이 유형의 혁신을 지향하는 별도의 연구개발조직, 예를 들어 프로젝트팀을 구성하여야 한다. 연구개발부서는 사업부가 필요로 하는 단기적 연구개발에 주안점을 두는 데 비하여, 중앙연구소는 기업의 미래성장동력을 발굴하는 미래지향적 연구를 수행한다. 이 점에서 불연속적 혁신을 위한 연구개발활동은 중앙연구소에서 수행하여야 할 것이다. 특히 중앙연구소에서도 가장 우수한 연구인력으로 연구팀을 구성하여 연구개발활동을 수행하여야 할 것이다.

둘째, 불연속적 혁신을 창출하기 위해서는 기업 연구개발조직은 국내의 혁신주체들과 긴밀한 연구개발협력(R&D collaboration)을 추진하여야 할 것이다. 여기에서 혁신주체들은 경쟁기업, 다른 산업의 관련 기업, 대학, 공공연구기관을 의미한다. 특히 불연속적 혁신은 경계 외의 고찰, 주변 밖의 고찰을 하여야 한다는 점에서 기존 산업 밖의 혁신주체, 특히 대학 및 공공연구기관과 긴밀한 협력을 할 필요가 있다. 이와 관련하여 우리나라를 비롯한 많은 나라의 정부가 국가의 차세대 성장동력을 창출하기 위해 자국의 혁신주체들, 즉 산－학－연 간의 협력을 활성화하기 위한 다양한 프로그램을 시행해 오고 있다(정선양, 2018: 206~216). 불연속적 혁신을 창출하려는 기업은 자체적 예산은 물론 이같은 정부 프로그램에 대한 적극 참여를 통해 이 유형의 혁신을 창출하는 데 적극적인 노력을 기울여야 한다.

셋째, 이와 같은 다양한 혁신 주체와의 협력은 국내에 한정하는 것이 아니라 국제연구개발협력(international R&D collaboration)에도 주안점을 두어야 할 것이다. 이는 물론 기업의 규모 및 전략적 지향에 의존하는 바가 크다. 글로벌 기업의 경우에는 다양한 나라에서 다양한 연구개발협력을 추진해 오고 있다. 불연속적 혁신을 창출하기 위한 연구개발협력의 대상은 우선 선진국이 될 것이며, 이에 따라 선진국의 관련 기업, 대학, 공공연구기관과 다양한 형태의 연구개발협력을 적극 추진할 필요가 있다. 일부 선도기업은 보다 내실 있는 협력을 추진하기 위해 선진국에 연구센터를 설치하고 현지의 우수한 인력을 고용하여 차세대 성장동력 분야의 불연속적 혁신을 창출하기 위해 노력해 오고 있다. 예를 들어, 삼성전자는 이미 1988년에 미국 실리콘밸리에 Samsung Research America라는 대규모 연구소를 설립하여 운영해 오고 있고, 최근에는 AI 등 4차산업혁명과 관련된 분야의 최첨단 연구를 수행해 오고 있다.

제5절 시사점

불연속적 혁신은 기술경제환경이 점점 더 복잡해져 가고 급변하면서 중요하게 대두된 기술혁신경영의 주요 화두 중 하나이다. 불연속적 혁신은 기업에 매우 심각한 도전적 상황을 제기한다. 특히 그동안 성공적인 기술혁신을 수행해 온 기존 기업은 이를 경영하는 데 많은 어려움을 겪는다. 불연속적 혁신은 기술혁신경영의 새로운 접근방법을 필요로 한다. 기업은 불연속적 혁신의 원천과 특성을 충분히 이해하고 이를 경영하기 위한 새로운 접근방법에 관해 적극적인 학습을 하여야 할 것이다. 아래에는 이를 위한 몇가지 핵심사항을 요약하여 설명하기로 한다.

먼저, 불연속적 혁신의 경영에는 최고경영층(top management)의 적극적 관여가 필요하다. 불연속적 혁신은 예상하기 어렵고, 구체적 경영도 어려우며, 위험성도 상당히 높다는 점에서 최고경영층 주도의 혁신경영이 필요하다. 무엇보다도 최고경영층은 기업 내에 적극적 실험, 빠른 학습, 유연한 대응체제의 경영 관행을 정착시켜야 할 것이다. 이를 바탕으로 기업은 새로운 도전상황에 적극적으로 대응할 수 있으며 실패로부터의 학습효과를 달성할 수 있을 것이다.

둘째, 불연속적 혁신경영의 학습(learning)과 관련하여, 기업 전체차원의 학습을 촉진시켜야 할 것이다. 근본적인 기술혁신역량의 축적은 물론 조직 전체차원에서 외부의 다양한 혁신주체, 즉 다른 기업, 대학, 공공연구기관, 더 나아가 현재의 사용자는 물론 잠재적 사용자 등과의 적극적 협력 및 상호작용을 촉진하여야 할 것이다. 이와 같은 조직 전체차원의 혁신역량 구축은 불연속적 혁신경영의 대단히 중요한 전제가 아닐 수 없다.

셋째, 기술혁신과 조직혁신의 공진(co-evolution)이 필요하다. 연속적 혁신에서는 일상적 조직으로 충분한 대응이 가능하나, 불연속적 혁신은 신속한 조직적 대응이 필요하며, 경우에 따라서는 선제적 조직혁신이 필요하다. 즉, 불연속적 혁신을 보다 빠르게 인지하고 이를 효율적으로 대응할 수 있는 조직혁신이 필요하다. 특히 기술혁신과정에 참가하는 모든 구성주체 간의 긴밀한 상호작용과 일련의 실험을 통한 적극적, 빠른 학습의 필요성이 대두된다. 이는 파괴적 혁신을 경영하기 위한 조직 민첩성(organizational agility)의 중요성을 나타내며, 이 점에서 기술혁신과 조직혁신의 진정한 조응이 필요하다.

마지막으로, 혁신경영에 대한 통합적 접근방법(integrated approach)이 필요하다. 기업은 불연속적 혁신은 물론 연속적 혁신의 경영도 모두 잘 하여야 한다. 이는 전술한 바와 같이 기술혁신 및 연구개발활동에 있어서 양손잡이 조직구조를 구축, 운영하는 것 이상의 전사적 차원의 기술혁신경영이 필요함을 의미한다. 기업 전체 구성원이 기술혁신의 중요성을 충분히 인지하고, 기술혁신에 우호적 문화를 조성하고, 기술혁신경영에 참여하여야 할 것이다. 여기에 최고경영자 주도의 전략적 기술혁신경영의 기업 내 체화(routinization)의 중요성이 있는 것이다.

CHAPTER 10

혁신가의 DNA와 페르소나

제1절 기술혁신과 창조성6)

1. 창조성의 개념과 구성요소

최근 기술혁신을 보다 체계적이고 빠르게 창출하기 위하여 혁신가 (innovator)라는 새로운 유형의 인력의 중요성이 대두되고 있다. 혁신가는 기술혁신을 바탕으로 새로운 수익을 창출할 수 있는 사람들을 의미한다. 이에 따라 혁신가는 과학기술적 교육을 받은 연구원이 될 수도 있고 사회과학적인 교육을 받은 사람일 수도 있다. 연구원은 경영학적 교육훈련을 받음으로써 혁신가가 될 수 있으며, 사회교육을 받은 사람도 과학기술에 흥미를 가지고 새로운 비즈니스 모델을 발굴하고 사업화할 수 있는 능력을 배양하면 혁신가가 될 수 있다. 이 점에서 새로운 유형의 인력으로서 혁신가의 특징과

---

6) 이 절은 정선양, 「연구개발경영론」(서울: 시대가치, 2021), 293~299쪽을 수정 · 보완하였음.

모습을 살펴볼 필요가 있다.

훌륭한 혁신가에게 가장 중요한 요건은 창조성(creativity)이다. 창조성은 인지적 과정으로 심리학 및 교육학 등에서 오랫동안 다루어온 주제로서 그 정의 또한 매우 다양하다. 혁신경영과 관련하여 가장 관련성이 높은 창조성의 정의는 「교육학용어사전」에서 정의한 '새로운 관계를 지각하거나, 비범한 아이디어를 산출하거나 또는 전통적 사고유형에서 벗어나 새로운 유형으로 사고(思考)하는 능력'이다(서울대학교 교육연구소, 1995). 따라서 혁신경영에서의 창조성은 '새로운 제품과 서비스를 창출하거나 기존의 제품과 서비스를 개선하는데 필요한 사고능력'으로 정의할 수 있을 것이다. 창조성은 다음과 같은 다양한 특징을 가지고 있다(Jain 등, 2010: 52).

① 개념적 풍부성: 아이디어를 표현하고 공식화하는 능력
② 많은 아이디어의 빠른 창출 능력: 다른 사람보다 새로운 아이디어를 빠르게 도출하고 제시하는 능력
③ 독창적이고 비상한 아이디어를 창출하는 능력
④ 정보의 평가에 있어서 원천(누가 얘기하였는가)과 내용(무엇이 얘기되었나)을 구별하는 능력
⑤ 다른 사람들보다 두드러지고 벗어나는 능력
⑥ 부닥친 문제에 대한 흥미
⑦ 문제가 진행되는 과정을 추적하는 끈기
⑧ 판단을 유보하고, 조기에 실행에 옮기지 않음
⑨ 분석하고 탐구하는데 기꺼이 시간을 투입하려는 의지
⑩ 지적이고 인지적 사안에 대한 진정하게 높이 평가

● 그림 10-1 창조성의 구성요소

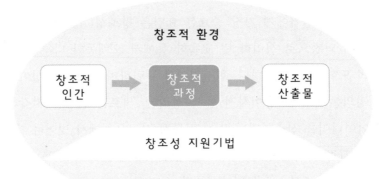

자료: Weule, H., *Integrates Forschungs- und Entwicklungsmanagement* (München: Hanser, 2001). p.141.

Weule(2001)는 창조성의 구성요소를 <그림 10-1>과 같이 나타내고 있다. 창조성의 핵심적인 구성요소는 창조적 과정(creative process)이며, 여기에 투입요소로서 '창조적 인간(creative man)'이 존재하며, 창조적 요인이 창조적 과정에 투입되면 창조적 산출물(creative output)이 만들어진다. 창조적 과정은 시간이 많이 드는 과정이다. 이 같은 창조적 과정에서 창조성을 발현시키고 창조성을 저해하는 요인을 극복하는 기법들이 필요하며, 이들 모두를 둘러싼 창조적 환경(creative environment) 또한 중요한 구성요소이다.

창조적 과정(creative process)에 관해서는 많은 연구가 있지만, 우선 Geschka(1995)는 다음의 다섯 단계로 나누어 논의하고 있다.

① 문제 인식의 발생: 문제를 인지하고, 분석하고, 이해함.
② 문제의 집중적 검토: 문제에 전념하여 검토함.
③ 이완 및 소외: 문제에 거리를 두지만 이는 잠재의식 중에 항상

존재함.

④ 정신적 섬광: 문제와 관련 없는 인지를 통해 갑작스러운 아이디어의 도출.

⑤ 아이디어의 추구: 아이디어가 숙고되고, 정교화되며, 추가적 숙고가 이어짐.

이와는 조금 다르게 Wack(1993)는 창조적 과정을 다음과 같은 단계로 나타내고 있다.

① 문제설정(Problematisierung)
② 문제탐구(Exploration)
③ 뜸들이기(Inkubation)
④ 조명/종합(Illumination/Synthese)
⑤ 마무리(Elaboration)

혁신과정(innovation process)은 창조적 과정이다. 이 점에서 이 책이 혁신과정 전체를 다루고 있다는 점에서 이에 대한 추가적인 설명은 필요 없을 것이다. 혁신경영에서는 창조적 환경 역시 중요한 의미가 있다. 그러나 창조적 환경과 창조적 기법은 이 책의 내용과는 거리가 멀다는 점에서 이들은 논의하지 않고 여기에서는 창조적 인간에 관해 논의하기로 한다.

2. 창조적 인간

어떤 형태의 창조성이든 그 출발점은 인간(사람)이다. 기술혁신활동은 창조적 활동이라는 점에서 창조적 인력, 즉 구성원의 창조성은 이 활동의 성공에 핵심적이다. 그동안 인간의 창조성에 관하여 많은 연구가 있어 왔는데, 특히 뇌과학(brain science)의 측면에서 많이 이루어져 왔다. 일부 학자들은 창조적인 사람은 수렴적 사고(convergent thinking)와 확산적 사고(diver-gent thinking)를 모두 하고 있고, 이를 바탕으로 창조적 문제해결을 한다고 강조한다(Corsten 등, 2006: 97; Steiner, 2003: 275). 이들이 강조하는 두 사고의 유형은 <표 10-1>과 같은 특징을 가지고 있다.

Johanson(1985)은 경험과 창조성에 관한 연구를 수행하였다. 그에 따르면, 인간의 창조성은 어린 시절에 높지만, 시간이 경험이 부족하여 경험격차(experience gap)를 겪게 된다. 그러나 시간이 지나면 인간은 경험이 크게 축적되지만, 창조성은 점차 줄어들어 창조성 격차(creativity gap)에 시달리게 된다(<그림 10-2> 참조). 이처럼 창조성은 사람에게 특정적이지만, 나이가 들어도 창조적인 사람들도 많이 있고 창조성은 개발될 수도 있다. 그리하여 한 조직이 창조성을 촉진하기 위해서는 창조성이 많은 사람을 고용하고 여러 사람의 아이디어를 교환하고 축적하여야 할 것이다.

표 10-1　수렴적 사고와 확산적 사고

수렴적 사고	확산적 사고
• 수직적 사고 • 좌뇌적 사고: 분석적, 순차적, 합리적, 목표 지향적 정보처리 • 논리적-분석적 • 의미 지향적 • 집중적 • 인지능력 • 외부적 동기 우세 • 입증된 해결과정에 주안점 • 엄격하고 규정지향적 • 현실에 대한 논리적-합리적 시각: 올바른 해결책과 객관적 진실이 존재	• 수평적 사고 • 우뇌적 사고: 포괄적, 결합적, 공간적, 직관적, 독립적, 산란적, 동시적 정보처리 • 이질적-탐구적 • 직관 및 감정 지향적 • 다양한 시각 • 많은 방향으로의 확장적 • 내재적 동기 우세 • 연상능력 • 가볍고 유쾌함 • 현실에 대한 구성주의적 시각: 많은 유형의 해결책이 있고 다양한 개별적 진실이 존재 (객관적 진실은 존재하지 않음)

자료: Corsten, H., Gössinger, R., and Schneider, H., *Grundlagen des Innovationsmanagement* (München: Verlag Franz Vahlen, 2006), p.97.

한편 Sternberg & Lubart(1995)는 창조적 업무를 하기 위한 여섯 개의 인적 자질(personal resources)을 제시하고 있다.

① 지성(intelligence) : 창조적이기 위하여 대단히 높은 IQ는 필요하지 않지만 미국 대학생 평균인 IQ 120 이하는 새로운 아이디어를 창출하는 데 도움이 되지 않음.

② 지식(knowledge) : 주제에 관해서 다른 사람이 무엇을 하였는가는 알아야 하지만 모든 것을 다 알 필요는 없음.

③ 사고유형(thinking style) : 다른 사람이 진실이라고 생각하는 것에 대하여 의문시하고 비정상적이고 심오하며 중요한 무엇에 관해 생각하는 유형.

④ 성격(personality) : 창조적이기 위해서는 모험을 걸고, 때로는 조롱도 받으며, 현상유지를 흔들려는 마음가짐이 있어야 함.

⑤ 동기부여(motivation) : 창조적인 사람은 높은 에너지를 가지고 있으며, 실제로 많은 것을 창출하며, 과업지향적이며, 자신이 하는 일에 몰두함.

⑥ 올바른 환경 속에 존재 : 창조적인 사람은 그에게 영감을 주고 최적의 업무 여건을 제시하는 감독자 혹은 멘토를 가지고 있음.

● 그림 10-2 창조성과 경험

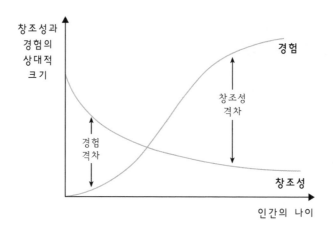

자료: Johannson, B., *Kreativität und Marketing* (Frankfurt am Main: Lang, 1985) (Weule, 2002, p.142에서 재인용).

일부 연구에 따르면(예를 들어, Freiberg, 1995), 가장 창조적인 과학자는 창조적 멘토(creative mentor)를 가지고 있다. 그에 따르면 대부분의 노벨상 수상자는 이전에 노벨상을 받았거나 그 수준의 능력을 가진 학자들 밑에서 공부하고 그들에 의해 영감을 받은 것으로 나타났다. 즉, 창조적인 인력은 선천적인 지성도 중요하지만 창조적인 사람들에 의해 둘러싸여야 한다는 것이다.

Sternberg & Lubart(1995: 285~288)는 창조성은 개발될 수 있다고 강조하면서, 이를 위해 사람들에게 다음의 원칙을 가르칠 것을 제안하였다.

① 문제를 재정의하는 방법을 배워라! : 어떻게 사고하고 행동할 것인가에 관해 당신이 들은 바를 단순히 수용하지 말 것

② 다른 사람들이 보지 않는 것을 추구하라! : 사안을 다른 사람들이 하지 않는 방법으로 구성할 것

③ 좋은 아이디어와 나쁜 아이디어를 구분하는 방법을 배우고 이들의 잠재적 공헌에 관해 주의를 기울여라!

④ 창조적 공헌을 할 수 있기 전까지 당신이 일하는 영역에 관해 모두를 다 알아야 한다고 느끼지 말아라!

⑤ 큰 그림을 보아라!

⑥ 장애물에 부닥치면 끈기를 가지고, 분별있는 위험부담을 하고, 성장할 준비를 하라!

⑦ 당신이 진정으로 사랑하는 것을 하라!

⑧ 당신이 하고자 하는 것에 대해 보상을 해줄 수 있는 환경을 발견하라!

⑨ 당신은 당신이 가지지 않은 것을 보충할 능력이 있다.

⑩ 창조성에 대한 주요 장애물은 환경이 아니라 당신이 환경을 바라보는 방식이라는 점을 깨달아라!

기술혁신경영의 핵심인 연구개발은 혁신(innovation)으로 이루어져야 가치가 있다. 혁신은 연구개발결과를 유용한 가치, 즉 수익으로 연결시키는 것이다. 이 점에서 기술혁신경영 및 연구개발경영에서 혁신가(innovator)의 역할은 매우 중요하다. 기업에서 성공적인 연구개발요원은 혁신가가 되어야 할 것이다. 이와 관련하여 두 개의 저명한 연구가 있는데, 하나는 Dyer 등 (2009)의 「혁신가의 DNA(Innovator's DNA)」이고, 또 다른 하나는 실리콘밸리의 유명한 디자인 회사인 IDEO의 CEO인 Tom Kelly의 「혁신의 10가지 얼굴(The Ten Faces of Innovation)」이다. 아래에는 이를 설명하기로 한다.

제2절 혁신가의 DNA[7]

1. 혁신가의 특징

기업의 성공에는 혁신적인 기업가의 중요성이 절대적이다. 연구개발활동이 단순한 기술적 성공에 머물지 않고 상업적 성공은 물론 사회경제를 바꾸어 놓기 위해서는 연구개발요원은 혁신가로 변환되어야 할 것이다. 혁신적인 기업에는 혁신적인 기업전략이 수립, 추진되며, 이는 혁신적 기업가(innovative entrepreneurs)에 의해 이루어진다. 확실히 이들은 일반적 경영자 및 기업가와는 다른 특징을 가지고 있다. 그러면 혁신적인 기업가의 특징은 무엇인가가 알아볼 필요가 있다.

Dyer 등(2009)의 혁신적인 기업에 관한 연구에 따르면, 성공적인 기업가는 좋은 전략을 수립하는 데 책임감을 느끼는 것이 아니라 혁신과정(innovation process)을 촉진하는 데 책임감을 느끼며, 혁신의 과정을 위임하는 것이 아니라 스스로 수행하고 있다고 주장하였다. 특히 이들 혁신적 기업가가 이를 할 수 있었던 것은 이들을 두드러지게 하는 5개의 발견능력(discovery skills), 즉 연결하기, 질문하기, 관찰하기, 실험하기, 네트워킹하기의 능력을 가지고 있다는 결론을 지었다.

Dyer 등(2009)에 따르면, 혁신가는 '창의적 지능(creative intelligence)'이라고 할 수 있는 특별한 능력을 가지고 있다. 이들은 단순한 우뇌의 인지능력만을 의미하는 것이 아닌 모든 뇌를 이용하여 연결하기, 질문하기, 관찰하기, 실험하기, 네트워킹하기 등 다섯 가지 발견능력을 사용하여 새로운 아이디어를 찾아낸다. 이들은 이 같은 혁신가의 특질을 DNA에 비유하고 이를

---

7) 이 절은 정선양, 「연구개발경영론」(서울: 시대가치, 2021), 310~317쪽을 수정 · 보완하였음.

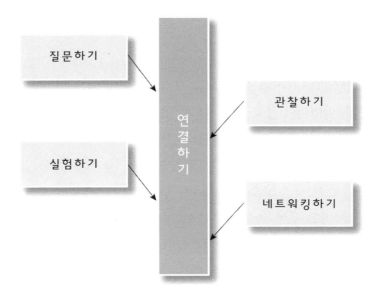

자료: 정선양, 「연구개발경영론」(서울: 시대가치, 2021), 312쪽.

'혁신가의 DNA(Innovator's DNA)'로 설명하고 있다. 우선 이들은 연결하기(associating)가 DNA의 이중 나선 구조의 중심이며, 나머지 4개의 요소(질문하기, 관찰하기, 실험하기, 네트워킹하기)가 이를 감싸면서 새로운 통찰력을 갖도록 도와주며(<그림 10-3> 참조), 사람들 모두가 고유의 DNA를 가지고 있듯이 혁신가의 DNA도 서로 다르다고 주장하였다. 아울러 이들은 이 같은 창의적으로 생각하는 능력의 1/3은 유전에서 비롯되지만, 나머지 2/3는 후천적으로 학습에 의해 발전될 수 있다고 주장하였다. 아래에는 이를 설명하기로 한다.

2. 혁신가의 DNA

1) 발견능력 1: 연결하기

연결하기(associating)는 겉으로 보기에는 관련 없는 여러 분야에서의 질문, 문제, 아이디어 등을 성공적으로 연관 짓는 능력을 의미한다. 인간의 뇌는 한 단어를 다양한 경험과 생각과 연상하기 때문에 더 많이 경험할수록 더 새로운 연상을 할 수 있고 더 새로운 아이디어를 창출할 수 있다는 것이다. 실제로 스티브 잡스(Steve Jobs)는 "창의성은 연결하는 것이다!!!"라고 강조하였다. 예를 들어, 스티브 잡스는 서예, 인도의 명상, 메르세데스 벤츠의 섬세한 디테일 등 관련 없는 것들을 연결하여 평생 새로운 것을 창조해 냈다. 이들에 따르면, '연결하기'는 다른 네 가지의 발견능력을 사용함으로써 더욱더 강해지는 정신적 근육(mental muscle)이라고 강조한다.

2) 발견능력 2: 질문하기

혁신가는 일상적 지혜에 도전하는 질문을 끝없이 제기하는데, 이 질문하기(questioning)는 '질문할 여지가 없는 것에 대해 질문하는 것(question the unquestionable)'을 의미한다. 이들의 연구에 따르면, 혁신적 기업가는 어떻게 세상을 변화시킬 것인가에 대해 고민하는데 대단히 많은 시간을 사용하고 그들이 새로운 기업을 창업할 영감을 가질 당시에 스스로 가졌던 특별한 질문을 기억한다고 한다. 예를 들어, Michael Dell은 "컴퓨터를 분해하면 모든 부품의 가격이 총 600달러 정도에 불과한데 왜 컴퓨터 시스템 전체는 3,000달러에 팔리는가?"의 질문에 매달리면서 혁신적인 비즈니스 모델을 만들어 냈다. 질문하기를 효율적으로 하기 위하여, 혁신가는 다음을 수행하여야 한다.

① "왜?", "왜 안 돼?", "만약 그랬더라면?"의 질문을 하라!

대부분 경영자는 현재 과정을 어떻게 조금 더 발전시킬 것인가에 대해 질문한다면, 혁신적 기업가는 "왜(why)?", "왜 안 돼(why not)?", "만약 그랬더라면(what if)?"의 질문을 바탕으로 일반적 가정(assumption)에 근본적으로 도전한다.

② 정반대를 상상하라!

혁신적인 기업가는 두 가지 정반대의 생각을 동시에 할 수 있는 역량을 가지고 있으며, 양자 간 선택을 하는 것이 아니라 이들의 종합(synthesis)을 창출할 수 있는 능력이 있다. 그리하여 이들은 항상 '악마의 변호인(devil's advocate)' 역할을 하는 것을 좋아하며, 그동안 당연시되던 것에 이견을 가지고 정반대 입장을 취해 보면서 학습을 한다.

③ 제약조건을 환영하라!

대부분 사람은 현실 세계의 한계에 부딪힐 때만 제약조건(constraints)을 생각하지만, 거대한 질문은 이미 우리의 사고과정에 적극적으로 제약조건을 부과하며, 이는 통찰력을 창출할 수 있는 촉매로 작용한다. 이들에 따르면 실제로 Google의 9대 혁신원칙 중의 하나는 "창조성은 제약조건을 사랑한다(Creativity loves constraints!!!)"이다. Dyer 등은 이를 위한 질문의 예로 "만약 현재 고객에게 이걸 파는 것이 법적으로 금지된다면 우리는 어떻게 사업을 할 것인가?"의 질문을 제시하고 있다.

3) 발견능력 3: 관찰하기

혁신적인 기업가는 일반적 현상, 특히 잠재적 고객(potential customers)의 행동을 세심히 관찰하여 특이한 사업 아이디어를 창출한다. 다른 사람들을 관찰하기(observing)에 있어서 그는 인류학자 혹은 사회과학자와 같이 행동한다. Intuit의 창업자 Scott Cook은 아내가 가계부를 쓰는 것에 대해 불평을 하는 것을 관찰하고 더 나은 그래픽 UI(User Interface)에 대한 아이디어를 얻고 제품을 내놓아 출시 첫해에 재무분야 소프트웨어 시장의 50%를 차지하였다. 아울러 Ratan Tata는 4인 가족이 스쿠터 한 대에 힘겹게 타고 가는 것을 보며 2009년에 2,500달러의 가격으로 세계에서 가장 값싼 자동차 Nano를 출시하였다.

4) 발견능력 4: 실험하기

토마스 에디슨(Thomas Edison)은 "나는 실패한 것이 아니라 단지 10,000여 가지 작동하지 않는 방법을 찾았을 뿐이다!!!"라고 하였을 정도로 세상은 그의 실험실이었다. 실험가(experimenter)는 상호작용적인 경험을 설계해 특이한 반응을 유발하여 새로운 통찰력을 얻으려 한다. 이 같은 실험은 지적인 탐험, 물리적 유희[예: 스티브 잡스(Steve Jobs)는 Sony사의 워크맨(Walkman)을 분해하여 새로운 제품 아이디어 획득함], 새로운 환경에 참여[예: 하워드 슐츠(Howard Shultz)는 이탈리아에서 커피바를 구경한 뒤 Starbucks 창업함] 등 모두 해당한다. Dyer 등의 인터뷰에 따르면, Scott Cook은 실험을 촉진하는 문화를 창출하는 것이 중요하며, 특히 수많은 실패를 허용하여 학습하는 것이 중요하며, 이것이 일상적 기업문화와 혁신문화를 구분하는 것이라고 강조하였다. 아울러 이들은 혁신가가 관여할 수 있는 가장 강력한 실험 중 하나는 해외에서 거주하고 일하는 것이라고 주장한다. 예를 들어, Alan G. Lafley는 학생 시절 프랑스에서 역사를 공부하였고 일본에서 군 복무를 하였으며, 나중에 P&G 아시아 본부 책임자로 일본에서 근무하였다. 그의 이 같은 다양한 국제적 경험은 그를 세계에서 가장 혁신적인 기업의 리더의 역할을 잘 수행하게 하였다.

5) 발견능력 5: 네트워킹하기

다양한 사람과의 네트워크(network)를 통해 아이디어를 찾고 실험하는 것은 혁신가에게 급진적으로 다른 시각을 제공해 준다. 일반적인 경영인이 네트워크를 통해 자원에 접근하고 자신과 기업을 보다 잘 광고하고 자신의 경력을 확대하는 데 비하여, 혁신적인 기업가는 다양한 아이디어와 시각을 가진 사람들을 만나 자신의 지식 영역을 넓혀나간다. 그리하여 이들은 다른 나라를 방문하고 다른 생활을 해온 사람들을 만나는 데 지속적인 노력을 기울인다. 아울러 이들은 다양한 콘퍼런스에 참여하여 새로운 아이디어를 얻는다. 실제로 가장 도전적인 문제를 해결하는 데 필요한 아이디어와 통찰력은 우리가 현재 속해 있는 산업 및 과학기술계의 밖에서 나온다.

3. 발견능력 개발을 위한 실천

혁신적인 아이디어를 창출하기 위한 코드인 혁신자의 DNA를 요약하면 <그림 10-4>와 같다(Dyer 등, 2011: 26~27). 혁신적 아이디어를 창출하기 위한 가장 중요한 능력은 '연결적 사고(associating thinking)'라는 인지적 능력(cognitive skill)이다. 어떤 사람들이 다른 사람들보다 더 많은 연결을 하는 것은 부분적으로는 그들의 뇌가 그렇게 조직되어 있기 때문이기도 하다. 그러나 더 중요한 이유는 그들이 질문하기, 관찰하기, 네트워킹하기, 실험하기의 행위적 능력(behavioral skills)에 더욱 자주 관여를 하기 때문이다. 그리하여 다음 질문은 왜 어떤 사람들은 다른 사람들보다 이들 네 발견능력에 더 많이 관계하는가이다. 여기에 대한 대답은 이들은 혁신하려는 용기(courage)를 가지고 있다는 것이다. 이들은 변화를 위한 미션을 기꺼이 받아들이고 변화가 이루어지도록 위험을 감수한다. 그리하여 혁신적 아이디어를 창출할 능력을 제고하기 위해서는 연결적 사고를 실천하고 질문하기, 관찰하기, 네트워킹하기, 실험하기에 더욱 자주 참여하여야 할 것이다. 이것은 혁신하려는 용기를 배양하여야만 발생할 것이다.

● 그림 10-4 혁신적 아이디어 창출을 위한 혁신자의 DNA 모델

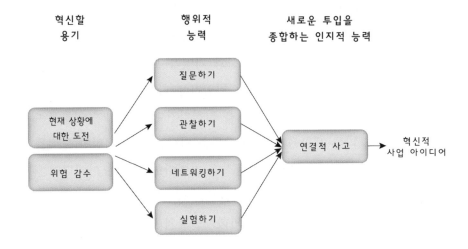

자료: Dyer, J., Gregersen, H., and Christensen, C. M., *The Innovator's DNA: Mastering the Five Skills of Disruptive Innovators* (Boston, MA: Harvard Business Review Press, 2011), p.27.

어떤 조직에 속해 있더라도 혁신(innovation)은 모든 리더의 핵심적 업무이다. 혁신은 기능부서 경영자, 사업부 경영자, 최고경영자 모두에게 해당하는 것이다. 혁신적인 사고 및 발견능력은 일부에게는 선천적이지만, 대체로 이는 실천(practice)을 통해 개발, 강화될 수 있다. 이에 따라 혁신가가 되기 위해서는 상당한 시간을 투입하여 적극적으로 창조적인 아이디어를 창출하기 위해 노력하여야 한다.

여기에서 가장 중요한 능력은 '질문하기(questioning)'이다. "왜?"와 "왜 안 돼?"를 계속 질문하는 것은 다른 발견능력을 촉진하고 제약조건을 설정하고 넘어서게 하며 문제와 기회를 다른 시각에서 바라보게 한다. 특히 자신이 속해 있는 기업 및 산업의 현 상태(status quo)를 도전할 수 있는 새로운 질문을 하는 것이 바람직하다.

관찰능력(observational skills)을 단련하기 위해서는 많은 시간을 투입하여 고객들이 원하는 것을 세심하게 관찰하는 연습을 하는 것이 중요하며, 여기에서 관찰은 가능한 한 객관적으로 하는 것이 중요하다.

실험능력(experimental skills)은 개인과 조직 차원에서 이루어지는데, 이를 강화하기 위해서는 실험정신을 가지고 업무와 일상생활에 의식적으로 접근하는 것이 중요하다. 세미나, 중역교육프로그램 등에 참가하여 공부하며, 책도 많이 읽고, 여행도 많이 하면서 다른 생활양식과 행동에 부닥쳐 보아야 한다. 아울러 조직 내에서 작은 실험을 자주 하는 것을 제도화하는 것도 중요하며, 조직의 모든 차원에서 실패로부터 학습할 수 있는 환경을 조성하여야 할 것이다.

네트워킹 능력(networking skills)을 강화하기 위해서는 매우 창조적인 사람들과 접촉하여 그들이 창조적 사고를 촉진하기 위해 무엇을 하는가를 공유·학습하는 것이 좋다. 이들을 창조적 멘토(creative mentors)로 삼는 것은 더욱 좋은 일이다. 아울러 다양한 기능, 기업, 산업, 국가로부터의 새로운 사람들을 만나 식사를 하거나 교류를 하는 것도 좋은 일이다.

결국, 혁신적 기업가정신(innovative entrepreneurship)은 유전적인 성향이 아니라 매우 적극적인 노력의 산물이다. Dyer 등(2009)은 Apple의 슬로건이 "다르게 생각하라!!!(Think Different!!!)"라는 점을 상기시키며, 혁신가들은 다르게 생각하기 위하여 지속적으로 "다르게 행동하라!!!(Act Different!!!)"가 중요하다고 결론짓고 있다. 그리하여 혁신가의 DNA를 이해하고, 강화하며, 모델화함으로써 기업은 구성원의 창조적 불꽃(creative spark)을 보다 성공적으로 창출할 수 있다고 결론짓는다.

제3절 혁신가의 역할8)

1. 혁신에 있어서 다양한 역할의 중요성

혁신가를 강조한 또 다른 문헌은 Tom Kelly의 「혁신의 10가지 얼굴 (The Ten Faces of Innovation)」이라는 책이다. 이 책에서 저자는 혁신은 팀워크(teamwork)라는 점을 강조하며, 다양한 사람들이 혁신과 관련된 다양한 역할을 수행하여야 성공적인 혁신이 이루어진다는 점을 강조한다. 즉, 그는 위대한 조직 내에서 혁신을 촉진하는 것은 사람(people)과 팀(team)이라고 주장하면서, 특히 혁신적인 사람들이 팀을 이루면 경이로운 일을 창출해 낼 수 있음을 강조한다. 조직 내에서 다양한 사람들이 서로 다양한 역할 (role)을 수행하면 다양한 시각을 표출할 수 있고 이는 매우 다양한 범위의 혁신적인 해결책을 창출할 수 있다는 것이다. 그는 이 같은 역할을 페르소나 (persona)라고 명명하며, 이와 같은 페르소나를 개발하고 활용하면 혁신적이고 성공적인 기업을 만들 수 있다고 강조한다. 그는 이들 페르소나를 학습, 조직화, 구축 페르소나 등 세 가지 유형으로 구분하여 설명하고 있다 (<표 10-2> 참조).

● 표 10-2 혁신 페르소나의 구분

학습 페르소나 (Learning Personas)	조직 페르소나 (Organizing Personas)	구축 페르소나 (Building Personas)
1. 인류학자 (Anthropologist) 2. 실험가 (Experimenter) 3. 교차수분자 (Cross-Pollinator)	4. 허들선수 (Hurdler) 5. 협력자 (Collaborator) 6. 무대감독 (Director)	7. 경험설계자 (Experience Architect) 8. 무대 장치가 (Set Designer) 9. 간병인(Caregiver) 10. 이야기꾼(Storyteller)

---

8) 이 절은 정선양, 「연구개발경영론」(서울: 시대가치, 2021), 317~322쪽을 수정·보완하였음.

206 PART 03 혁신전략의 집행

2. 혁신 페르소나의 유형

1) 학습 페르소나

개인과 조직은 자신의 지식을 확장하고 성장하기 위하여 부단히 새로운 정보를 수집하고 활용하여야 한다. 이 점에서 다음 세 가지 페르소나는 학습 페르소나(learning personas)이다. 이와 같은 학습의 역할은 팀과 전체 조직을 과도하게 내부지향적인 폐단에서 벗어나 부단하게 외부환경을 분석하고 일상에서 새로운 통찰력을 확보할 수 있게 해준다.

① **인류학자**(anthropologist): 이 역할은 인간의 행동을 관찰하고 사람들이 제품, 서비스, 공간 등에 대해 물리적이고 감정적으로 어떻게 상호작용을 하는가를 면밀히 이해함으로써 조직 내에 새로운 학습과 통찰력을 가져오는 것을 의미한다.

② **실험가**(experimenter): 이 역할은 아이디어를 지속적으로 프로토타입으로 만들고 시행착오의 과정을 거쳐 학습하는 것이다. 실험가는 성공에 도달하기 위하여 '계산된 위험(calculated risk)'을 부담한다.

③ **교차수분자**(cross‒pollinator): 이 역할은 다른 다양한 산업과 문화를 탐험하고 그 결과를 기업의 수요에 맞게 전환하는 것이다. 이를 바탕으로 새로운 아이디어를 개발하게 된다.

2) 조직 페르소나

다음의 세 가지 유형의 페르소나는 조직이 아이디어를 진행하는 과정에 관하여 풍부한 지식을 가진 개인이 수행하는 역할이다. 아무리 좋은 아이디어도 시간, 주의, 자원에 있어서 경쟁하여야 한다. 그리하여 기업은 아이디어를 실제의 사업으로 이어지게 조직화하는 역할, 즉 조직 페르소나(or‒

ganizing personas)를 필요로 하는데, 이 역할을 하는 사람들은 예산과 자원을 배분받기 위해 대단히 노력하며 실제로 성공을 거두는 역할을 한다.

④ **허들선수**(hurdler): 이 역할은 혁신과정이 수많은 장애물에 부닥친다는 점을 알고 이를 극복하기 위한 방법을 개발하는 것이다. 예를 들어, 3M의 스카치테이프 발명가는 처음에 자신의 아이디어가 기업 상층부로부터 거절되었음에도 불구하고 끈질긴 노력 끝에 성공을 거두었다.

⑤ **협력자**(collaborator): 이 역할은 다양한 의견을 절충하고 이를 통하여 종종 새로운 해결책을 제시하는 것이다. 실제로 혁신적인 제품들은 이들에 대한 다양한 의견들을 종합, 조정하여 탄생한다.

⑥ **무대감독**(director): 이 역할은 재능있는 구성원을 모으고 이들이 창조적 아이디어를 발산하게 하는 것이다. 실제로 성공적인 영화제작에는 다양한 출연진을 선발하여 일시적 팀을 구성하여 이들이 재능을 발산할 수 있게 하는 이 같은 감독의 역할이 대단히 중요하다.

3) 구축 페르소나

나머지 네 개의 페르소나는 구축 페르소나(building personas)로서, 학습역할로부터의 통찰력을 적용하고 조직역할로부터의 권한 위양을 매개로 하여 혁신이 실제로 발생하게 하는 구축역할을 담당한다. 이들의 역할은 매우 돋보이며 그리하여 보통 이들은 혁신과정에서 핵심적인 위치를 차지한다.

⑦ **경험 설계자**(experience architect): 이 역할은 고객의 잠재적 혹은 표현된 니즈에 보다 깊은 차원에서 연계하기 위하여 단순한 기능을 넘어서는 강렬한 경험을 설계하는 것이다. 예를 들어, 아이스크림 가

게가 단순한 아이스크림의 판매를 넘어서 '얼음 디저트'를 준비하여 출시하여 대단한 성공을 거둔 것은 고객의 새로운 경험을 설계한 것이다.

⑧ **무대 장치가**(set designer): 이 역할은 혁신 팀의 구성원들이 최선을 다해 일할 수 있는 무대를 창조하는 것으로 혁신을 둘러싼 물리적 환경을 구성원의 태도와 환경에 영향을 줄 수 있는 강력한 수단으로 변환하는 역할이다. 이것은 창조적 문화가 배양되고 유지될 수 있도록 올바른 업무환경을 구성하는 것을 들 수 있다.

⑨ **간병인**(caregiver): 이 역할은 단순한 서비스의 제공을 넘어서 고객의 니즈를 예상하고 돌본다는 것이다. 이는 고객의 수요를 진정으로 충족시키려고 노력하는 것을 의미한다.

⑩ **이야기꾼**(storyteller): 이 역할은 인간의 근본적 가치를 소통하거나 특정한 문화적 특성을 보강하는 강렬한 묘사를 통하여 내부적 사기와 외부적 인식도를 구축하는 것이다. 많은 성공적인 기업은 그들의 명성을 보강하고 동지애를 강화한 전설들을 가지고 있다. 이와 같은 전설적인 이야기를 제공하는 것은 기업의 혁신성과 경쟁력 제고에 많은 공헌을 한다.

3. 혁신 페르소나의 조직 내 적용

혁신의 열 가지 얼굴 혹은 페르소나는 혁신의 인간적 측면을 강조함으로써 조직 내의 사람들과 팀들이 창조적 진화의 정신을 지속적으로 불어넣을 수 있는 실무적 방법과 기법을 제공해 줄 수 있다. 조직과 팀 내 구성원들의 페르소나를 개발하고 이들의 능력을 극대화하면 혁신적 문화와 혁신적 기업을 창출할 수 있을 것이다. 여기에서 모든 구성원이 여기에서 논의한 열 개의 페르소나를 모두 가질 수는 없을 것이다. 구성원은 일상생활에서 자신에게 적합한 두세 개의 페르소나를 발견하고 그 역할을 실천에 옮겨야 할 것이다. 이 점에서 조직 구성원이 '융합형 인재'일 경우에는 여기에서 지적한 열 개의 페르소나 혹은 역할의 수행에 매우 적합할 것이다. 융합형 인재로는 T-자형 인재, 혹은 파이(π)자형 인재, 종합적 전문가(general specialist) 등을 들 수 있을 것이다. 이들은 특정한 분야에 대해 심층적 지식을 가지고 있음은 물론 다양한 분야에 걸쳐 넓은 지식을 가지고 있는 인재이다. 그리하여 Tom Kelly는 페르소나는 단순히 '혁신을 행하는 것(doing innovation)'이 중요한 것이 아니라 '혁신이 되는 것(being innovation)'이 중요함을 강조한다. 이는 혁신가(innovator)가 되는 것을 의미하는 것이다. 혁신가가 된다는 것은 혁신이 일상화된다는 것을 의미한다. 이를 위해서 혁신가가 되기 위한 교육훈련 및 스스로의 단련이 필요하다.

Tom Kelly는 혁신은 궁극적으로 다양한 구성원들에 의해 수행되어지는 단체경기(team sport)라는 점을 강조한다. 다양한 융합형 인재들을 육성하여 이들을 혁신가로 변환하고 이들을 중심으로 팀과 조직을 구성할 필요가 있다. Kelly는 조직 구성원의 입장에서 혁신가가 될 수 있고 팀과 조직이 혁신적일 수 있는 다음의 다섯 가지 원칙을 제시하고 있다(Kelly, 2005: 263~264).

① 강점을 위한 확장(Stretch for strength): 조직의 입장에서는 규모나 힘보다는 유연성이 더 중요하다. 한때 해당 분야에서 최고의 기업이었던 베들레헴철강(Bethlehem Steel) 및 팬암(Pan Am)은 새로운 비즈니스 모델 및 환경에 유연하게 적응하지 못하여 퇴출당하고 말았다. 조직 내의 교차수분자, 실험가 등은 기업을 유연하고 신선하게 유지할 수 있다. 유연성은 새로운 강점이다.

② 장기전(Go for distance): 혁신은 단순한 프로그램이 아니라 일상이

고 생활양식이다. 페르소나를 적용하고 혁신의 문화를 배양하는 것은 연구개발 혹은 마케팅 등 특정한 부서에 맡겨서 되는 일이 아니다. 위대한 기업들은 혁신의 정신이 기업 전체에 스며들어 있다. 혁신 페르소나와 팀을 이 같은 기업 전체의 혁신문화 확산을 촉진하는 데 사용하여야 할 것이다.

③ 굴복하지 않음(Never surrender): 최고의 혁신가와 기업은 절대 중도에 포기하지 않는다. '허들선수'는 장애물이 나타나도 이를 극복해야만 한다는 것을 알고, '무대감독'은 일순간 분출되는 에너지보다는 새로운 아이디어의 지속적인 흐름이 더 중요하다는 것을 알고 있으며, '협력자'는 내·외부의 다른 팀과 협력을 통하여 조직의 에너지 수준을 증폭시킬 수 있다. 대부분 페르소나는 이 같은 끈질긴 태도를 가지고 있다.

④ 멘탈게임의 수용(Embrace mental game): 혁신은 정신력의 게임이며 특히 어려움이 닥쳐오면 이 같은 정신력은 더욱 중요해진다. 모든 페르소나는 정신적 강인함(mental toughness)을 필요로 하는데, 특히 '허들선수', '실험가'의 경우는 더욱 그러하다. 혁신가는 유망한 아이디어를 동료들이 포기한 오랜 이후까지 끈질기게 추진할 수 있는 강인함을 가지고 있다.

⑤ 코치를 찬양함(Celebrate coach): 개인의 성과에 있어서도 성공을 창출하는 사람은 자신을 믿고 후원하는 위대한 코치를 가지고 있다. 그리하여 혁신가는 자신을 믿고 육성시켜줄 좋은 코치 혹은 멘토를 찾아야 한다. 특히 혁신가의 역할 중 '인류학자', '협력자', '이야기꾼'의 특질은 좋은 코치에 의해 계발되어질 수 있다.

일반 개인은 혁신가가 되기 위하여 다양한 페르소나의 혼합을 추구할 필요가 있다. 아울러 팀이나 조직은 서로 다른 페르소나를 가진 다양한 혁신가들로 구성되어야 한다. 이들 혁신가 간의 약간의 창조적 갈등(creative conflict)은 조직의 혁신성을 유지·발전시키는 데 매우 생산적이다. 아울러 이들 혁신가의 활동으로 인한 '파급효과'는 조직을 보다 혁신적인 조직으로 만들고, 유기적 성장(organic growth)을 가능하게 할 것이다.

제4절 혁신가의 교육[9)]

1. 혁신가 교육의 중요성

혁신가(innovator)는 선천적인 자질도 필요하지만 교육되어질 수 있다. 혁신자의 교육에 있어서 우선적으로 고민하여야 할 것은 "21세기가 필요로 하는 경영자는 어떤 유형인가?"이다. 21세기에는 그동안의 경영자와는 아주 다른 유형의 경영자들을 필요로 하는데 이들이 바로 혁신적 기업가, 즉 혁신가이다. 21세기의 경영자들은 전통적인 경영에도 능숙하지만 기술혁신의 경영에도 아주 능숙하여야 한다. 특히 기술에 기반한 기업들의 경우에는 이와 같은 기술혁신경영자가 대단히 필요하다. 사실 기술혁신경영의 문제는 그동안 기술을 바탕으로 성공한 대기업들의 문제로 국한하고 있었지만(예를 들어, Porter, 1985; Rubenstein, 1989; Floyd, 1997; Afuah, 2003; Tidd 등, 2005), 기술혁신경영의 문제는 대기업뿐만 아니라 중소기업 및 벤처기업에게도 대단히 중요한 문제가 아닐 수 없다. 이 점에서 기술기반형 중소기업들인 벤처기업의 기술혁신경영능력의 확보에 대한 수요는 대단히 크다고 할 수 있을 것이다. 실제로 기술기반형 기업들의 경우에는 과거 전통기업들이

---

9) 이 절은 정선양, 「기술과 경영」, 제2판(서울: 경문사, 2013) 제9장(355~413쪽)을 수정·보완하였음.

대량생산 및 서비스에 능숙해야 했던 것처럼 전략, 제품, 공정, 서비스에 있어서 대단히 빠른 혁신을 필요로 한다. 이는 이들 기업들이 중견기업으로 성장하기 위해서는 대단히 높은 기술혁신경영 능력을 확보하여야 함을 나타내 주는 것이다.

　미국 한림원들의 싱크탱크인 NRC(National Research Council)은 1980년대의 미국경제의 어려움을 미국의 기업들과 정부가 기술경영을 등한시한 것에서 그 원인을 찾았다. 미국은 세계 최고의 과학기술력을 가지고 있음에도 불구하고 미국경제 및 기업들이 경쟁우위를 확보하지 못하는 것은 기술과 경영 간의 연계가 잘 이루어지지 않기 때문이라고 진단하였다. NRC는 과학기술과 경영 및 기업과의 지식 및 실무의 격차를 줄일 수 있는 다리(bridge)를 제안하였는데, 이것을 바로 기술경영(MOT: management of technology)으로 정의하였다. NRC에 따르면 기술경영은 이른바 기술의 창출(technology creation)과 기업의 활용(business exploitation) 간의 연계(link)를 의미하는 것이다. 이 보고서는 기술(technology)과 기업(business), 즉 경영(management)과의 효율적인 결합, 즉 제품 및 서비스의 형태로 기술로부터 시장으로의 가교를 만드는 것이 부를 창출한다는 점을 인식한 것이다. NRC는 미국의 기업, 산업, 국가의 경쟁우위에 핵심적인 기술경영을 미국에서 충분히 인식하지 못하였다는 점에서 '숨겨진 경쟁우위(hidden competitive advantage)'라는 보고서 제목의 부제를 사용함으로써 이를 강조하고 있다. 이와 같은 문제인식을 바탕으로 미국 대학들은 기술경영을 공식적인 커리큘럼으로 교육해 오고 있으며 기술경영분야의 전문 학회들이 탄생하여 운영되어 오고 있다.

　이와 같은 기술혁신경영능력의 확보는 기술경영의 교육(MOT education)에서부터 출발한다. 이 점에서 기술경영 교육은 기술경영의 매우 중요한 분야이다. 그럼에도 불구하고 기술경영 분야에서는 교육에 대한 논의가 거의 이루어지지 않고 있다. 사실 21세기 지식기반사회에서는 여기에 적합한 경영자를 육성하기 위한 교육 프로그램이 절실히 요구된다. 이는 그동안 경영학부에서 수여해 왔던 경영학석사(MBA) 학위가 더 이상 유효하지 않을 수도 있다는 것을 내포한다. 그동안 기술경영과 관련된 학위는 경영학석사(MBA: Master of Business Administration)와 공학경영석사(MEM: Master of Engineering Management)가 주류를 이루고 있다. 이들은 전통적인 경영학 및 산업공학 분야의 석사학위이다. 이 점에서 많은 전문가는 전통적인 경영학석사(MBA)와 공학경영석사(MEM)가 이와 같은 기술경영능력을 제대로 제공해주는가는 의문을 제공하고 있다(Badawy, 1998; Kocaoglu, 1990, 1994; Nambisan & Wilemon, 2003). 학문이 발전하면 이에 따른 학위도 바뀌어야 할 것이기 때문이다.

2. 기술경영 교육에 관한 기존의 논의

기술경영의 교육프로그램에 관한 논의를 하기 위해서는 무엇보다도 기술경영의 성격, 주제, 독특한 문제점 등을 이해하는 것이 중요하다. 정선양(2007, 2023)은 기술경영을 기본적으로 급변하는 환경 속에서 최고경영자가 기술혁신을 바탕으로 부의 창출을 지향하는 학문 및 실무 분야라고 전제하고, 기술경영은 전략경영(strategic management)의 핵심 분야로서 다루어져야 할 것을 강조하고 있다. 즉, 기술경영이 기업의 경쟁우위 확보에 핵심적이라면 최고경영자의 주도로 전사적인 차원에서 기술경영이 이루어져야 할 것임을 강조하는 것이다.

이와 같은 관점에 따르면 기술혁신경영은 기본적으로 기업 내에서 기술전략과 사업전략을 통합하는 실무분야이다. 이와 같은 통합은 연구, 생산, 서비스 기능과 마케팅, 재무, 인적자원 관리 기능과의 세심한 조정을 필요로 한다. 이 점에서 기술경영은 전통적인 경영학과 공학경영의 범주를 훨씬 넘어서고 있다. 이에 따라 기술경영의 교육은 최고경영자로서 기술혁신과 관련하여 어떻게 효율적인 의사결정을 내리게 할 것인가를 학습하게 하여야 할 것이다.

기술경영의 교육과 관련하여 심각하게 고려하여야 할 사안은 '좋은 경영자'가 기술적인 문제를 포함하여 모든 문제를 다 잘 해결하고 경영할 수 있을 것이라는 믿음은 환상이라는 점이다. 물론 과학기술자들이 경영을 잘할 수 있을 것이라는 주장도 환상일 것이다. 그러나 그동안 미국을 중심으로한 경영 교육과 실무에서는 좋은 경영자는 모든 분야의 경영을 잘 할 수 있다는 믿음을 가지고 있었다. 그동안 미국의 경영 관행에서는 중간 차원 및상위 차원에서 일반 경영자(general management)의 필요성을 강조해 왔다. 그 결과 미국의 경영 관행에서는 경영자들에게 점점 중요하게 대두되는 기술의 복잡한 속성을 이해하고 가까이할 것을 요구하지 않았다. 그러나 여기에서 제기되는 근본적인 질문은 "경영자가 아무리 뛰어나다 하더라도 자신들이 잘 알지 못하는 과학기술적인 문제를 어떻게 경영할 수 있을 것인가?"이다. 이것은 기업의 최고경영자가 반드시 특정한 기술분야의 전문가여야한다는 것은 아니다. 오히려 이와 같은 질문은 좋은 경영자는 그들이 투자하는 기술과 기술의 동력성, 그리고 기업전략에 있어서 기술의 역할에 대한 높은 정도의 이해와 인식의 지평을 넓혀야 함을 나타내주는 것이다.

한편 정선양(2006, 2012, 2018)은 기술경영은 기업 차원의 미시적 접근에서부터 국가 차원의 거시적 접근에 이르는 다양한 차원이 있음을 강조하면서, 기술경영의 교육도 이 같은 차원을 고려하여 이루어져야 할 것을 강조하고 있다. 그는 이들 모든 차원의 기술경영에 있어서 조직의 리더가 중심이되는 '전략적 기술경영(SMT: strategic management of technology)'의 중요성을 강조하고 있지만, 특히 기업 차원의 미시적 접근에 있어서 전략적 접근 방법의 중요성을 강조하고 있다. 이 점에서 효율적인 기술경영의 핵심은 최고경영자가 주도가 되어 기술혁신과정(innovation process)에 기술적, 조직적, 인적인 차원을 어떻게 결합할 것인가에 대한 이해이다. 전문가들에 따르면, 성공적인 기술경영자는 그들의 성공비결을 비전(vision)을 창출하는 능력으로 돌렸다(예를 들어, Miles 등, 1995; Irwin 등, 1998). 최고경영자들은 기술이 어떻게 진화하고, 기술이 산업 내에 어떻게 자리 잡고, 기술을 이용하여 기업이 미래 사업을 어떻게 발전시킬 것인가에 대하여 충분한 이해를 하고 있어야 한다. 이들에게 급속한 기술발전은 위협이 아니며 오히려 급변하는 환경 속에서 경쟁우위를 확보할 수 있는 기회로 작용한다. 성공적인 최고경영자들은 이들 기술 역량의 발전이 무엇인가를 이해하고 이들이 기업의 경쟁우위에 어떠한 영향을 미치는지에 대하여 충분한 이해를 하고 있다. 성공적인 기술경영자들의 비전은 그들의 가치, 전략, 리더십 유형에 명확하게 투영된다(Drucker, 1995; Dess 등, 1995; 정선양, 2006). 간단히 말해, 성공적인 경영자들의 비전은 기술이 어디에서 왔으며 어디로 갈 것인가에 대한 지식에 기반하고 있다.

일반적으로 최고경영자는 너무 많은 일에 신경을 쓴다. 전략적으로 보면 최고경영자가 특정한 틈새시장에 집중하여 기술능력을 발전시키는 것이 경쟁우위에 훨씬 도움이 된다. 즉, 사소한 여러 사업보다 중요한 몇 개의 사업에 전략경영의 역량을 집중하는 것이 훨씬 중요하다. 기술혁신경영 교육의 관점에서 볼 때 이 관점은 대단히 중요한데, 최고경영자의 교육에 있어서 기업의 방향 및 미래를 창출하는 중요한 사업을 도출하고 이들 사업에 있어서 기술혁신의 역할에 대한 충분히 이해할 수 있도록 교육하여야 하기 때문이다. 그러나 기존의 경영학석사(MBA)나 공학경영석사(MEM) 과정에서는 이와 같은 특별한 교육훈련이 이루어지지 않고 있다.

기술경영은 최고경영자로부터 시작되기 때문에 최고경영자는 기술혁신에 있어서 가장 중요한 역할(primary role)을 담당하여야 한다(Leidka, 1996; Ghoshal & Bartlett, 1995). 기업의 경쟁우위에 핵심적인 기술혁신의 방향은 사업전략을 정의하고, 투자자금을 배분하며, 기업정책을 설정하는 최고경영자로부터 나와야 할 것이다. 기업의 운명과 미래가 달린 기술혁신 능력을 제고하는 업무는 아래층의 경영자에게 맡겨서는 안 될 것이다. 많은 연구가 최고경영자의 관여가 성공적인 기술전략의 수립 및 집행에 필요한 조건이라는 것을 밝혀냈음에도 불구하고 대부분의 기술집약 기업의 경영자들은 기술의 중요성을 충분히 이해하지 못한 것으로 평가된다. 이들은 기술전략과 사업전략의 연계, 기술기획, 기술전략의 집행 등에 있어서 기술과 사업과의 연계에 대하여 충분한 인식을 하지 못하고 있는 것이다.

경영자들의 기술적 지식의 부족은 1970년대와 1980년대의 기술기반시장에서 미국 기업이 고전하는 원인이 되었다(Herink, 1995; Badawy, 1998). 특히 Badawy(1998)는 현대의 기술집약적인 기업들이 응용과학, 공학적 지식, 기술혁신의 활용에 대단한 의존을 하고 있다고 전제하고, 그 결과 이들 기업의 특징은 일반적 기업들과 비교하여 매우 다른데, 이와 같은 차별성을 기술경영 및 교육에서 충분히 인식하여야 할 것이라고 강조하고 있다. 대표적인 차별성을 Badawy(1998)는 다음과 같이 나타내고 있다.

① 기술집약적 기업들은 전형적으로 대단히 많은 과학자, 공학자, 다른 기술관련 요원들을 고용함
② 이들 기업은 연구개발 및 다른 기술관련 활동에 막대한 자원을 투자함
③ 이들은 기본적으로 기술요원의 지식, 정보, 전문성을 판매함
④ 이들 기업은 경쟁우위의 확보 수단으로서 기술혁신의 필요성에 대해 대단히 강조를 함

⑤ 이들 기업의 기술요원에 의한 발명과 혁신은 지적재산권을 보호하는 특허 및 다른 수단들에 의해 보호됨

⑥ 이들 기업의 제품, 공정, 정보기술에 있어서의 혁신은 전략적 경쟁우위의 원천이 됨

⑦ 이들 기업에 적합한 경영 시스템, 경영 관행, 구조 등은 전통적인 관료적 조직보다 덜 공식적이고, 보다 유동적, 유기적, 적응적, 유연적이라는 특징을 가지고 있음

⑧ 이들 기업의 시스템, 정책, 보상체제, 전반적 조직 환경은 기업 내의 창조성, 실험성, 혁신으로 이어지는 도화선의 역할을 함

⑨ 이들 기업은 전형적으로 급속한 기술변화, 제품 및 공정의 대체위협, 과학기술 분야의 막대한 변화 등으로 특징지어지는 대단히 동적이며, 높은 속도를 가지며, 변화무쌍한 환경 속에서 활동하는 경향이 많음

● 표 10-3 기술집약 기업과 일반 기업의 차이점

구분	기술집약 기업	일반 기업
1. 업무의 성격	모호하며, 비정형화됨	보다 정향화되고 명확함
2. 경영의 주안점	인력	구조
3. 가장 중요한 경영 기능	사회적, 대인관계 기능	관리적 기능
4. 경영의 핵심우선 순위	연구개발이 사업보다 우선	마케팅, 생산, 재무 등의 기능이 가장 우선적인 기능임
5. 경영 리더십 유형	참여적	지시적

자료: Badawy, M. K., "Technology Management Education: Alternative Models", *California Management Review*, Vol.40. No.4, 1988, pp.94~116, p.99에서 저자의 수정.

이에 따라 이들 기업에 있어서 기술혁신 관련 요원은 기업 경쟁우위의 핵심이다. 이들 기업은 지식노동자들의 재능, 기능, 전문성에 의해 성장 발전해 나간다. 이와 같은 관점에서 보면 이와 같은 지식노동자, 즉 기술혁신 관련 요원들은 기술경영의 핵심적인 자산이다. 이에 따라 이와 같이 소중한 인적자원에 대한 관리는 기술혁신경영에 있어서 아무리 강조해도 지나치지 않는다. 여기에 기술경영 교육의 중요성이 대두되는 것이다. 특히 기술경영에서는 기술혁신 관련 요원들과 일반 요원들의 성향의 차이를 충분히 인식하고 이에 적합한－혹은 이를 모두 포괄하는－교육을 수행하여야 할 것이다 (<표 10－3> 참조).

Badawy(1998)는 대학에 있어서 기술경영 교육이 대단히 도전적인 과제라고 천명하면서 이로 인하여 기술경영을 위해서는 다른 유형의 개념, 역량, 기능을 교육하여야 할 것을 강조한다. 그 이유로서 다음을 들고 있다.

① 기술경영의 복잡한 문제를 이해하여야 할 필요성이 있음
② 기업전략의 핵심적인 연계사항으로서 기술에 대한 광범한 비전 설정의 핵심적인 필요성
③ 최고경영층의 책무로서 기술혁신을 관리하여야 할 필요성
④ 기술기반 기업의 환경 및 핵심역량에 대한 이해의 필요성
⑤ 기술혁신 관련 요원들의 독특한 특징에 대한 이해의 필요성

이처럼 급변하는 기술경제환경에 대응하기 위하여 새로운 기술경영 교육프로그램의 개설이 필요하다. 그러나 그동안 전 세계의 여러 대학에서 어떤 형태로든 이와 같은 기술경영에 대한 교육이 이루어져 온 것은 사실이다. 그럼에도 불구하고 혁신가를 육성하는 기술경영교육은 아직 초기 단계에 머물러 있다.

기술경영 프로그램(MOT program)은 기존의 경영학석사(MBA)와 공학경영석사(MEM) 프로그램과 다른 특징을 가지고 있다. Badawy(1998)는 <표 10−4>와 같이 세 프로그램의 특징을 비교하여 나타내 주고 있다. 그는 기술경영 교육프로그램은 주요 대상이 기술경영을 배우려는 과학기술인은 물론 경영자를 대상으로 하고, 주요 주제는 독립된 분과학으로서 기술경영이라는 점을 강조한다. 특히 프로그램의 지향점과 사고방식이 기술혁신을 바탕으로 한 전략경영이라는 점을 명확히 하고 있으며, 이 점에서 교육 및 연구의 주안점이 범학문적이고, 현대 사회경제의 문제와 이슈의 해결을 지향하고 있음을 강조한다. 아울러 이 프로그램을 운용은 경영대학과 공과대학 조인트 프로그램(joint program)으로 운영할 것을 권고하며 기업의 전체 기능부서와 관련성을 가지며 운영할 것을 강조하고 있다. 이 점에서 기술경영 프로그램은 기업 전체 차원에서 기술혁신을 바탕으로 한 전략경영의 차원, 즉 전략적 기술혁신경영의 차원에서 운영하여야 함을 강조하고 있다.

◉ 표 10−4 기술경영 프로그램의 차별성

프로그램의 특징	경영학석사(MBA)	공학경영석사(MEM)	기술경영(MOT)
1. 주요 대상	경영을 배우려는 과학기술인	공학경영을 배우려는 과학기술인	기술경영을 배우려는 과학기술인과 경영자
2. 주요 주제	경영	기술	기술경영
3. 프로그램 지향점	기능적 전문화	기능적 전문화	전략적 지향과 통합
4. 주요 사고방식	제품 추동적	공정 추동적	전략적 기업자원으로서의 기술
5. 교육·연구의 주안점	경영 분과학	기술 분과학	범학문적이고 문제와 이슈에 의해 추동
6. 영역	경영대학	공과대학	공동
7. 기업 기능조직과의 관련성	기업 및 경영 분야	기술분야	범기능부서 차원

자료: Badawy, M. K., "Technology Management Education: Alternative Models", *California Management Review,* Vol.40. No.4, 1988, p.112에서 저자의 정리.

3. 새로운 기술경영 프로그램의 필요성

혁신가를 육성하기 위한 기술혁신경영 교육을 위해서는 새로운 프로그램의 도입이 필요하다. 정선양(2013)은 전 세계적으로 운영되고 있는 기술경영의 일반적 교육현황을 간략히 살펴보고 독립적 기술경영 프로그램의 필요성을 강조하였는데, 아래에는 이를 간략히 살펴보기로 한다. 그동안 기술경영 교육은 경영대학을 중심으로 경영학석사(MBA) 과정의 일환으로 운영되거나 혹은 공과대학에서 공학경영석사(MEM) 과정의 일환으로 운영되는 등 크게 두 개의 큰 흐름으로 이루어져 오고 있었다. 이들 프로그램은 나름대로 산업계의 기술혁신경영 요원의 교육훈련 수요를 어느 정도 대응해 왔다고 평가할 수 있을 것이다. 그러나 이상에서 살펴본 바와 같이 기존의 경영학 석사 및 공학경영 석사의 커리큘럼들은 기술경영을 하나의 기능적인 측면에서 파악하여, 기술경영에 대한 총괄적인 방향을 제시해주고 있지 못하다. 그동안의 정선양(2013)은 국내외 기술경영 관련 프로그램의 문제점을 다음과 같이 제시하고 있다.

먼저, 기술경영 프로그램이 설치된 학교가 많지 않고, 설치된 학교도 기술경영 전담교원이 없어 체계적인 운영이 이루어지고 있지 못하다. 기술경영은 대단히 학제적인 분야이며 다양한 기술을 다루고 있다는 점에서 이와 같은 비체계적인 프로그램의 운영은 교육의 수혜자에게 도리가 아닐 것이다.

둘째, 대부분 프로그램이 경영대학보다는 공과대학에 설치되어 있어서 공학경영 학위를 수여하고 있다. 그러나 이 같은 공학경영 학위 프로그램은 기술경영의 본질인 기술의 전략적 경영의 문제를 효과적으로 다루지 못한다는 한계가 있다. 이들 프로그램은 기술경영을 기업경영의 기능 – 특히 엔지니어링 – 의 효율적인 관리에 주안점을 두고 있다는 점에서 기술의 전략적 활용의 문제에 접근하고 있지 못하다.

셋째, 기술경영 프로그램을 별도의 프로그램으로 운영하는 학교의 경우 대부분 학교가 공과대학 혹은 경영대학의 단일 프로그램으로 운영하여 기술과 경영의 학제 간 시너지를 충분히 창출하지 못한다는 문제점을 가지고 있다. 기술경영은 기술과 경영의 가교역할을 하며, 이에 따라 다양한 학문적 지식 간의 통합을 필요로 한다는 점에서 기술경영 프로그램은 공과대학과 경영대학 간의 협력 프로그램으로 운영하는 것이 바람직할 것이다.

넷째, 국내외의 대부분 기술경영 관련 프로그램이 대학원 프로그램으로 운영되고 있어서 학부 학생에 대한 기술경영에 대한 충분한 지식을 전달할 수 없다는 문제점이 있다. 이는 기술경영이 학제적인 학문 분야로서 학부에서 가르치기에는 상당한 어려움이 있음을 반영하는 것이다. 그러나 기술이 기업 및 국가 경쟁력 향상에 중요하다면 학부에서부터 기술경영을 교육하여야 할 필요가 있다.

이상과 같은 기술경영 프로그램의 운영은 학교마다 다를 것이다. 특히 새로운 프로그램의 설치 및 관련 학과 및 학부 간의 협력은 대학사회에서 쉬운 일이 아니다. 이에 따라 대학들이 가지고 있고 앞으로 설치할 수 있는 기술경영 프로그램은 매우 다양할 것이다. 이와 같은 기술경영 프로그램의 운영은 프로그램의 철학, 목표, 대학의 역사를 반영하여야 할 것이다. 여기에 학문으로서 기술경영을 정통하게 공부한 학자들에 의한 체계적인 프로그램의 설치와 운영이 매우 필요한 것이다.

이처럼 체계적인 기술경영 프로그램 운영의 필요성은 Badawy(1998)에 의해 크게 강조되고 있다. 그는 기술경영 프로그램을 대학원 프로그램으로 설치할 것을 전제로 하면서 이 프로그램이 경영대학과 공과대학 간의 공동 프로그램으로 설치할 것을 강조하고 있다. 그는 이와 같은 기술경영 프로그램의 설치를 위한 다음과 같은 몇 개의 기준을 제시하고 있는데 시사점이 많이 있다.

① 공과대학과 경영대학 간의 연계 및 지원
② 프로그램의 설계 및 세부 내용 및 운영에 있어서 산업계의 적극적인 참여
③ 기술경영의 독특하고 복잡한 문제에 관한 철저하고도 충분한 대응
④ 프로그램의 구조, 내용, 과목 등에 있어서 기술과 경영 간의 균형 유지
⑤ 강력한 기능을 개발해 줄 수 있는 실무지향적 교육훈련의 제공
⑥ 프로그램의 범위 및 분석의 심도에 있어서 실행에 의한 학습(learning-by-doing)과 인지적 학습(cognitive learning) 간의 균형 및 연계 강화
⑦ 실무자 교육을 위한 적절한 전략을 제공해 줄 수 있는 문제해결적 교육 내용의 포함
⑧ 학생들에 대한 경영기능 개발의 기초를 제공

혁신가를 육성하기 위한 기술경영 교육(MOT education)을 실천하기 위해서는 세부적인 교육 프로그램을 구성하여야 한다. <표 10-5>는 그동안 대표적인 기술경영 교육에 관한 연구에서 제시한 기술경영의 이슈 혹은 커리큘럼을 나타내고 있다.

먼저 미국 한림원들의 씽크탱크인 국가연구위원회(NRC: National

Research Council)는 기술경영 교육 프로그램과 관련하여 ① 기술과 관련된 전략적 이슈, ② 기술 관련 기능부서 간 정책적 이슈, ③ 기술경영 관련 현안 이슈, ④ 기술지원 서비스 및 이슈 등 네 가지 유형으로 나타내고 있다. 이 기구는 기술경영 교육과 관련된 다양한 이슈를 제시하고 있다는 특징을 가지고 있으나, 기술혁신과 관련된 전략적, 장기적 이슈의 중요성을 강조하여 혁신경영, 연구개발경영, 과학기술정책 등과 같은 이슈 혹은 과목의 중요성을 강조하였다.

둘째, Badawy(1998)는 경영학의 관점에서 기술경영 프로그램(MOT program)에서 도입할 수 있는 과목과 주제를 핵심과목(core courses)와 선택과목(elective courses)으로 나누어 제시하고 있다. 핵심과목으로는 리더십, 조직관리, 연구개발경영, 프로젝트관리, 기술마케팅, 기술전략, 기술혁신경영, 전략적 기술경영 등의 과목을 제시하고 있다. 선택과목으로는 국제기술경영, 기술제휴, 기업가정신, 벤처경영, 기술예측 등을 제시하고 있다.

셋째, 정선양(2018)은 전략적 기술경영의 관점에서 기술경영의 주요 과목과 이슈를 제시하였다. 그는 특히 기술전략, 혁신경영, 연구개발경영, 기업가정신과 벤처경영, 과학기술정책, 기술예측, 기술마케팅, 기술과 경제성장, 제조업의 기술경영, 서비스업의 기술경영, 기술과 환경 및 지속가능한 발전 등을 제시하고 있다. 그는 기술경영의 문제가 비단 기업 차원의 기술경영 뿐만 아니라 국가 차원의 기술경영을 포괄하여야 하며, 산업부문에서도 제조업 분야의 기술경영뿐만 아니라 서비스업의 기술경영을 포함하여야 함을 강조하고 있다.

표 10-5 기술경영 교육 프로그램의 구성

NRC(1987)의 이슈	Badawy(1998)의 이슈	정선양(2018)의 이슈
1. 기술과 관련된 전략적·장기적 이슈 1) 혁신경영 2) 연구개발전략기획 3) 국가정책·국제정책 4) 기술예측·평가 5) 기술제휴 6) 마케팅/기술연계 7) 기술변화경영 8) 기술획득과 조인트벤처 **2. 기술 관련 기능부서 간 정책적 이슈** 1) 내부벤처 2) 기술이전 3) 사회기술적 시스템설계 4) 조직간 연계 **3. 기술경영 관련 현안 이슈** 1) 프로젝트 관리 2) 기술직업·조직관리 3) 품질·생산성관리 4) 기술을 통한 생산성 5) 위기관리 6) 연구개발경영 7) 신제품개발 8) 하청기업관리 9) 연구개발·기술경영자 훈련 **4. 기술지원 서비스 및 이슈** 1) 정보시스템 경영 2) 인적자원관리 3) 기술과 법 4) 위험/효익분석 5) 기술경제 6) 윤리와 사회적 영향 7) 기술경영의 전문가 시스템	**1. 핵심과목·주제** 1) 기술조직의 리더십 2) 기술과 조직 체계 3) 연구개발경영 4) 범기능적 팀 경영 5) 공정기술경영 6) 제품기술경영 7) 정보기술경영 8) 인적자원활용시스템 9) 기술직업의 경영 10) 제조시스템과 생산관리 11) 기술마케팅 12) 기술프로젝트관리 13) 기술기업연계관리 14) 대인관계기술개발 15) 기술과 기업전략 16) 기술혁신경영 17) 전략적 기술경영 **2. 선택과목·주제** 1) 기술경영의 국제적 측면 2) 디자인-제조연계관리 3) 기술제휴 4) 기술통합 및 연계관리 5) 신흥기술분석 6) 기술예측 7) 기술적 기업가정신 8) 기술기획과 벤처경영 9) 계약관리 10) 기술경영자를 위한 특허법 11) 기술평가 12) 기술직업을 위한 인사관리	1) 기술전략 2) 과학기술정책 3) 기술혁신과정 4) 연구개발경영 5) 연구개발 인프라 6) 기업가정신 및 벤처 7) 제품·공정수명주기 8) 기술예측 및 계획 9) 기술이전 10) 국제기술이전 11) 기술위험분석·기술평가 12) 기술과 경제성장 13) 기술과 인간, 사회, 문화 14) 기술경영의 교육훈련 15) 제조업의 기술경영 16) 서비스 혁신과 서비스업의 기술경영 17) 기술과 마케팅의 연계 18) 기술변화와 조직구조 19) 프로젝트 관리 20) 기술과 재무의사결정 21) 기술과 품질 및 생산성 22) 기술경영의 방법론 23) 기술과 환경·지속가능 발전

이들 세 연구에서는 기술경영 교육 프로그램의 공통과목을 도출할 수 있다. 대표적인 공통과목은 혁신경영, 연구개발경영, 기술전략, 기업가정신, 벤처경영, 과학기술정책, 프로젝트관리, 기술마케팅 등이다. 이들 과목은 기술경영 교육을 통하여 혁신가를 육성하는데 핵심적인 과목과 주제라고 판단할 수 있을 것이다. Nambisan & Wilemon(2003)도 전 세계 관련 기관의 전문가에 대한 설문조사를 바탕으로 기술경영 프로그램의 중요 주제와 과목을 조사하였는데, 가장 많이 언급된 과목 순으로 제시하면 ① 혁신경영, ② 기술전략, ③ 기술경영이 압도적으로 많이 언급되었고, 다음으로 ④ 생산관리, ⑤ 기업가정신, ⑥ 정보기술경영, ⑦ E-비즈니스, ⑧ 조직관리, ⑨ 신제품개발, ⑩ 기술정책 등이 제시되었다. 이에 따라, 이들이 제시한 과목 및 주제도 전술한 세 연구에서 제시한 과목들과 궤를 같이하고 있는 것으로 판단된다.

아울러 Nambisan & Wilemon(2003)은 전 세계의 기술경영(MOT) 대학원 프로그램을 조사 분석하였다. 이들에 따르면, 기술경영 교육프로그램의 소속과 관련하여 전체의 68%가 경영대학에 의해 운영되었고, 공과대학에 의해 운영되는 기술경영 프로그램은 15%에 불과하였으며, 경영대학과 공과대학이 공동으로 운영하는 프로그램이 전체의 11%로 집계되었다. 아울러 기술경영 프로그램의 주안점이 경영(management)에 64%, 기술(technology)에 11%, 양자에 주안점을 둔 프로그램이 25%라고 결론지었다. 이들은 기술경영 프로그램에 대한 다양한 분석 결과를 다음과 같은 제안을 하고 있다.

① 기술경영(MOT) 프로그램은 현재에도 진화하는 중이며 이 점에서 전통적인 경영학석사(MBA: Master of Business Administration) 프로그램이나 공학경영석사(MEM: Master of Engineering Management) 프로그램과 구분되는 명확한 위치를 차지하여야 할 것이다.

② 기술경영 교육프로그램에 산업계(industry)의 참여가 더욱 확대되어야 하며, 이 같은 산업계의 참여 활성화는 기술경영 프로그램의 학문적, 교육적, 실무적 목표를 더욱 잘 달성하게 해 줄 것이다.

③ 사회와 산업의 발전이 정보화 시대로 진입하고 기술과 인적자원이 기업 및 국가의 경쟁우위에 핵심적인 시대가 되었기 때문에 기술경영은 이 같은 변화에 따른 새로운 수요(new needs)를 적극 충족시켜야 할 것이다.

④ 비즈니스가 점점 세계화되고 기술변화는 이를 더욱 촉진시킨다는 점에서 기술경영 교육에 있어서 국제적 시각(international per-spectives)은 핵심적이다.

⑤ 그동안 기술경영 교육프로그램은 전적으로 대학원 차원의 교육에만 집중되어 있었다. 그러나 우리 사회가 기술경영 전문가들에 대한 수요가 빠르게 증가한다는 점에서 기술경영교육을 학부 차원(undergraduate level)에서 추진하는 방안을 검토하여야 할 것이다.

Nambisan & Wilemon(2003)은 이와 같은 전 세계 기술경영 교육 프로그램에 대한 분석 결과, 기술경영 프로그램의 미래는 결국 우수한 교육 프로그램을 가지고 있는가와 기술경영의 폭넓은 도전에 대응할 능력이 있는 잘 교육된 졸업생을 배출할 수 있을 것인가에 달려 있다는 점을 강조한다. 이는 기술경영(MOT) 프로그램을 운영하는 학교와 교육자들이 마음 깊이 새겨보아야 할 대목이 아닐 수 없다.

4. 기술경영교육을 위한 제언

모든 것이 변화하듯이 학문 역시 변화하며 발전해 나가야 한다. 그동안 경영학 및 공학 교육은 기술경제환경의 변화에 따라 크게 변화하여 왔다. 이와 같은 환경변화에 따른 이들 교육의 변화는 경제발전은 물론 우리 사회의 발전 원동력이 되었다. 그 결과 경영교육 및 공학교육에 대한 변화에 대한 논의는 선진국을 중심으로 지속적으로 이루어져 왔다. 그동안 특히 1980년 대 중반 이후를 중심으로 기술이 기업 및 국가의 경쟁우위에 미치는 막대한 영향을 감안하여 기술과 경영을 연계하는 새로운 학문으로서 기술경영의 교육에 대한 논의가 꾸준히 이루어져 오고 있다. 특히 미국 한림원의 연합체의 전문연구기구인 국가연구위원회(NRC: National Research Council)의 1987 년 Management of Technology: The Hidden Competitive Advantage라는 보고서의 발간과 더불어 미국 사회에서는 기술경영의 교육에 대한 논의가 활발하게 이루어져 왔다(NRC, 1987). 그 이후 미국의 많은 대학이 기술경영 의 교육에 뛰어들게 되었다. 극히 일부이긴 하지만 MIT 같은 학교들은 이미 오래전부터 기술경영의 교육을 실천해오고 있다.

정선양(2007a, 2007b, 2013)은 기술집약적 기업들이 세계적으로 밀집 된 실리콘 밸리와 유럽의 대표적인 기술경영 프로그램에 관한 분석을 바탕 으로 우리나라의 기술경영 교육프로그램의 발전을 위한 다음과 같은 몇 가 지 시사점을 제시하고 있다. 먼저, 기술경영 교육프로그램의 절대적인 수의 증대가 필요하다. 기술이 기업 및 국가발전에 중요하다면 이를 다루는 기술 경영 분야의 사회적인 수요는 점점 증대할 것이다. 이에 따라 이 중요한 문 제를 다루는 핵심요원을 교육하는 기술경영 프로그램은 우리나라에도 더욱 확대되어야 할 것이다.

둘째, 기술경영에 관련된 과목들을 학부(undergraduate program)에서 많이 개설할 필요가 있다. 국내·외의 대부분 기술경영 관련 프로그램들이 대학원 프로그램으로 운영되고 있어서 학부 학생에 대한 기술경영에 대한 충분한 지식을 전달할 수 없다는 문제점이 있다. 이는 기술경영이 학제적인 학문 분야로서 학부에서 가르치기에는 상당한 어려움이 있음을 반영하는 것이다. 그러나 기술이 기업 및 국가경쟁력 향상에 중요하다면 학부에서부터 기술경영을 교육하여야 할 필요가 있다.

셋째, 기술경영 교육프로그램의 설치에 있어서 학사·석사·박사과정을 연계하는 체계적인 프로그램으로 운영되어야 할 것이다. 미국의 기술경영 프로그램은 이와 같은 단계적 체계성이 잘 구축되어 있다. 이를 바탕으로 학생들에게는 기술경영에 대한 학문적 발전을 추구할 수 있는 기회를 제공하고, 교수요원들의 경우에는 다양한 차원에서 교육 서비스를 제공할 수 있게 해주어야 할 것이다.

넷째, 기술경영 교육 프로그램을 설치하는 대학의 실정에 맞게 정기적으로 국제학술대회(international conference)를 개최하고 저널(journal)을 발간하는 것도 중요한 일일 것이다. 이를 바탕으로 글로벌 시각을 바탕으로 기술경영 분야의 교육과 연구의 체계적 연계 및 시너지 창출이 필요하다. 물론 이와 같은 사업을 실시하기 위해서는 기술경영 교육에 대한 역량의 체계적 축적과 이를 운영하는 수준 높은 전담교수요원이 충분히 확보되어야 가능할 것이다.

다섯째, 기술경영의 교육프로그램을 좀 더 확대하여 기업가정신 및 창업 프로그램(entrepreneurship and start—up program)과 연계할 필요가 있을 것이다. 창업은 기술을 바탕으로 이를 사업화하기 위한 기업을 만들고 발전시켜나간다는 점에서 기술경영의 근본적인 목적 중의 하나이다. 기술경영은 비단 선도기업에만 해당되는 것이 아니라 기술집약형 중소기업 및 벤처기업에게도 모두 해당되는 것이기 때문이다.

CHAPTER 11

중량급 프로젝트 팀

제1절 중량급 프로젝트 팀의 중요성

대형 기업에 있어서 기술혁신을 창출할 연구개발 프로젝트팀을 구성하는 것은 쉬운 일이 아니다. 이들 대기업은 다양한 기능집단, 이들의 깊은 전문성, 대단히 많은 인력을 고용하고 있기에 이들 기업에 있어서 프로젝트 팀의 구성은 일상적인 종업원이나 임원으로서는 일상적인 것이 아니라 예외적인 것이다. 특히 기술혁신활동 및 연구개발활동과 관련이 깊은 부서들의 인력의 구성원과 주안점은 일반 부서들과 상당한 차이가 있다. 연구개발부서는 학문분과에 주안점을 두고 기술에 주안점을 두고 있으며, 마케팅부서는 제품 집단과 시장을 중심으로 구성되고, 제조부서 역시 제품에 따라 구성되는 경향이 있다. 이 같은 상황 속에서 연구개발활동과 연구개발프로젝트는 기업 내에서 위치를 확보하기가 쉬운 일이 아니다. 그리하여 많은 기업이 새로운 성장동력을 창출하지 못하여 새로운 기술, 신규참입자, 급변하는 시장 수요에 의해 위협을 받는 경향이 많다. 이 점에서 이들 대기업도 연구개발활동 및 관련 프로젝트를 효율적으로 수행할 수 있는 '중량급' 연구개발 프로젝트 팀(heavy-weight R&D project team)을 구성할 필요성에 관해 관심이 모아지고 있다.

한편 프로젝트의 관리를 맡은 사람을 프로젝트 관리자라고 한다. 연구개발 프로젝트의 관리에 있어서 프로젝트 관리자(PM: project manager)의 중요성은 매우 크다. 프로젝트 관리자는 연구개발 프로젝트를 준비하고, 프로젝트팀을 구성하며, 기업 본부로부터 다양한 방법을 통해 자원과 후원을 획득하는 역할을 담당한다. Clark & Wheelwright(1992)와 Leonard-Barton(1995)에 따르면, 대체로 서방 국가에서는 프로젝트 관리자를 연구개발조직 내의 중견급 관리자가 담당하는 데 비하여 일본에서는 연구개발경영의 경험이 많은 중역급 관리자가 담당하는 경향이 많다. 이들 저자는 이것이 지난 세기말 일본기업이 높은 기술경쟁력을 가질 수 있는 비법 중의 하나라고 강조하면서, 서방 기업도 연구개발 프로젝트 관리를 중역급 관리자가 맡을 것을 강조해 오고 있다. 그리하여 이들은 중간 관리자급의 프로젝트 관리자를 '경량급 프로젝트 관리자(light-weight project manager)'라고 부르고, 중역급의 프로젝트 관리자를 '중량급 프로젝트 관리자(heavy-weight project manager)'라고 명명하였다.

'경량급 프로젝트 관리자'에 비하여 '중량급 프로젝트 관리자'는 장단점이 있다. 대표적인 장점으로는 프로젝트와 관련하여 집중화되고 독립된 리더십을 발휘할 수 있고, 기능부서들의 영향력을 배제할 수 있으며, 최고경영자의 후원을 쉽게 받을 수 있으며, 프로젝트 수행에 필요한 자원을 손쉽게 확보할 수 있다. 그러나 단점으로는 프로젝트 관리자가 프로젝트 범위를 넘어서는 개입을 하고, 기능부서와도 갈등의 여지가 있으며, 프로젝트 관리자에게 너무 의존하는 경향이 생길 수 있다는 것이다. 이에 따라 중량급 프로젝트 관리에 있어서도 세심한 노력이 필요하다. 아래에는 Clark & Wheelwright(1992)가 논한 중량급 프로젝트 팀과 프로젝트 관리자 역할을 살펴보기로 한다.

제2절 연구개발 프로젝트 팀의 유형

Clark & Wheelwright(1992)에 따르면, 연구개발 프로젝트 팀은 일반적으로 ① 기능형 팀 구조, ② 경량급 팀 구조, ③ 중량급 팀 구조, ④ 자율적 팀 구조 등 네 가지 유형을 가지고 있다(<그림 11-1> 참조). 이들은 서로 다른 유형의 프로젝트 관리자를 가지고 서로 다른 프로젝트 수행방식을 가진다. 아래에는 이를 살펴보기로 한다.

1. 기능형 팀 구조

기능형 팀 구조(functional team structure)는 성숙산업에 속해 있는 대기업에서 흔히 발견된다. 연구개발 프로젝트에 관련된 인력은 원칙적으로 분과학에 의해 집단화되며, 각 인력은 특별한 기능부서 부서장의 지시를 받아 업무를 수행한다. 서로 다른 기능부서와 하위기능부서는 관련 기능이 애당초 합의한 상세한 규정을 통하여 연구개발 프로젝트를 조정한다. 이들 부서는 관련 부서들 혹은 범부서 차원의 이슈가 있을 때 간헐적인 미팅을 통해 협의를 한다. 프로젝트는 한 기능부서에서 다른 기능부서로 시계열적으로 이전되는데, 이같은 프로젝트의 이동을 '벽 넘어 던지기(throwing it over the wall)'라고 표현하기도 한다.

이 구조는 서로 연계된 장단점이 있다. 우선 가장 큰 장점으로는 기능부서장이 프로젝트의 자원을 통제할 수 있고 자신의 기능 분야의 업무성과를 통제할 수 있다. 그러나 이는 프로젝트의 업무는 프로젝트가 시작되기 전에 관련 부서 간의 사전적 배분이 필요하다는 어려움이 있다. 연구개발 프로젝트의 업무는 프로젝트가 시작되기 전에 모두를 알 수 없다는 어려움이 있고 실제로 이같은 업무의 배분이 쉽게 이루어지지도 않는다. 그리하여 이 구조는 조정과 통합의 어려움이 있다.

이 구조의 또 다른 장점은 프로젝트에 관련된 인력의 프로젝트와 관련되어 수행한 업무가 이들 인력의 커리어 패스를 결정하는 기능부서장에 의해 평가되고 보상을 받는다는 점이다. 그러나 이와 관련된 단점으로는 연구개발 프로젝트에 대한 개별 인력의 성과가 대체로 전체적인 프로젝트의 성공과는 독립적으로 평가받는다는 점이다. 그리하여 관련 인력의 성과평가가 공정하지 않을 수 있으며, 이는 프로젝트의 성공에 아무도 책임을 지지 않을 수 있다는 단점을 가져다 준다.

마지막으로, 이 구조는 프로젝트에 참여한 인력이 자신의 기능부서와 관련한 전문지식을 그대로 보유하고 심화시킬 수 있다는 장점을 가지며 향후 진행되는 프로젝트에 더욱 효율적으로 적용할 수 있다. 그러나 이와 관련하여 대부분 프로젝트는 서로 다른 목적, 성과지표를 가지고 있어서 동일한 지식을 다른 프로젝트에 적용하기가 쉽지 않다는 단점이 있다.

● 그림 11-1 연구개발 프로젝트 팀의 유형

1. 기능적 팀 구조

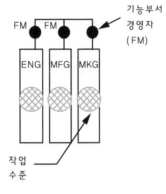

2. 경량급 팀 구조

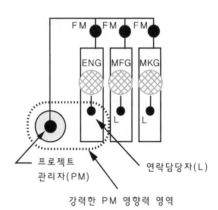

3. 중량급 팀 구조

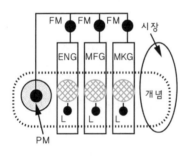

ENG: 엔지니어링
MFG: 제조
MKG: 마케팅

4. 자율적 팀 구조

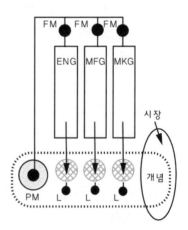

자료: Clark, K. B. and Wheelwright, S. C. "Organizing and Leading "Heavy Weight Development Teams"", in: Wheelwright, S. C. and Clark, K. B., *Revolutionizing Product Development: Quantum Leaps in Speed, Efficiency, and Quality* (New York: The Free Press, 1992), Chapter 8.

2. 경량급 팀 구조

경량급 프로젝트 팀(light-weight project team)에서 연구개발 프로젝트에 참여하는 인력은 기능형 팀 구조와 마찬가지로 물리적으로는 자신의 기능부서에 위치해 있지만, 각 기능부서는 프로젝트 조정 위원회(project coordinating committee)에서 부서를 대표할 연락담당자(liaison person)를 지정한다. 각 기능부서를 대표하는 연락담당자는 '경량급 프로젝트 관리자(light-weight project manager)'와 일을 하게 되는데, 이 책임자는 다양한 기능의 활동을 조정하는 역할을 담당한다. 이 구조는 전술한 기능형 팀 구조에 약간을 더한 구조이며, 기능부서의 연락담당자는 자신의 본래의 업무에 더하여 프로젝트 팀의 업무를 수행하게 된다.

이 구조에서 프로젝트 관리자(PM: project manager)는 다음 두 가지 측면에서 '경량급'이다. 첫째, 이 관리자는 보통 상당한 전문적 지식을 가지고 있음에도 불구하고 조직 내에서 권위나 영향력이 많지 않은 중간급 혹은 하위급 인력이다. 둘째, 이 관리자가 관련 기능 부서에게 정보를 전달하고 이들 부서의 활동을 조정하는 책임을 지고 있음에도 불구하고 프로젝트의 수행에 관련된 핵심자원은 여전히 각각의 기능부서의 통제하에 있다. 경량급 프로젝트 관리자는 인력을 재배치하거나 자원을 재분배할 권한과 힘을 가지고 있지 않다.

경량급 프로젝트 팀 구조의 장단점은 전술한 기능형 팀 구조와 같다. 그러나 이 구조에서는 적어도 한 사람이 프로젝트의 전 과정에 거쳐 기능부서들을 넘어 조망하며 개별적 업무가 적시에 이루어지도록 노력하며 프로젝트에 관련된 모든 사람이 범 기능적인 문제에 대해 인식을 하고 해당 프로젝트가 어떻게 진행되고 있는지 관심을 가지게 된다. 그리하여 이 구조는 기능형 팀 구조에 비하여 보다 나은 커뮤니케이션과 조정 효과를 창출한다. 그러나 프로젝트와 관련한 권한과 자원배분능력은 기능부서가 가지고 있기 때문에 프로젝트의 효율성과 질적 수준의 제고는 이루어지기 어렵다.

3. 중량급 팀 구조

중량급 팀 구조(heavy-weight team structure)는 프로젝트 관리자가 프로젝트와 관련된 모든 업무에 대한 접근권과 책임을 가진다. 이같은 팀을 맡는 프로젝트 관리자는 다음 두 가지 이유로 인하여 '중량급'이다. 첫째, 이 관리자는 조직 내에서 고위급 경영자(senior manager)이다. 일반적으로 이 관리자는 기능부서 관리자보다 서열이 높다. 그리하여 그는 충분한 전문성과 경험을 가지고 있는 것은 물론 조직 내에서 상당한 영향력을 가진다. 둘째, 중량급 프로젝트 관리자는 연구개발업무를 담당하는 인력에게 핵심적인 영향력을 행사하는 것은 물론 핵심 팀(core team)에 있는 핵심 기능요원을 통하여 이들 인력의 업무를 직접 감독한다. 보통 핵심 기능요원은 프로젝트에 전담하며 물리적으로 중량급 프로젝트 리더와 같이 위치한다. 프로젝트가 수행되는 동안 중량급 프로젝트 관리자는 이들 핵심요원의 성과평가의 상당한 부분을 담당한다. 그러나 이들 핵심요원의 장기적 커리어 패스는 중량급 프로젝트 관리자가 아니라 결국은 이들이 소속되어 있는 기능부서장에 달려 있다. 이 구조는 여러 장단점을 가지고 있는데, 이는 뒤에서 상세히 논하기로 한다.

4. 자율적 팀 구조

자율적 팀 구조(autonomous team structure)는 보통 '호랑이 팀(tiger team)'이라고 부른다. 이 구조는 다양한 기능부서로부터 인력이 공식적으로 프로젝트팀에 할당되고, 전담하여 일하게 되며, 한곳에 모여 공동으로 업무를 수행한다. 이 구조의 프로젝트 관리자는 조직 내의 중량급 인사이며, 그는 다양한 기능부서에서 할당된 자원에 대하여 완전한 통제권을 행사한다. 아울러 그는 팀원의 성과에 대한 유일한 평가자가 된다. 이들 팀원은 기존의 업무 및 보상 절차에 따르지 않고 프로젝트팀에서 만들어진 새로운 절차를 따른다. 그러나 프로젝트팀은 프로젝트의 최종결과에 대해 전적으로 책임을 진다.

이 구조의 근본적 장점은 집중(focus)이다. 팀원과 팀 리더의 모든 업무는 프로젝트의 성공에 집중된다. 그리하여 이 구조는 연구개발 프로젝트 수행의 속도와 효율성에 있어서 대단히 우수하다. 이 구조는 범 기능적 통합을 아주 효율적으로 달성하고 다른 프로젝트 구조와 비교하여 팀 구성원의 유치와 선정에 있어서 큰 자율성을 가진다. 그러나 이 구조도 단점을 가지고 있다. 보통, 이 '호랑이 팀'은 프로젝트의 정의에 있어서 업무의 범위를 넓게 잡는 경향이 있고 기존의 자원을 활용하기보다는 새로운 자원을 보다 많이 요구하는 경향이 있다. 아울러 이 구조의 프로젝트의 결과가 새롭고 독특하더라도 전통적인 기능부서에서 이를 사업화하기에는 어려운 경우도 많다. 또한 '호랑이 팀'은 보통 기업의 다른 부서보다도 훨씬 많은 권한과 책임을 요구하기 때문에, 종종 기업의 고위경영층은 이 팀에 대하여 부정적인 견해를 가지기도 한다.

제3절 중량급 프로젝트 팀의 운영방법

1. 중량급 프로젝트팀 구성의 어려움

Clark & Wheelwright(1992)는 '중량급' 프로젝트 팀을 만드는 것은 단순히 중량급 프로젝트 리더를 선정하고 팀을 구성하는 것이 아니라 대단히 도전적인 과제라는 점을 강조하고 효율적인 중량급 프로젝트 팀을 구성하는 방안을 제시하고 있다. 중량급 프로젝트 팀의 특징은 연구개발활동이 집중화되고, 프로젝트 관리자가 강력하고 독립적인 리더십을 가지며, 프로젝트 관리자의 폭넓은 경험과 능력 그리고 범 기능적 시각을 활용할 수 있는 장점이 있지만, 이같은 특징 및 장점은 기능부서와 갈등의 소지가 있어 연구개발활동의 성과를 반드시 창출하기는 어려울 수 있다.

먼저, 중량급 프로젝트 팀의 가장 중요한 장점 중 하나는 팀의 자율성(ownership)과 참여도(commitment)이다. 이를 바탕으로 한 팀원들 간의 공동체 정신은 프로젝트를 성공을 이끌 수도 있지만 부작용도 많다. 이들의 자주성은 프로젝트의 정의와 범위에 있어서 종종 너무 과도한 목표를 설정하고 과도한 자원을 요구하는 경향이 있다. 그리하여 조직 내에서 상대적으로 자원을 적게 배분받은 일반 팀들의 불만이 생길 수 있다. 프로젝트 관리자가 충분한 지침을 주고 관여를 하지 않으면 프로젝트가 탈선할 위험이 있고 그리하여 소중한 자원을 낭비할 수 있다. 또한, 이 팀의 구성원은 연구개발활동과 관련된 자원의 우선적 배분에 이어 이와 직접 관련이 없는 보조적 자원(예를 들어, 프로토타입의 설계, 분석적 검토, 품질검사 등)에 있어서도 우선권을 요구하는 경향이 있어 다른 팀 및 부서와의 갈등이 생길 수 있다.

둘째, 중량급 프로젝트 팀의 또 다른 장점은 시스템 해결책의 제공을 통한 통합(integration)과 완전함(integrity)이다. 즉, 이 구조는 서로 보완할 수 있고 핵심고객의 근본 요건을 효과적으로 전달하는 요소와 하위 시스템 모두를 확보하여 성공적인 플랫폼 제품 혹은 공정을 제공할 수 있다는 것이다. 그리하여 이 구조는 폭넓게 훈련된 팀 구성원의 보편적 능력을 활용하는 것을 전제로 한다. 그러나 이는 전문가는 활용하지 않고 때로는 연구개발역량에 있어서 심도가 낮다는 문제점이 있다. 그리하여 연구개발의 결과가 전통적인 기능형 팀 구조에서 달성할 수 있는 수준보다 낮을 수 있다. 즉, 기능부서에는 프로젝트 관련 필요한 역량을 오랜 시간 동안 축적한 사람들이 많이 있는 경우가 일반적이다.

2. 중량급 프로젝트 팀의 운영방안

중량급 프로젝트 팀을 구성하는 것은 앞에서 언급한 것처럼 어려운 과제이다. 특히 자원의 배분과 연구개발의 심도와 관련하여 중량급 프로젝트 팀과 일반 기능부서 간에는 흔히 긴장 관계가 형성된다. 이같은 문제는 이 팀의 구조가 자신의 영역을 넘어 운영되는 관행에서 비롯하는데, 특히 팀이 스스로를 어떻게 운영할 것인가, 팀의 업무 범위가 어느 정도인가, 팀과의 고위경영층과의 관계는 어떻게 설정·운영할 것인가 등의 문제를 들 수 있다. 그리하여 중량급 프로젝트 팀의 구성과 운영은 세심하게 이루어져야 한다. 이와 관련하여 Clark & Wheelwright(1992)는 중량급 프로젝트 팀을 도입하는 근본적 취지(자율성, 집중, 시스템적 해결, 완전성)를 강화하고 팀을 지원하는 기능부서의 강점(기술적 심도, 프로젝트를 넘어서는 지속성, 고위경영층의 방향설정)을 활용할 것을 강조하며, 이를 위하여 프로젝트 헌장, 계약, 인력조달, 리더십, 팀 책무, 중역후원자 등의 여섯 개 방안을 제시하고 있는데, 아래에는 이를 간단히 살펴보기로 한다.

1) 프로젝트 헌장

중량급 프로젝트 팀은 명확한 미션(mission)을 필요로 한다. 이같은 미션을 간략하게 확보하는 방법은 폭넓은 성과목표를 나타내며 핵심 팀(core team)이 구성되기 이전에 설정되는 명시적이고 측정 가능한 프로젝트 헌장(project charter)을 마련하는 것이다. 이 헌장은 고위경영층에 의해 마련되며, 핵심 팀에 참여한다는 것은 이 헌장을 수락한다는 것을 의미한다. 중량급 프로젝트 팀의 전형적인 프로젝트 헌장은 "본 프로젝트의 결과로 창출되는 제품은 OOOO년도 제4분기에 인도되며, 시장 출하 1차연도에 연간 최소수익률은 20%를 창출한다." 등이다.

2) 계약서

헌장이 넓은 의미에서 프로젝트 팀의 미션을 규정하는 데 비하여, 계약서(contract book)는 명시된 목표를 달성하기 위한 기본계획(basic plan)을 상세하게 정의한다. 계약서는 핵심 팀과 중량급 프로젝트 리더가 정해지고 고위경영층에 의하여 헌장이 마련되자마자 만들어진다. 프로젝트 팀은 프로젝트를 수행하기 위한 세부계획을 자체적으로 만들며 필요자원을 예측하며, 달성하여야 하는 결과를 포괄적으로 제시하고, 프로젝트의 결과의 평가방법을 마련한다. 그리하여 핵심 팀은 이같은 기본계획을 바탕으로 1~2개월의 기간에 계약서를 마련한다. 대표적인 계약서는 <표 11-1>과 같으며, 이는 프로젝트의 복잡성과 팀과 고위경영층이 원하는 업무 수준에 따라 다르지만 대체로 25쪽에서 100쪽 이내로 구성된다. 일반적으로 팀에 참여하려는 구성원과 고위경영층은 협상을 거쳐서 계약서에 서명하는데, 이같은 서명은 계약을 준수하고 목표로 하는 결과를 달성하는데 성의를 다할 것을 나타내는 것으로 인정된다.

● 표 11-1 중량급 프로젝트 팀 계약서의 주요 내용

1) 요약문

2) 프로젝트의 목적

3) 연구개발활동의 계획

   - 일정계획

   - 필요자원

4) 제품 디자인 계획

5) 품질계획

6) 제조계획

7) 파생제품

8) 성과측정 및 인센티브

자료: Clark, K. B. and Wheelwright, S. C. "Organizing and Leading "Heavy Weight Development Teams"", in: Wheelwright, S. C. and Clark, K. B., *Revolutionizing Product Development: Quantum Leaps in Speed, Efficiency, and Quality* (New York: The Free Press, 1992), Chapter 8에서 저자의 수정.

3) 인력충원

중량급 프로젝트 팀은 연구개발 프로젝트가 수행되는 동안 전담하고 함께 근무할 일련의 범 기능적 팀 구성원을 구성된다. 이같은 팀원의 충원(staffing)은 프로젝트 성공에 가장 중요하다. 일반적으로 기업의 핵심 기능부서로부터는 적어도 한 명의 핵심 팀원(core team member)이 차출된다. 이같은 핵심 기능부서로는 연구개발, 생산, 품질관리, 재무, 인사 관련 부서를 들 수 있다. 이들 핵심 팀원은 자신의 기능부서를 대표하며 소속 부서의 의견을 프로젝트에 투입하는 역할을 한다.

중량급 프로젝트 팀에는 핵심 팀원들 이외에 다른 일반적 팀원들도 구

성된다. 이들은 프로젝트가 진행되는 동안 일정 기간 – 예를 들어 7~8개월 – 프로젝트에 전적으로 파견되어 핵심 팀원들과 같은 공간에 위치하여 업무를 수행한다. 핵심 팀원이 전체 프로젝트에 책임을 지며 개별 기능업무의 조정과 통합을 담당하는 데 비하여, 일반 전임 팀원은 자신의 기능적 업무만을 담당한다.

일부 핵심 팀원은 하나 이상의 중량급 프로젝트 팀에서 업무를 수행하기도 한다. 이는 계약서에 핵심 팀원 해당 프로젝트에 예를 들어 "자신의 70% 이상의 시간을 반드시 투입하여야 한다!"라는 등의 규정이 없는 경우에는 가능하다. 이처럼 두 개 이상의 팀에 핵심 팀원이 되는 인력은 일반적으로 연구개발인력보다는 연구개발업무를 도와주는 인적자원관리, 재무 관련 부서의 인력에 해당된다. 이 같은 중복소속은 해당 프로젝트에서 해당 기능을 전임으로 필요하지 않을 경우에 가능하나, 해당 인력이 필요할 때 그를 활용할 수 없을 수 있다는 위험도 있다.

4) 프로젝트 리더십

Clark & Wheelwright(1992)에 따르면 중량급 프로젝트 리더는 다음 세 가지 측면에서 특별한 리더십을 가져야 한다고 주장한다. 첫째, 중량급 리더는 핵심 팀원을 관리하고, 이끌며, 평가한다. 아울러 핵심 팀은 프로젝트가 수행되는 동안 중량급 리더에게 보고를 한다. 둘째, 중량급 프로젝트 리더는 프로젝트 수행과 관련한 문제 해결 및 갈등 조정 등에 주안점을 두기보다, 연구개발 프로젝트가 지향하는 기술, 제품, 공정과 관련한 기본적 개념을 충분히 이해하고 이를 제시하는 챔피언의 역할을 담당한다. 그리하여 그는 프로젝트 관련 시스템 통합자 역할을 담당한다.

마지막으로, 중량급 프로젝트 리더는 경량급 프로젝트 리더와 다른 역할을 수행한다. 대부분의 경량급 리더들이 사무실에 앉아 서류를 가지고 업무를 수행하며 일상적인 프로젝트 리더의 역할을 하는 데 비하여, 중량급 리더는 사무실에서는 최소한의 시간을 보내며 밖으로 나가 프로젝트에 도움을 줄 수 있는 사람들을 적극적으로 만난다. 이와 관련 Clark & Wheelwright(1992)는 중량급 리더의 역할로 다음 다섯 가지를 제시하고 있다(<표 11-2> 참조). 이들 능력은 상당한 경험과 권위를 바탕으로 축적되며, 이같은 역할을 충분히 확보한 프로젝트 리더는 팀은 물론 기업 내에서 상당한 존경을 받는다.

① 직접적 시장 해석자(direct market interpreter): 이는 프로젝트 팀에 시장과 고객의 니즈를 전달하는 역할이다. 이것은 고객, 대리점, 박람회 등과 기업의 마케팅 조직과의 직접적 접촉을 통하여 시장정보를 직접 수집하는 것을 포함한다.

② 다언어 통역사(multilingual translator): 이는 시장정보를 프로젝트와 관련된 다양한 부서로의 전달은 물론 이들 기능의 언어에 능숙하고 이들 기능 간의 통역과 소통의 역할을 효과적으로 수행하는 것이다.

③ 직접적 연구개발 관리자(direct R&D manager): 이는 연구개발부서의 다양한 하위기능을 직접 지휘, 감독, 조정하는 역할이다. 연구개발 프로그램 및 프로젝트의 규모와 필요한 학문 분야의 크기에 따라, 프로젝트 관리자는 이들 하위기능과 매일 직접 소통하고 이들의 활동을 지원, 통합한다.

④ 행동하는 프로젝트 관리자(project manager in motion): 중량급 프로젝트 관리자는 프로젝트와 관련된 인력들과 대면소통하고 잠재적 갈등을 가능한 빨리 해결하는 등, 사무실에 앉아 있지 않고 밖에서 적극적으로 활동한다.

● 표 11-2 중량급 프로젝트 리더의 역할

역할	내용
직접적 시장 해석자	1차적 정보, 대리점 방문; 마케팅 조사팀과 조사 예산 보유; 고객과 직접 접촉 및 토론
다언어 통역사	고객, 연구개발요원, 시장조사자의 언어에 능숙; 고객의 경험 및 요구와 연구개발 요건 간 통역자 역할 담당
직접적 연구개발 관리자	연구개발요원과의 직접 접촉; 연구개발활동의 지휘 및 조정; 개념적 통일성의 전달; 연구개발요원을 넘어서는 시각 보유
'행동하는' 프로젝트 관리자	주로 외근을 함; 너무 많지 않은 회의와 서류작업; 대면소통; 갈등 해결 및 관리
개념 투입자	개념의 보호자; 적극적 반응 및 자신의 철학을 관철; 최종적 의사결정자; 세부사항의 조정 및 조화의 창조

자료: Clark, K. B. and Wheelwright, S. C., "Organizing and Leading "Heavy Weight Development Teams"", in: Wheelwright, S. C. and Clark, K. B., *Revolutionizing Product Development: Quantum Leaps in Speed, Efficiency, and Quality* (New York: The Free Press, 1992), Chapter 8에서 저자의 수정.

⑤ 개념 투입자(concept infuser): 이는 연구개발 개념의 챔피언의 역할을 의미하며, 프로젝트 책임자는 개념의 보호자이다. 그는 관련자들에게 대응하는 것은 물론 다양한 선택이 연구개발 기본 개념과 조화를 이루도록 하는 역할을 수행한다. 이는 상당한 소통, 교육, 갈등 해결능력을 필요로 한다.

5) 팀 구성원의 책무

중량급 팀의 핵심 구성원은 그들의 기능적 업무를 넘어서는 책임 (responsibilities)을 가진다. <표 11-3>에 나타나 있는 바와 같이 이들 책임은 기능부서 관련 책무와 팀 관련 책무 두 가지로 나누어진다. 먼저, 기능부서 관련 책임(functional hat responsibilities)은 자신이 원래 소속한 기능부서의 대표로서 팀의 개별적 핵심 구성원에 의해 받아들여진 책임이다. 이는 자신의 기능부서의 전문지식 및 의견이 적시에 사전적으로 팀에 반영되게 하는 책무이다.

그러나 각각의 핵심 팀 구성원은 동시에 팀 관련 책임(team hat responsibilities)을 진다. 각 구성원은 팀 관리자와 함께 중량급 팀의 운영절차와 프로젝트 전체의 성과에 대한 책임을 공유한다. 아울러 구성원은 팀의 업무가 어떻게 배분·구성되고, 이루어지는지에 관한 책임을 공동으로 가진다.

◉ 표 11-3 중량급 팀 핵심 구성원의 책무

기능부서 관련 책무	• 기능적 전문지식의 프로젝트에 투입 • 프로젝트에 대한 기능부서 의견의 대표 • 기능부서에 의존하는 하위목표 달성의 보장 • 팀에 영향을 미치는 기능적 이슈가 팀 내에서 사전적으로 제기되는 것을 보장
팀 관련 책무	• 팀의 결과에 대한 책임 공유 • 업무와 내용의 재구성 • 보고 및 다른 조직적 관계를 구성 • 팀 성과의 모니터와 개선에 참여 • 중역의 관점에서 이슈를 검토 • 프로젝트와 팀 운영과정의 범위를 이해, 인식, 책임있게 검토

자료: Clark, K. B. and Wheelwright, S. C., "Organizing and Leading "Heavy Weight Development Teams"", in: Wheelwright, S. C. and Clark, K. B., *Revolutionizing Product Development: Quantum Leaps in Speed, Efficiency, and Quality* (New York: The Free Press, 1992), Chapter 8에서 저자의 수정.

6) 중역 후원자

중량급 프로젝트 팀은 대단히 많은 권한과 책임을 가지기 때문에 고위경영층(senior management)과 효과적인 관계를 구축하는 것이 중요한데, 여기에는 특별한 메커니즘을 필요로 한다. 고위경영층은 프로젝트 팀에게 프로젝트의 진행과 관리의 권한을 부여하는 동시에 프로젝트와 프로젝트 리더를 지도할 수 있는 능력을 보유할 필요가 있다. 이같은 책임은 보통 연구개발, 마케팅, 제조 담당 부사장이 맡는데 이를 중역 후원자(executive sponsor)라고 부른다. 중역 후원자는 중량급 프로젝트 리더와 핵심 팀에 대한 코치와 멘토가 되는데, 그는 팀의 활동과 노력에 대하여 상시적인 접촉을 유지한다. 아울러, 중역 후원자는 고위경영층과 팀과의 연계(liaison)를 담당한다. 고위경영층의 다른 경영자가 프로젝트의 현황에 관하여 관심을 가지고 의견과 정보를 제공할 것이 있으면 이는 중역후원자를 통하여 이루어진다. 일반적으로 중역후원자와 핵심 팀은 팀이 확실하게 의사결정권을 가지는 분야와 그렇지 않아 고위경영층의 검토가 필요한 분야를 사전에 결정한다. 보통 고위경영층은 프로젝트에 관하여 투입된 자원, 주요 산출물과 이의 가격, 주요 일정 및 일정의 이탈, 인센티브, 범기능적 이슈 등에 관심을 가진다. 이와 같은 업무의 사전적 명확화는 중역 후원자와 프로젝트 팀의 효율적 활동에 중요한 영향을 미친다.

제4절 중량급 프로젝트 팀의 사례

XYZ Computer사는 그동안 중량급 프로젝트팀을 구성한 경험이 없었고, 이제 이 제도를 도입하려고 두 개의 팀을 구성하여 각각 프로젝트를 시작하였다. 이 두 팀, 즉 A팀과 B팀은 모두 향후 12개월 안에 시장에 출하할 작은 컴퓨터 시스템의 개발 책임을 맡았다. 각 팀의 핵심 팀원들은 동일한 공간에 근무하고 정기적 회의를 하는데, 각 팀에 재무·회계분야의 핵심 팀원은 두 팀에 공통으로 참여하였다. 각 팀은 자신의 목표시장을 위한 새로운 컴퓨터 시스템을 개발하는 과업이 주어졌는데, 우연하게도 두 제품은 다른 특별한 칩(chip)과 더불어 동일한 맞춤형 마이크로프로세서 칩을 사용하기로 되었다.

효율적인 중량급 프로젝트팀 구조를 창출하는 데 어려움은 각 팀이 이 동일한 맞춤형 칩, 즉 슈퍼콘트롤러칩(supercontroller chip)의 파일럿 생산을 위하여 하청기업(vendor)에게 보냈을 때 발생하였다. 하청기업은 두 팀에게 생산을 마치는 시간을 20주라고 통보하였다. 그 당시 슈퍼콘트롤러칩은 이미 B팀에게는 11주의 생산계획으로 최적경로(critical path)에 놓여 있었다. 그리하여 칩 생산에 드는 매주는 이 팀에게는 프로젝트 일정 중 1주일을 단축을 의미하는 것이고 B팀은 이미 최초의 시장출하 일정을 맞추지 못할까 걱정하고 있었다. 하청기업으로부터 20주의 칩 생산일정의 문제가 처음 발생하였을 때 개발부서 출신인 프로젝트 관리자 J는 그가 과거에 기능적으로 조직된 연구개발 노력을 해왔기 때문에 이를 강하게 비판하였다. 최초의 프로토타입은 개발부서의 책임이었기에, 그는 칩 인도날자를 단축하도록 노력하겠다고 보고했다. 그러나 하청기업은 대기업이었고 XYZ사가 이 기업과 많은 거래를 하고, 또한 이 기업은 늦장 부리기에 유명하였다. 다른 핵심팀 구성원의 부탁에 의해 고위임원이 하청기업의 고위임원과 접촉하게 하는 등의 납기를 단축하는 방안을 제시하였지만, 그는 정중히 거절하였다. J는 이 같은 문제를 다루는 전통적인 방법에 익숙해 있었고 그 방법을 심각하게 바꾸어야 할 필요성, 책임, 권한을 느끼지 않았다.

A팀에서는 하청기업이 원래 제시한 20주의 생산 마무리의 계획은 약간의 여유가 있었고 그리하여 이 슈퍼콘트롤러칩은 최적경로에 놓여 있지 않았다. 그러나 2~3주 뒤 연구개발활동과 일정의 변화가 이루어진 뒤에야 이 문제가 팀의 주간회의에서 대두되었다. 여기에서 생산부서 출신인 프로젝트 팀 관리자 F(그는 한 번도 초기 프로토타입 개발에 참여해 본 적이 없음)는 칩의 계획된 생산 마무리 시간이 너무 길며, 이제 그는 이를 줄여보도록 노력하겠다고 진술하였다. 다음 주간회의에서 그는 반가운 뉴스를 가져왔는데, 그가 하청회사와 논의한 결과 슈퍼콘트롤러칩을 11주 뒤에 인도받을 수 있다는 것이었다. 게다가 F는 회사 중역으로부터 전화를 받았는데, 그가 하청업체 중역과 접촉한 결과 이 인도일은 더 단축될 수도 있다는 것이었다.

2주 후 B팀의 정기회의에서는 슈퍼콘트롤러칩의 진행 경과보고가 의제로 올라왔는데, 여기에서 원래의 일정에 아무런 변화가 없음이 보고되었다. 이 자리에서 재무부서에서 두 팀 모두에 참여하고 있고 이미 A팀의 회의에 참여한 적 있는 N이 A팀이 이미 납기단축에 성공하였음을 보고하였다. 이에 대하여 J는 A팀이 그 같은 노력을 해오고 있다는 것을 알고 있지만 그 정보는 정확한 것이 아니며 원래의 20주의 납기계획은 아직도 유지되고 있다고 반박하였다. 게다가 J는 A팀의 F의 노력은 기업 내부의 불확실성과 분열을 가져오고 있으며 앞으로 A팀이 이 같은 노력을 할 때는 B팀과 사전에 조정하여야 할 것이라고 주장하였다. 그는 이 같은 조정은 외부의 하청기업이 관여될 때는 특히 중요하다고 말하고, 이 상황을 종료할 미팅이 당일 오후 A팀의 F와 B팀의 개발부 및 구매담당요원 간에 있을 예정이라고 말하였다.

다음날 오후 A팀의 회의에서 F는 슈퍼콘트롤러칩의 빠른 인도일정을 확인하였다. 11주라는 일정이 A팀과 B팀에게 유리하게 확정된 것이다. J 역시 이 수정된 일정이 자신의 팀에게도 적용된다는 것을 확인하였으나 그는 F가 이를 달성하기 위해 사내의 표준업무절차(SOP: standard operating procedures)를 위반하였다고 불쾌해했다. 이 같은 시각차에 대해 관심을 가진 N은 왜 A팀은 장애물을 도출하고 이를 작업경로에서 제거한 데 비해 B팀은 동일한 문제를 도출하고도 이를 전혀 제거하지 못하였을까에 대해 학습하기로 하였다.

F가 지적한 대로 J는 개발부 관리자를 역임하였고 그는 칩의 기술적 요건을 잘 알고 있었지만, 그는 칩 하청기업과 그 생산과정을 다루는 경험이 없었다. 그 자신은 오랫동안 개발분야의 전문가였다. 이 같은 경험이 없기에 그는 하청기업의 표준일정을 변경하려는 무리한 노력을 하였던 것이다. 그러나 F는 다양한 칩 하청기업과의 생산경험이 있었기에 그는 자신의 최적경험사례에 비추어 하청기업의 일정을 가늠할 수 있었고 하청기업이 상당히 빠른 납기를 맞추기 위하여 무엇이 필요한지를 이해할 수 있었다.

F는 팀의 역할에 충실했고 그는 경험으로 하청기업의 원래 계획으로는 팀의 활동이 성공을 거두지 못한다는 것을 명확히 알았기 때문에 그는 인도일정을 변경하기로 결정한 것이다. 이에 비하여, J는 전통적으로 기능식 조직에 오랜 기간 동안 일했고 하청기업과의 관계는 그의 기능부서에서 일부로서 진지하게 살펴보지 못하였기 때문에 그는 하청기업에게 일정을 단축하게 하는 일이 그의 책임이고 그의 권한 속에 있고 심지어 그의 역할의 장기적인 관심사여야 한다는 점을 인식하지 못하였다. 그는 팀의 전체적 목적을 달성하는 것보다 갈등을 회피하고 풍파를 만들지 않는 데에 더 관심을 가졌다.

B팀에서는 이 문제를 개발 쪽에서 온 팀 구성원이 제기하였으나, 그는 이를 해결하는 데 적극적이지 않았고 심지어 다른 팀의 노력을 방해하였다. 그러나 A팀에서는 이 문제를 개발 쪽에서 온 팀 구성원이 문제를 제기하였으나, 생산 쪽에서 온 F가 이를 사전적으로 적극 대응하였다. B팀에서는 하청기업으로부터 받는 프로토타입 칩은 '개발 쪽의 책임'이라고 생각하였는데 비하여, A팀은 이 문제를 '팀의 책임'으로 간주하였다. 그리고 F는 이 문제를 해결할 최고의 인물이었고, 그는 정말로 문제를 해결하였다.

A팀과 B팀 모두 팀을 운영하는 내규, 팀 구성원의 역할에 관한 계약서, 같은 장소에서 일하는 핵심 팀 구성원, 프로젝트 리더, 명시된 책임, 중역급 후원자를 모두 가지고 있었다. 그러나 이들이 개인과 팀에게 무엇을 의미하는가에 대한 J와 F의 이해는 아주 달랐다. J는 이 새로운 접근방법을 다른 조직적 구성으로 보았고 그냥 이전에 하던 방식으로 업무를 하였다. 그러나 F는 이를 업무를 새롭게 하는 기회로 보았다. 그리하여 그는 업무를 재구성하는 책임을 지고, 새로운 기능을 끌어들이고 자원을 재배분하였으며, 업무를 가능한 최적으로 이루려고 노력하였다.

비록 두 팀 모두 이론에 따르면 '중량급' 팀이었지만, 실제로 F의 팀이 훨씬 더 무거웠다. 그리하여 결론은 연구개발 프로젝트팀에서 '무거움(heaviness)'은 구조와 메커니즘의 문제가 아니라 태도와 행동의 문제라는 점이다. 그리하여 심각한 변화를 하지 않고 중량급 팀을 구성하려는 기업은 이 팀의 구조에 있는 힘이 오히려 이 같은 팀 접근방법에 문제점을 가져온다는 것을 인식하여야 한다. 연구개발 프로젝트를 위하여 이 같은 중량급 팀을 구성하려는 의도와 함께 조직과 태도의 근본적 변화를 하려는 의지가 있어야 연구개발활동의 집중, 통합, 효과성의 장점을 누리게 해 줄 것이다.

CHAPTER 12

개방형 혁신과 연계개발

제1절 기술협력의 필요성10)

1. 기술획득과 기술협력

기술혁신은 기업에 수익을 창출해 주어야 한다. 이를 위해서는 기업이 새롭고 보다 나은 제품과 서비스로 이전될 수 있는 기술을 확보하여야 하는 기술획득(technology acqution)의 문제가 대두된다. 근본적으로 기술의 획득은 두 가지 방법이 있다. 먼저, 기술을 스스로 개발하여 확보하는 것이다. 이는 이른바 '내부 연구개발(in-house R&D)'을 통하여 기술을 확보하는 것이다. 이는 일반적으로 기술혁신경영에서 전제로 하는 기술획득 방법으로 많은 기업이 이를 위한 연구개발조직을 운영하고 있다. 즉, 대부분 기업은 연구소(research institute)를 설립하고 연구개발인력을 고용하고 상당한 연

---

10) 이 절은 정선양, 「전략적 기술경영」, 제5판(서울: 박영사, 2023), 469~472쪽을 수정·보완하였음.

구개발투자를 해 오고 있다. 이는 기술개발과정을 통제할 수 있고 개발·확보된 기술을 전유할 수 있다는 장점이 있다. 그러나 이 방법은 상당한 기간의 기술혁신능력 축적을 전제로 하며 연구개발인력의 확보가 쉽지 않고 시간이 많이 걸리며 상당한 연구개발비용을 필요로 하고 반드시 성공적인 연구개발 결과를 창출하지는 않는다는 어려움이 있다.

그리하여 많은 기업이 다양한 기술협력을 수행해 오고 있다. 기술협력(technological collaboration)은 서로 다른 기업과 기관이 서로 다른 기술혁신역량을 바탕으로 연구개발활동에 공동으로 참여하는 것을 의미한다. 이를 통하여 참여기업은 연구개발비용을 절감할 수 있고 연구개발위험을 공유할 수 있으며 보완적 기술혁신능력을 바탕으로 목표로 하는 기술을 보다 효율적으로 확보할 수 있다. 그러나 이같은 기술협력은 서로 이질적인 기업과 기관이 협력한다는 점에서 공동의 연구개발활동을 수행하는데 여러 문제에 부닥치고 기업의 기술적 비밀이 상대기업으로 넘어갈 수 있다는 문제도 발생한다.

2. 기술협력의 이유

1) 경제적 이유

기업이 기술협력을 하는 경제적 이유(economic reasons)는 여러 가지가 있다. 기술협력의 대표적인 이유로서 ① 기술개발 혹은 시장진입에 있어서 비용 절감, ② 기술개발 혹은 시장진입에 있어서 위험 감소, ③ 생산에 있어서 규모의 경제 달성, ④ 신제품 개발 및 상업화에 들어가는 시간 단축 등 네 가지로 파악하고 있다. 이는 기본적으로 기술개발 및 상업화에 있어서 원가, 시간, 위험을 절감하기 위해 기업이 다른 기업 및 혁신주체와 협력을 하는 것이다. 이를 좀 더 자세히 살펴보면 다음과 같다.

첫째, 기술이 다른 기업이나 조직에 의해 이미 개발되어 있다면 이를 습득함으로써 기업은 보다 전략적으로 중요한 기술의 개발 및 상업화를 위한 시간(time)을 절약할 수 있다. 급변하는 경쟁환경에서는 남보다 먼저 우수한 신기술을 활용하여 새로운 제품과 서비스를 시장에 내놓는 것이 매우 중요하기 때문에 기업이 스스로 기술을 개발하지 않고 협력을 통해 습득할 수 있다면 상당한 정도의 경쟁우위를 확보할 수 있다.

둘째, 기업은 기술협력을 통해 새로운 기술개발에 대한 내부적 자원(internal resources) 소모를 최소화할 수 있다. 기업 내부에서 스스로 기술개발에 나선다면 기술경영자들은 기술개발에 대해 책임감을 가지고 많은 노력을 기울이게 된다. 기술개발에는 기업의 자원이 상당한 정도 투입되는데, 이러한 자원의 투입은 기업의 보다 핵심적인 사업 및 역량에 투입되어야 할 자원을 감소시켜 전략적으로 수지가 맞지 않을 수 있다. 따라서 기술의 외부조달을 통해 부족한 자원을 보다 효율적으로 활용함으로써 기업이 보다 많은 부가가치를 창출할 수 있는 기업활동에 자원을 집중하도록 하기 위해서 기술협력이 필요하다.

셋째, 기술협력은 기술개발에 따른 위험(risk)을 감소시킬 수 있다. 새로운 기술의 개발이나 외부에서 이미 개발된 기술을 내부적으로 다시 창출하기 위해서는 상당한 기간의 학습과 준비가 필요하다. 이 경우 외부에서 해당 기술에 대한 전문적 이해를 지닌 기술 공급자에게 개발을 맡기는 것이 기업의 전략경영 관점에서 현명한 선택일 수 있다. 또한, 외부의 전문가에게 기술을 의뢰하게 되면 경험이나 스킬이 부족한 내부적 개발보다 완성도 높고 질적으로 우수한 기술의 조속한 습득이 가능할 수 있다.

넷째, 기업 실무에서 기술협력은 피할 수 없을 때가 있다. 우리 기업이 필요로 하는 중요한 기술은 이미 다른 기업이 특허 등을 통해 배타적으로 확보하고 있다면 그 기술을 가진 기업이나 조직과 협력을 통해 해당 기술을 확보·활용하여야 할 것이다. 다른 기업이 확보하고 있는 기술을 개발하였다고 해도 이 기술은 법적으로 활용할 수 없기 때문에 기업은 미리 기술환경 분석을 통해 자신이 필요한 기술을 다른 기업이 확보하였는지 여부를 검토하고 다른 기업이 이미 확보하였다면 이를 협력을 통해 활용하여야 할 것이다.

2) 기술적 이유

현대의 기술들은 속성상 기술개발의 비용, 시간, 위험이 대단히 증가하고 있기 때문에 어느 기업이 모든 기술을 다 개발할 수 없는 기술적인 특성이 있다. 이 같은 환경 속에서 기업은 자원의 보다 합리적인 활용이 필요한데 기술의 자체개발보다 외부에서의 협력을 통한 확보가 유리하다면 이를 적극적으로 활용하는 것이 좋다. 아울러 최근 많은 기업이 전략적 기술혁신 경영의 관점에서 기술이 기업에게 '핵심적'이지 않고 '주변적'일 경우 이를 외부에서 획득하고 이를 통해 자신의 핵심영역에 자원을 집중하여야 한다는 인식이 매우 높아지고 있다. 아무리 큰 거대기업이라고 해도 모든 기술에 대해 핵심역량을 확보할 수는 없다. 아울러 최근에는 외부의 기술적 원천 (external technology sources)이 기업의 미래사업에 대한 기회의 창 (window of opportunities)으로서 작용하는 경우가 많고, 특히 기업에 막대한 경쟁우위를 가져다줄 불연속적 혁신(discontinuous innovation)과 파괴적 혁신(disruptive innovation)은 기업 외부의 지식으로부터 창출된다. 이에 따라, 기업은 외부와의 협력을 통하여 새롭게 떠오르는 신흥기술(emerging technologies)에 대해 주시해야 한다. 이와 같은 기술적 이유(technological reasons)를 살펴보면 다음과 같다.

첫째, 기술은 그 자체가 시스템적 특성(systemic characteristics)을 갖기 때문에 기술혁신의 과정에서 다양한 시스템 구성요소들이 상호작용을 하게 된다. 그런데 아무리 기술능력이 높은 기업이라 하더라도 구성요소들 모두에 대하여 높은 기술능력을 확보하기는 매우 어렵다. 따라서 기술혁신의 과정에서 기술협력은 불가피하다. 아이디어의 창출, 연구, 개발, 생산, 출하 등 각 과정에서 다양한 지식요소가 투입되는데 이들 지식요소를 보유하고 있는 여러 기술주체와 상호 조화를 이루면서 협력해야 기술혁신을 성공적으로 이끌어낼 수 있다. 단일 기업이 기술혁신의 모든 단계를 담당하는 것이 아니라 여러 종류의 기업이 각각의 특성에 맞게 각 단계를 담당하고 여러 단계 간에 상호간 피드백 과정을 촉진시키며 다양한 형태의 기업이 상호 협력하여야 한다. 이 같은 상호작용적인 협력이 존재할 때 성공적인 기술혁신이 가능하다.

둘째, 기술혁신의 과정에서 생성되는 지식의 암묵성(tacitness) 때문이다. 지식의 암묵성은 기능, 가공, 공정, 설계 등 기술혁신행위를 수행하는 과정에서 복잡한 분석활동을 요구하며, 이를 획득하기 위해 다양한 실험과 시험을 거쳐야 한다는 것을 의미한다. 따라서 암묵지는 연구개발활동을 통하여 쉽게 형식적으로 기록되기 어려우며, 모방되는 것도 아니고, 계약을 통하여 이전되기도 어려운 속성을 지니고 있다. 이 때문에 기업은 기술협력을 통하여 협력 파트너와 함께 토론하고 실습하면서 교정하고 학습하는 행위를 거쳐 암묵지를 획득하여야 한다.

셋째, 기술혁신은 여러 과정을 거쳐 완성되는데 각 과정마다 경쟁력을 가진 다른 기업들의 보완적 기술지식, 즉 보완자산(complementary assets)을 효율적으로 활용하기 위해서 기술협력을 하게 된다. 기업은 기술혁신과정의 모든 분야에서 높은 기술능력을 확보할 수 없다. 이에 따라, 기술혁신의 과정에서 다른 기업 및 연구기관의 도움을 받아 보다 효율적인 기술혁신활동을 수행하여 기술혁신의 성공률을 제고함으로써 시장에서도 성공할 수 있을 것이다.

전통적으로 많은 기업이 자체 연구개발활동에 주안점을 두어 왔으나 최근 기술경제환경이 빠르게 변화함으로써 전 세계적으로 기술협력에 많은 노력을 기울이게 되었다. 그 결과 기술협력은 기술혁신경영의 주요 분야로 자리잡았고, 많은 전문가가 효율적인 기술협력 방안을 제시해 오고 있다. 이와 관련 가장 많은 주목을 받은 연구는 Chesbrough가 제시한 개방형 혁신(open innovation)과 P&G에서 선도적으로 적용하여 전 세계적으로 확산된 개념인 연계개발(C&D: connect & development)이다. 이에 따라, 본 장에서는 이들 두 개념을 살펴보고 이들 개념의 실무에서의 성공방안과 이같은 기술협력이 기술혁신경영에서 차지하는 비중을 살펴보기로 한다.

제2절 개방형 혁신[11]

1. 개방형 혁신의 개념과 배경

1) 개방형 혁신의 개념

개방형 혁신(open innovation)은 2000년대 초반 Henry Chesbrough에 의해 주창되어 세계 기술경영계에 화두가 되었다. 본 절에서는 그의 대표적인 논문과 책을 바탕으로 개방형 혁신에 관해 살펴보기로 한다 (Chesbrough, 2003a, 2003b; Chesbrough & German, 2009). Chesbrough

---

11) 이 절은 정선양, 「전략적 기술경영」, 제5판(서울: 박영사, 2023), 507~514쪽을 수정·보완하였음.

는 기업이 새로운 아이디어를 창출하여 시장에 내놓는 방법에 대한 근본적인 생각을 바꾸라고 주장하였다. 즉, 그동안에는 기술혁신활동을 내부연구개발활동(internal R&D activities)을 중심으로 추진해 왔으나, 이제는 이와 더불어 외부의 혁신주체와 협력하고 외부의 아이디어를 적극적으로 활용하라는 것이다. 과거에는 기술혁신의 선형모형(linear model)에 근거하여 독립된 연구소를 설립하고 재무적·인적 자원을 보다 많이 확보한 회사가 더 나은, 더 많은 기술혁신을 창출하였다. 이 점에서 과거에는 기술혁신이 대기업에게 유리하였고 사실 대기업의 전유물이었다.

최근 신기술 산업에 있어서 내부연구개발역량을 가지지 않고 외부의 지식을 적극 활용하는 기업의 경쟁력이 내부의 연구개발에 주안점을 둔 기업들보다 훨씬 앞서는 현상이 종종 발생하고 있다. 예를 들면, Cisco는 자체연구개발역량을 갖추고 있지 않음에도 불구하고 유사 분야의 Lucent를 제치고 이 분야의 강자로 올라섰다. 이와 같은 개방형 혁신을 추구한 기업이 폐쇄형 혁신을 추구한 기업보다 높은 경쟁력을 가지는 사례는 <표 12-1>에서와 같이 많이 있다.

◉ 표 12-1 개방형 혁신의 성공사례

개방형 혁신	폐쇄형 혁신
Pfizer	Merc
Intel	IBM
Cisco	Lucent
Nokia	Motorola/Siemens
Genentech	Merc/Pfizer

2) 개방형 혁신의 추진 이유

Chesbrough는 기업이 개방형 혁신(open innovation)을 추구하여야 하는 이유로 다음 세 가지를 제시하고 있다.

먼저, 기술의 복잡성(complexity)이다. 일반적으로 새로운 기술은 매우 복합적인 지식의 활용을 통해 개발된다는 점에서 어느 한 기업이 이 같은 지식 모두를 확보한다는 것은 불가능하다. 이 점에서 기업은 다양한 기업, 대학, 공공연구기관 등과 협력을 하여야 한다.

둘째, 지식 노동자(knowledge worker)의 수와 이동성(mobility)의 증가이다. 지식기반사회에서 지식을 체화하고 있는 노동자의 수가 증가하고 있으며, 이들은 과거와 달리 새로운 기회를 찾아 이동하는 경향이 있다. 이 점에서 기업은 내부에 축적된 아이디어, 지식, 역량을 통제하기가 어려워졌다.

셋째, 창업 및 기술의 상업화를 지원하는 제도적 기반(institutional base)이 확충되었다. 기업, 대학, 공공연구기관에 있는 한 개인이 좋은 아이디어를 가지고 있을 때 이를 외부에서 상업화하는 데 필요한 자금을 지원하는 벤처캐피털 등 관련 제도들이 준비되어 있다.

2. 개방형 혁신의 모델과 논리

1) 개방형 혁신의 모델

기업은 지속가능한 경쟁우위를 확보하기 위하여 다양한 연구 프로젝트를 수행하게 된다. 그동안 기업들은 대부분 연구개발 프로젝트들을 기업 내에서 수행하는 폐쇄형 혁신(closed innovation)을 추구해 왔다.

● 그림 12-1 개방형 혁신의 모델

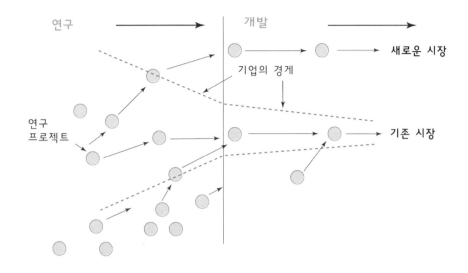

자료: Chesbrough, H., *Open Innovation: The New Imperative for Creating and Profiting from Technology* (Boston, MA: Harvard Business School Press, 2003), p.xxv.

그러나 개방형 혁신(open innovation)은 <그림 12-1>에 나타나 있는 바와 같이 기업의 혁신활동이 기업의 경계를 넘어서서 이루어진다. 연구개발 및 혁신의 전 과정에 걸쳐 기업 내부의 지식이 외부로 나아가 활용되는 것은 물론 기업 외부의 지식이 내부로 들어와 활용된다. 이를 통하여 기업은 부족한 자원을 효율적으로 활용하며, 기술혁신의 과정에 있어서 성공률을 높이고, 기업 외부와 긴밀한 협력관계를 유지할 수 있다.

2) 개방형 혁신의 논리

개방형 혁신은 폐쇄형 혁신과 전혀 다른 원칙(principles)을 적용하여야 한다. 기업은 외부의 전문지식을 적극 활용하여야 하며, 외부의 연구개발활동과 내부 연구개발활동 간의 시너지를 창출하여야 하고, 보다 나은 비즈니스 모델을 만들어야 하며, 내부와 외부의 아이디어를 효율적으로 결합하여야 한다. 아울러 우리가 소유하고 있으나 활용하고 있지 않은 지적재산권을 다른 기업들이 사용하게 하여 이를 통해 라이선싱 수입을 창출하고, 우리도 필요하면 다른 기업들의 지적재산권을 적극 라이선싱하여야 한다(<표 12-2> 참조).

● 표 12-2 폐쇄형 혁신과 개방형 혁신의 상반되는 논리

폐쇄형 혁신	개방형 혁신
우리 분야의 똑똑한 사람들이 우리를 위해 일을 한다.	모든 똑똑한 사람들이 우리를 위해 일하지는 않기 때문에, 우리는 외부의 현명한 사람들의 지식과 전문성을 찾아 접근하여야 한다.
R&D로부터 수익을 창출하기 위해서 우리는 발견, 개발, 출하를 우리 스스로 모두 하여야 한다.	외부 R&D는 상당한 가치를 창출할 수 있으며, 내부 R&D는 이 가치 중 어느 정도를 확보하기 위하여 필요하다.
우리 스스로 발견하면, 우리는 이를 시장에 처음으로 출하할 수 있다.	수익을 창출하기 위하여 최초의 연구를 우리가 시작할 필요는 없다.
우리가 혁신을 처음으로 상업화하면 우리는 승리할 것이다.	보다 나은 비즈니스 모델을 만드는 것이 시장에 처음으로 출하하는 것보다 좋다.
우리가 산업 내에서 가장 많은, 가장 좋은 아이디어를 창출하면 우리는 승리한다.	우리가 내부와 외부의 아이디어를 가장 잘 활용한다면 우리는 승리한다.
우리는 지적재산권(IP)을 통제하여야 하며, 그 결과 경쟁자들이 우리의 아이디어로부터 수익을 창출하지 못하게 하여야 한다.	우리는 우리의 지적재산권을 다른 기업들이 활용하는 데에서 수익을 창출하여야 하며, 다른 기업의 지적재산권이 우리의 비즈니스 모델을 발전시킨다면 이를 구매하여야 한다.

자료: Chesbrough, H., *Open Innovation: The New Imperative for Creating and Profiting from Technology* (Boston, MA: Harvard Business School Press, 2003), p.xxvi.

3. 개방형 혁신의 유형 및 장단점

1) 개방형 혁신의 유형과 수단

Chesbrough & German(2009)은 개방형 혁신을 내부지향형 개방형 혁신(outside−in open innovation)과 외부지향형 개방형 혁신(inside−out open innovation)으로 나누고 있다. 전자는 외부지식의 내부로의 유입에 주안점을 두는 데 비하여, 후자는 내부지식의 외부적 활용으로 특징지어진다. 그동안 개방형 혁신은 전자의 유형에 주안점이 두어졌지만, Chesbrough & Garman(2009)에 따르면 경제가 어려운 시기에는 외부지향형 개방형 혁신이 중요하다고 강조하는데, 그 이유로는 기업으로서는 자원을 절약할 수 있고 외부의 기업 및 기관들과 좋은 관계를 확보·유지할 수 있으며, 혁신적인 생태계를 유지할 수 있고, 라이선싱 수입을 벌어들일 수 있기 때문이다.

◉ 표 12-3 개방형 혁신의 유형과 수단

내부지향형 개방형 혁신	외부지향형 개방형 혁신
- 사내 창업 - 외부지식의 라이선스 - 혁신 공동체의 구축 및 주도적 운영 - 자사 주도의 공동연구 및 외부 연구원의 참여	- 외부에 기업의 창업 및 지원 - 내부지식의 외부로의 라이선스 - 외부 혁신 공동체에 참여 - 내부 연구원의 외부 프로젝트에 참여 - 타사(기관) 공동연구에 참여

자료: 정선양, 「전략적 기술경영」, 제5판(서울: 박영사, 2023), 511쪽.

기본적으로 개방형 혁신의 유형에 따라 다양한 수단을 활용할 수 있다.

먼저, 내부지향형 개방형 혁신과 관련해서는 사내 창업을 통하여 외부 인력의 고용, 외부지식이나 지적재산권을 라이선스하는 일, 혁신 공동체를 설립하여 주도적으로 운영, 자사 주도의 공동연구의 추진 및 외부 인력을 자사 프로젝트에 참여 허용 등을 할 수 있다.

다음으로, 외부지향형 개방형 혁신의 수단으로는 내부인력에 의한 외부에 기업의 창업 및 지원, 내부지식 및 지적재산권을 외부의 기업에게 라이선스, 외부의 혁신 공동체에 대한 참여, 내부 연구원의 타사 및 타 기관의 공동연구 프로젝트에 참여 등을 들 수 있다.

2) 개방형 혁신의 장단점

일반적으로 개방형 혁신은 여러 가지 장단점을 가지고 있는데, 이는 일반적 기술협력의 장단점과 유사하다. 우선 장점은 다음과 같다.

먼저, 개방형 혁신은 내부의 연구개발역량을 대폭적으로 확보하지 않아도 된다는 점에서 자원(resources)을 절약할 수 있다.

둘째, 개방형 혁신은 외부의 기술적 지식과 내부의 지식을 결합한다는 점에서 내부연구개발활동에 대한 시너지(synergy)를 창출할 수 있다. 기업은 외부의 지식을 바탕으로 보다 차별화된 제품과 서비스를 창출할 수 있다.

셋째, 기업은 혁신의 기회(innovation opportunities)에 대한 보다 체계적인 접근을 할 수 있다. 기술혁신이 빠르게 진행되는 상황 속에서 외부지식에 대한 신속한 접근은 기업에 혁신의 기회를 높여준다.

넷째, 개방형 혁신은 내부 연구개발 조직 및 인력에게 자신의 연구개발 및 기술혁신 활동을 되돌아보고 반성(reflection)을 하여 기술혁신능력을 증대시키는 계기를 제공해 준다. 기업은 꾸준히 새로운 기술발전의 추세를 주시하여야 하지만 내부의 연구개발활동에 집중하다 보면 이는 쉬운 일이 아니다. 이에 따라, 기업 외부의 경쟁기업, 대학, 연구기관들과의 협력은 기업으로 하여금 자신의 연구개발 활동과 역량을 되돌아 볼 수 있는 기회를 제공해 준다.

그러나 개방형 혁신은 단점도 가지고 있다.

먼저, 개방형 혁신은 체계적으로 추진하지 않으면 협력 파트너에게 자신의 혁신역량(innovation capabilities)을 넘겨줄 위험이 있다. 특히 기업 간의 개방형 혁신을 추구할 경우 협력 파트너가 상대방의 핵심역량을 모방할 가능성이 크다.

둘째, 개방형 혁신은 이에 대한 체계적인 경영이 없으면 실패할 위험이 있다. 특히 협력 상대와의 협력과 협상은 물론 참가자 간의 업무 조정(coordination) 및 조화 등 다양한 인사조직적 문제를 다루어야 한다.

셋째, 협력 당사자들의 고의적인 업무해태(job laziness)의 위험성이 있다. 개방형 혁신은 기업 내의 기술혁신활동과 달리 본사로부터의 체계적 관리를 받지 않고 협력 당사자들이 자체 혁신활동보다는 업무에 소홀하기 쉬우며, 경우에 따라서는 고의적으로 협력을 등한시하는 경우도 생긴다.

넷째, 개방형 혁신은 자원배분(resources allocation)에 있어서 내부의 기술혁신활동에 비하여 차별적인 대우를 받을 수 있다. 경영층은 내부의 연구개발혁신에 더 많은 관심을 가지는 경향이 많으며 이에 따른 자원배분에 있어서 불이익을 받을 가능성이 있다. 이는 개방형 혁신에 참가한 조직 및 연구원들의 사기를 저하시키는 큰 요인이 된다.

4. 개방형 혁신의 성공방안

개방형 혁신은 자동적으로 이루어지는 것이 아니기에 이에 성공하기 위해서는 이에 대한 체계적 경영(systematic management)이 필요하다. 좀 더 세부적으로 살펴보면 다음과 같다.

첫째, 개방형 혁신이 성공하기 위해서는 최고경영자(top management)의 적극적인 참여가 필요하다. 최고경영자는 기업의 경쟁우위 확보에 있어서 기술혁신의 중요성을 충분히 인식하여야 할 뿐만 아니라 기술혁신에 있어서 외부적 지식의 필요성을 인식하여야 할 것이다. 이를 바탕으로 개방형 혁신에 참여하는 조직 및 인원에게 힘을 실어주고 이들과 내부 혁신자들 간의 시너지 창출을 적극 후원하여야 할 것이다.

둘째, 개방형 혁신은 전사적 차원(corporate level)으로 추진되어야 할 것이다. 기업이 혁신능력을 바탕으로 새로운 제품과 서비스를 창출하는 데 필요한 지식은 연구개발부서 혹은 상위 경영자들만의 몫은 아니다. P&G에서 잘하고 있는 바와 같이 기업 내의 모든 구성원들은 자신의 역량과 네트워크를 바탕으로 다양한 내·외부 지식을 확보·공유하는 전사적인 개방형 혁신이 이루어져야 할 것이다.

셋째, 개방형 혁신은 조직의 관행(routines)으로 정착되어야 할 것이다. 기술혁신활동에 있어서 새로운 지식의 수용 및 학습에는 조직 구성원의 적극적인 참여가 필요하다. 조직 내에서 외부지식에 대한 비판 및 수용거부의 문화가 있으면 개방형 혁신은 성공하기 어렵다. 이 점에서 성공적인 개방형 혁신을 이루기 위해서는 기업이 학습조직(learning organization)이 되어 외부지식을 적극 수용하여야 할 것이다.

넷째, 개방형 혁신은 외부지식의 내부 활용 및 내부지식의 외부 활용이라는 점에서 조직 구성원 전체가 적절한 네트워크(networks)를 구축·운용하여야 할 것이다. 이에 따라, 기업은 조직 구성원들의 내·외부 네트워크에 대한 참가를 독려하고 필요하다면 새로운 네트워크를 구축·운용하는 것을 지원하여야 할 것이다.

제3절 연계개발

1. 연계개발의 배경

연계개발(C&D: connect and develop)은 2000년대 들어 P&G(Procter & Gamble)가 새롭게 도입한 혁신모델이다. 이 모델을 바탕으로 P&G는 기술혁신활동에 있어서 생산성을 크게 제고하고 막대한 수익을 창출하였다. 이 절에서는 이 모델을 Huston & Sakkab(2006)의 논문을 바탕으로 살펴보고 기술혁신경영에 대한 시사점을 살펴보기로 한다.

일반적으로 대부분 기업은 기업연구소를 설립하여 자체 연구개발활동을 수행한다. 전통적으로 기업은 기술혁신에 핵심적인 아이디어를 연구원이나 기업의 마케팅, 제조 등 관련 부서의 사람들에 의해 창출하고 이를 연구개발 프로젝트로 변환하여 새롭고 보다 나은 기술, 제품, 서비스를 창출한다. P&G도 이같은 과정을 따라 내부연구개발(internal R&D)을 통해 성장을 추구하였다. 즉, P&G는 전 세계에 연구개발시설을 설립하고 최고의 인재를 고용하여 성장동력을 창출하였다. 이것은 기업이 어느 정도 성장할 때까지는 우수한 성공방정식이었다. 그러나 2000년대에 들어 기업이 더욱 성장하면서 이 같은 자체개발모델은 세계 최고 수준의 성장을 가져다주지 못하였다. 새로운 기술의 발전은 연구개발예산의 폭증을 가져왔고 연구개발 생산성은 증가하지 않았으며, 기술혁신 성공률은 정체되었다.

그런데 1980년대 후반 이후 전 세계의 기술혁신 풍토는 변화되었다. 즉, 중요한 기술혁신이 중소형의 기업가적 기업에 의해 창출되고, 대학과 공공 연구기관은 기업과의 긴밀한 연구개발협력에 더 많은 관심을 가지며, 인터넷의 발전은 전 세계의 정보에 접근을 용이하게 되었다. 아울러 이 시기에는 다른 기업의 기술혁신자산을 서로 활용하려는 개방형 혁신(open in-novation)이 활발하게 진행되기 시작하였다(Chesbrough, 2003).

이런 환경 속에서 P&G를 비롯한 대규모 성숙기업들은 효익을 가져다 주지 못하는 연구개발에 더 많은 투자를 하고서도 목표로 하는 성장을 달성하지 못하는 어려움에 처해 있었다. 이같은 상황 속에서 2000년 P&G의 새로운 CEO로 임명된 Alan Lafley는 기업의 혁신사업모델(innovation busi-ness model)을 새롭게 창조하기로 결정하였는데 이것이 바로 연계개발(C&D: connect & develop)이다.

2. 연계개발의 개념

연계개발은 그동안 P&G의 최고의 혁신은 내부 사업부들을 넘어서 다양한 아이디어를 연계하여 창출되었다는 것을 인식하면서 시작되었다. 즉, 외부와의 연계는 수익성이 높은 혁신적 제품을 창출한다는 것이다. 그리하여 P&G는 이 같은 연계(connections)에 주안점을 두는 것이 미래 성공에 핵심이라는 점을 인식하였다. 그리하여 Lafley는 P&G의 신제품 중 50%는 기업 밖에서 창출되어야 한다는 목표를 정하였다. 그리하여 50%의 신제품은 자체연구소 내에서 창출하고, 나머지 50%는 자체연구소를 통하여 창출하는 구조를 정하였다. 그리하여 P&G는 당시 P&G의 연구원이 전 세계적으로 7,500명이 근무하고 있었기에 이들이 각각 전 세계에 비슷한 수준의 과학기술자 200여 명과 네트워크를 가지고 있다면 대충 150만 명의 우수한 인력을 활용할 수 있다고 추정을 하였다. 이는 대단히 급진적인 발상이 아닐 수 없다. 이는 기업의 운영방식의 대단한 변화가 필요하였다. 즉, 이 기업은 비현지발명(NIH: not invented here)에 대한 저항으로부터 '어디에선가 자랑스럽게 발견(proudly found elsewhere)'에 대한 열정으로 기업의 태도를 바꾸어야만 하였다. 그리하여 P&G는 연구개발조직에 대한 정의를 내부의 7,500명의 연구원에서 내부의 7,500명의 연구원과 외부의 150만 명의 연구원으로 변화할 필요가 있었다.

Huston & Sakkab(2006)에 따르면, 이 모델은 성공적인 것으로 평가된다. 즉, P&G 밖에서의 아이디어로 창출된 신제품의 비중은 2000년도의 15%에서 2006년 초 현재 35% 이상으로 증대되었다. 이 연계개발을 통하여 연구개발 생산성(R&D productivity)은 60%나 증대하였고, 연구개발투자는 줄었음에도 혁신 성공률은 두 배 이상 증가하였다. P&G의 매출액 대비 연구개발투자는 2000년의 4.8%에서 2006년 초의 3.4%로 줄어들었다.

3. 연계개발의 대상

연계개발은 연구개발 및 기술혁신 활동을 외부에서 아웃소싱(outsourcing)하는 것과는 다르다. 일반적으로 아웃소싱은 비용과 기술역량의 측면에서 우수한 외부 혁신주체로부터 연구개발을 위탁하고 그 결과를 이전받는다. 그러나 연계개발은 우수한 아이디어를 탐색하고 이를 기업 내부의 연구개발역량을 바탕으로 자본화하는 것이다. 이를 위하여 P&G는 전 세계의 연구기관 및 전문가들과 협력을 강화하고 있다.

연계개발이 성공하기 위해서는 우리 기업이 무엇을 원하는지를 정확히 파악하는 것이 중요하다. P&G의 연계개발은 자사의 기술, 마케팅, 제조 등의 역량을 바탕으로 특별하게 효익을 창출할 수 있는 아이디어와 제품에 주안점을 두었다. 이를 위하여 P&G는 다음 세 개의 환경의 평가에 노력하였다.

1) 10대 소비자 니즈

P&G는 1년에 한번 사업부에게 어떤 소비자 니즈가 언제 제공되어야 해당 제품이 가장 성공을 거둘 것인가의 질문을 한다. 이는 각각의 사업부에 대한 '10대 니즈 목록(top ten needs list)'을 창출하고 이들을 모으면 기업 전체의 목록이 탄생한다. 이들 니즈 목록은 해결하여야 할 과학적 문제(science problems)로 변환된다. 이들 문제는 종종 'P&G가 해결하여야 할 문제'로 정의되는 기술지침서(technology brief)로 작성되어 전 세계의 개인 및 조직의 네트워크에 알려진다.

2) 인접성

P&G는 관심 있는 아이디어의 인접성을 검토한다. 인접성(adjacencies)은 새로운 제품 혹은 제품 개념이 얼마나 기존의 제품과 관련된 기술을 활용할 수 있는가를 나타낸다. 이를 바탕으로 혁신적인 신흥제품 혹은 관련 기술을 시도한다.

3) 기술게임보드

마지막으로 어떤 영역에서는 '기술게임보드(technology game board)'를 활용한다. 이는 한 영역의 기술획득의 시도가 다른 영역의 제품에 어떤 영향을 미치는가를 평가하는 기법이다. 이를 통하여 P&G는 핵심기술 중 어떤 기술을 내부에서 개발하고 어떤 기술을 외부에서 획득할 것인가 등을 결정할 수 있다.

4. 연계개발을 위한 네트워크

연계개발의 기초는 기업의 글로벌 네트워크(global network)이다. P&G는 연결 가능한 모든 개인과 조직의 폐쇄적 네트워크는 물론 공개적 네트워크 모두를 동원하여 혁신적 아이디어를 탐색한다. 이같은 네트워크의 대상은 공공연구기관, 민간연구기관, 대학 및 대학연구기관은 물론 공급자, 유통업자 경쟁자, 벤처캐피털, 개별 창업자 등 거의 모두를 망라한다. 그럼에도 불구하고 P&G가 가장 중점적으로 활용하는 네트워크는 다음과 같다.

1) 전유적 네트워크

전유적 네트워크(proprietary network)는 P&G가 연계개발을 촉진하기 위하여 특별하게 개발한 네트워크를 의미하며 이는 기술창업자와 공급기업이 가장 중요한 네트워크이다.

(1) 기술기업가

연계개발의 상당히 많은 활동과 모멘텀은 전 세계에 위치한 P&G의 70여 명의 기술기업가(technology entrepreneur)의 네트워크이다. 이들은 P&G의 중역급 인사로서 수요리스트를 개발하고, 인접성 지도를 그리며, P&G가 해결하고자 하는 문제를 정의하는 기술지침서(technology brief)를 작성한다. 이들은 대학 및 산업계 연구원들과 미팅을 하고 공급자 네트워크를 구성하는 등 외부와 적극적인 연계를 가지며 P&G의 사업부의 의사결정자에게 이들 연계를 적극적으로 추천한다. 아울러 기술기업가는 학술 문헌, 특허자료, 기타 관련 자료를 적극적으로 분석하며, 현지의 시장조사도 담당한다. P&G는 중국, 인도, 일본, 서유럽, 남미, 미국 등 전 세계 6개의 연계개발허브(C&D hub)를 구축하고, 각각의 시장에 적합한 제품과 기술의 탐색에 주안점을 두고 있다.

● 표 12-4 P&G의 연계개발을 위한 네트워크

전유적 네트워크	개방형 네트워크
- 기술기업가 - 공급기업	- 나인시그마 - 이노센티브 - YourEcore - Yet2.com

(2) 공급기업

P&G는 15대 공급기업이 대략 50,000명의 연구개발요원을 가지고 있는 것으로 추정하고 있다. 그리하여 P&G는 IT 플랫폼을 구축하여 이들과의 연계개발 체제를 구축하고 기술지침서를 공유하였다. P&G는 이와 같은 공급기업과의 네트워크 구축 결과 P&G의 연구원과 공급기업의 연구원이 공동으로 수행하는 혁신 프로젝트를 30%나 증가시켰다. 이 같은 협력을 통하여 양측의 연구원들이 서로의 연구소에서 공동으로 연구를 수행하는 한편 P&G와 공급기업의 고위급 연구원과 프로젝트 관련 미팅도 활발하게 추진하였다.

2) 개방형 네트워크

P&G는 전술한 전유성 네트워크와 더불어 개방형 네트워크(open net-work)를 운영하고 있는데, 아래의 네 가지 유형이 중요하다.

(1) 나인시그마

P&G는 과학기술적 문제가 있는 기업들이 다른 기업, 대학, 정부연구소, 기업연구소 등과 연계하여 해결책을 찾으려는 방법인 나인시그마(Nine Sigma)를 적극 활용하고 있다. 그리하여 어떤 부서가 기술적 문제가 있으면 나인시그마가 기술지침서(technology brief)를 작성하여 수천의 잠재적 문제해결자에게 송부한다. 어떤 잠재적 해결자도 나인시그마에게 해당 부서로 전달될 비공개적 제안서(confidential proposal)를 보낼 수 있다. 해당 부서가 이 해결책이 마음에 들면 나인시그마는 해당 부서와 해결자를 연계해주며 프로젝트가 진행된다.

(2) 이노센티브

이노센티브(InnoCentive)는 Eli Lilly에 의해 설립된 개념으로 전술한 나인시그마와 비슷하지만 다양한 학문 분야를 넘어서는 폭넓은 문제를 해결하기 위하여 기업과 수탁파트너(contract partner)를 연계하는 제도이다. 그리하여 이노센티브는 보다 좁게 정의된 과학적 문제의 해결책을 중개한다. P&G는 해결할 문제를 이노센티브에 소속된 75,000여 명의 수탁 과학자(contract scientists)에게 전달하여 대답을 기다린다. P&G에 따르면 이노센티브에 올린 문제의 약 1/3이 해결책을 찾았다.

(3) YourEncore

이 제도는 2003년 도입하였다가, 이제는 독립적으로 운영하고 있는데, 150여 개 기업의 대단한 성과를 창출했다. 800여 명의 은퇴 과학기술자를 연계하는 제도이다. 이는 깊은 지식을 가지고 있고 다른 기업 및 조직에서의 업무 경험을 가진 사람들을 혁신에 투입할 수 있다는 장점을 가지고 있다. 이들 은퇴 인력은 보통 일반 인력보다 적은 비용으로 활용할 수 있고 이들의 다양한 지식을 바탕으로 기술혁신에 대한 다학제적 접근방법을 효율적으로 추진할 수 있다는 장점도 있다.

(4) Yet2.com

이것은 지적재산권 교환을 하는 온라인 시장으로, P&G는 여기에 가입을 하였다. Yet2.com은 전술한 제도와 달리 기술적 문제의 해결에 주안점을 두고 기업, 대학, 공공연구기관 간의 기술이전을 중개하고 있다. Yet2.com은 고객이 원하거나 라이선스를 하고자 하는 기술을 서술하는 지침서(brief)를 작성하여 이를 글로벌 네트워크에 올린다. 네트워크에 올라온 지침서에 관심이 있는 네트워크 멤버는 Yet2.com에 접근하여 고객에 연락·협상을 하게 된다.

5. 문화의 중요성

이상의 여러 방법에 의해 도출된 제품 개념과 아이디어는 기업의 내부적으로 스크리닝(screening)을 하는 절차가 필요하다. 이같은 스크리닝은 전체 기업의 차원에서 이루어지는 것이 일반적이고, 구체적인 방법은 기업마다 다를 것이다. 이같은 스크리닝 방법의 서술은 본 장의 내용을 벗어나는 것이다. 그러나 이같이 스크리닝이 된 아이디어와 제품 개념들은 연구개발부서로 넘겨져 실질적인 연구개발활동으로 이어지게 된다. 이 점에서 연계개발은 글로벌 차원에서 아이디어 탐색 과정(idea search process)을 나타낸다고 할 것이다.

일단 아이디어가 연구개발 파이프라인에 들어오게 되면 연구개발, 제조, 마케팅 등 관련부서들의 긴밀한 협력이 필요하다. 그러나 보통 이들 기능부서은 매우 집중화되고 내부지향적이라 다른 부서들과의 협력을 꺼리는 경향이 있다. 그리하여 Huston & Sakkab(2006)은 연계개발이 성공하기 위해서는 기능부서 간 협력을 활성화하는 협력문화(cooperative culture)를 배양할 필요가 있음을 강조한다. 기업의 전체적 측면에서는 혁신친화적 기업 문화의 배양이 필요하다. 이를 바탕으로 기업이 외부로부터의 새로운 아이디어를 쉽게 받아들이는 것은 물론 내·외부의 아이디어가 기업 내에서 활발하게 교환, 확산되어야 할 것이다.

아울러 연구개발의 과정에서도 연구개발부서 및 프로젝트 팀은 기업 내부의 어떤 부서가 관련이 있는지를 사전에 인지하고 이들의 적극적인 협력을 받을 방법을 강구하여야 할 것이다. 더 나아가 공급기업 및 수요기업과의 적극적 연계도 필요할 것이다. 이같은 관련 부서간의 협력을 활성화하기 위해서는 이들 연구개발 프로젝트가 성공하였을 경우 이에 대한 공동의 보상(reward)을 추진하는 것이 바람직하다. 물론 성실한 실패의 경우에는 책임을 묻지 않고 용인하는 것은 물론이다.

6. 연계개발의 효율적 추진 방향

연계개발(C&D: connect & develop)은 P&G가 새롭게 도입한 기술혁신모델이다. P&G는 이 모델을 도입하여 연구개발 생산성을 획기적으로 제고하였다. 그러나 이 모델이 성공하기 위해서는 세심하고도 체계적인 접근방법이 필요한데, 아래에는 몇가지 주요 사항을 논의하기로 한다.

먼저, 연계개발 모델이 성공하기 위해서는 개방형 혁신에서와 마찬가지로 최고경영자(top management)의 적극적인 참여가 필요하다. 연계개발을 단순한 연구개발전략의 일환으로 추진하거나 조직의 일부 구성원만이 참여하여 시도하면 실패할 가능성이 높다. 최고경영자는 연계개발의 중요성을 충분히 인식하고 구체적인 실행방안을 제시하여야 한다. P&G에서 최고경영자인 Alan Lafley가 주도하여 추진하였듯이 연계개발은 기업의 명시적 전략으로 추진되어 종업원 전체가 참여하여야 할 것이다. P&G가 한 것처럼 외부로부터의 아이디어의 비중을 50%로 명시적으로 설정하는 것도 바람직할 것이다. 특히 최고경영자는 연계개발모델을 공세적으로 추진하여야 할 것이다. 연계개발을 점진적으로 추진하면 조직 구성원의 참여도가 줄어들어 성공의 가능성이 줄어들 것이다.

둘째, 연계개발 모델은 조직 전체 차원의 동참(corporate – wide in – volvement)을 전제로 한다. 조직 구성원은 연계개발이 기술혁신에 있어서 성공을 가져온다는 점을 충분히 인식하고 이 모델을 적극적으로 실천에 옮겨야 할 것이다. 여기에서 말하는 전 구성원은 비단 국내에 있는 본사의 구성원뿐만 아니라 전 세계에 위치한 자회사 및 관련 회사의 구성원을 모두 포함하는 것이다. 아울러 현재의 구성원은 물론 은퇴한 구성원까지 연계개발에 참여시켜야 할 것이다. 앞에서 살펴보았듯이 P&G는 미국 본사는 물론 전 세계의 자회사들의 모든 구성원은 물론 은퇴 종업원의 네트워크를 체계적으로 활용하여 성공적인 연계개발을 추진해 오고 있다.

셋째, 연계개발이 성공하기 위해서는 기업이 상당한 정도의 기술혁신역량(technological and innovation capabilities)을 확보·유지하고, 필요할 경우 기술혁신역량을 확장하여야 할 것이다. 이 모델은 조직 구성원 전체가 전 세계적 네트워크를 동원하여 외부의 혁신 아이디어를 도출하여 조직 내의 연구개발역량을 바탕으로 새롭거나 보다 나은 제품과 서비스를 창출하는 것이기 때문이다. 즉, 연계개발은 기업의 충분한 기술혁신역량의 확보를 전제로 하는 것이다. 이에 따라, 연계개발은 전략적 기술혁신경영의 틀 속에서 합리적으로 추진되어야 할 것이다.

혁신경영의
평가와 통제

CHAPTER 13

기술혁신으로부터 수익 창출[12)]

제1절 수익 창출의 중요성

    기술혁신은 시장에서 수익(profits)을 창출하여야 한다. 그러나 기술혁신에 성공하였다 해도 시장에서 수익을 창출하는 것은 쉬운 일이 아니다. 기술혁신이 유망해 보이면 후발기업들이 빠르게 추격해 온다. Teece(1986)는 새로운 제품과 서비스를 시장에 처음 내놓은 혁신자(innovators)가 모방자(imitators)들이 혁신자가 처음 상업화한 기술혁신으로부터 더 많은 수익을 거두는 사실에 대해 슬퍼하는 경우가 많다고 지적하고 있다. 실제로 Teece는 이 같은 혁신자와 모방자의 기술혁신으로부터의 수익창출의 성공과 실패의 사례를 <표 13-1>과 같이 제시하고 있다. 이 표에 따르면, 기술혁신으

---

12) 이 절은 정선양, 「전략적 기술경영」, 제5판(서울: 박영사, 2023), 311~322쪽을 수정·보완하였음.

로부터 수익을 창출하기 위해서는 혁신자이든 모방자이든 세심한 기획과 경영이 필요함을 나타내 주고 있다.

대표적인 성공사례를 살펴보면 다음과 같다. 먼저, 기술혁신자로서 성공한 사례는 Pilkington사는 유리제조의 새로운 혁신인 플로트 글라스(Float Glass) 공법을 바탕으로 세계적으로 선도적인 기업이 되었다. 둘째, 마츠시타는 비디오 녹화기 시장에 추종자로서 진입하였으나 표준을 확보하는 데 성공을 하여 선도자인 Sony를 제치고 성공을 하였다.

실패사례를 살펴보면, 영국의 EMI(Electrical Musical Industries Ltd,)는 인체의 단층촬영을 할 수 있는 컴퓨터축단층촬영술(CAT: computerized axial tomography)을 바탕으로 의료시장에 CAT 스캐너라는 대단히 혁신적 제품을 출하하였으나 수익을 창출하지 못하였으며, 향후 이 분야의 사업을 인수한 GE가 막대한 수익을 창출하였다. Kodak의 경우 즉석카메라 시장에 후발자로 진입하였으나 실패하고 말았다. 작은 음료회사였던 RC Cola는 캔 콜라와 다이어트 콜라를 세계 최초로 출하하였으나 후발주자였던 Coca−Cola와 Pepsi가 대부분 수익을 창출하였다. 이에 따라, 기술혁신으로부터 수익을 창출하는 데에는 여러 변수를 종합적으로 고려한 세심한 경영이 필요하다.

● 표 13-1 기술혁신으로부터 수익창출의 성공과 실패 사례

구분	혁신자	추종자-모방자
성공	- Pilkington(Float Glass) - G.D. Searle(NutraSweet) - Dupont(Teflon)	- IBM(PC) - 마츠시타(VHS 비디오 녹화기) - Seiko(쿼츠 시계)
실패	- RC Cola(다이어트 콜라) - EMI(스캐너) - Xerox(사무용 컴퓨터) - DeHavilland(Comet)	- Kodak(즉석 카메라) - Northrup(F20) - DEC(PC)

자료: Teece, D. J., "Profiting from Technological Innovation: Implications for Integration, Collaboration, Licensing and Public Policy," *Research Policy,* Vol.15, 1986, pp.286~305 에서 저자의 정리.

제2절 기술혁신의 수익 창출에 미치는 영향 변수

Teece(1986)는 기술혁신으로부터 수익 창출의 핵심방안으로 전유성 제도, 우세 디자인, 보완자산 등 세 가지 변수를 제시하고 있다. 그러나 이와 더불어 Shane(2009)이 주장한 바와 같이 기술혁신의 모방가능성의 문제도 기업의 수익창출에 중요한 역할을 담당한다. 여기에서 모방가능성, 우세 디자인은 기술혁신 그 자체의 문제이며 전유성 제도 및 보완자산은 기술혁신을 둘러싼 환경적인 요소를 나타내 준다. 아래에서는 이에 관해 살펴보기로 한다.

1. 모방 가능성

기술혁신으로부터의 수익 창출에 영향을 미치는 주요 변수 중 하나는 모방(imitation)의 문제이다. 추종자가 기술혁신을 모방하기 어려울 경우에는 혁신자는 막대한 수익을 오래도록 유지할 수 있다. 이에 따라, 기업은 자신의 기술혁신을 바탕으로 한 제품과 서비스가 어느 정도 모방하기 어려운가를 판단하여야 할 것이다. 이와 같은 모방 가능성은 산업에 따라 다르다. 기술혁신에 대한 모방 및 추격이 쉽지 않은 산업에서는 기업은 기술혁신을 보다 강도 높게 추구할 수 있다. 그러나 기술혁신을 모방하기 쉬운 산업에 있어서는 혁신자보다는 추종자의 전략이 보다 유리할 것이다. 전자의 산업으로는 생명공학산업을, 후자의 산업으로는 전자산업을 들 수 있을 것이다. 이처럼 기술혁신으로부터 수익창출 여부의 판단은 기술혁신 및 이를 바탕으로 한 새로운 제품 및 서비스의 속성을 파악하는 것이다.

🌀 그림 13-1 기술혁신의 수익창출에 미치는 영향 변수

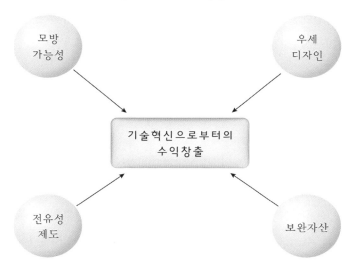

자료: 정선양(2023), 「전략적 기술경영」, 제5판(서울: 박영사), 312쪽.

2. 우세 디자인

우세 디자인(dominant design)은 산업의 참여자들이 인정한 어떤 기술 혁신의 표준을 의미한다. 이 개념은 Utterback & Abernathy(1975)에 의해 제시된 개념으로서 기술진보가 우세 디자인이 설정되면 제품혁신이 감소하게 되며 공정혁신이 증가하게 된다. 결국 우세 디자인이 설정되면 제품은 성숙단계로 접어들며 우세 디자인을 확보한 기업은 상대적으로 많은 수익을 창출할 수 있다. 우세 디자인이 창출되면 경쟁은 제품의 차별성보다는 가격을 중심으로 전개되며, 여기에 제품혁신의 중요성은 떨어지고 공정혁신의 중요성이 커진다.

우세 디자인의 존재 여부는 혁신자와 모방자 간의 혁신으로부터 수익의 분배에 중요한 영향을 미친다. 우세 디자인이 창출되고 이를 추종자가 쉽게 모방할 수 있다면 혁신자는 기술혁신으로부터 충분한 수익을 확보할 수 없다. 특히 대단히 빠른 추종자가 디자인을 수정하여 혁신자가 우세 디자인을 만들기 이전에 자신의 디자인으로 산업의 표준을 설정할 수 있다면 혁신자는 대단히 불리한 위치에 처하게 된다.

3. 전유성 제도

전유성 제도(regime of appropriability)는 기술혁신으로부터 창출되는 수익을 확보할 수 있는 혁신자의 능력을 지배하는 환경적 요인으로 설명할 수 있다. 전유성을 확보할 수 있는 대표적 제도로는 특허권, 저작권, 영업비밀 등을 들 수 있다. 이와 같은 제도의 효과성은 기술의 성격에 따라 달라질 수 있다. 예를 들어, 특허권은 제품기술의 경우에는 전유성을 보호하는 데 효과적이지만 공정기술의 경우에는 효과적이지 않다. 아울러 이들 제도는 명시적 기술일 경우에는 효과적이나 묵시적 기술의 경우에는 비효과적이다.

전유성을 확보하기 위한 제도는 기술혁신으로부터 혁신자가 수익을 창출하는 데 매우 중요한 역할을 한다. 전유성 제도가 강력할 경우에는 기술을 상대적으로 보호하기가 용이하며, 이 제도가 약할 경우에는 기술을 보호하기가 쉽지 않다. 이 점에서 기업은 기술혁신을 추구할 때에 이 같은 전유성에 관한 제도를 면밀하게 살펴보아야 한다.

4. 보완자산

새로운 제품을 시장에 처음으로 출하한 선도기업이 모두 기술혁신으로부터 수익을 창출하지는 않는다. Teece(1986)는 자신의 저명한 논문인 "Profiting from Technological Innovation"에서 기술혁신으로부터 수익을 효과적으로 창출하기 위해서는 혁신능력(innovation capabilities)과 더불어 보완자산(complementary assets)이 필요하다는 점을 강조하였다. 이는 기업이 기술혁신에 대해 어떻게 전략적으로 대응할 것인가를 잘 나타내 준다.

보완자산은 기업이 성공적인 기술혁신을 위해 필요한 혁신능력과 더불어 필요한 부가적인 역량 및 자산을 의미한다. 보완자산의 대표적인 예로서는 <그림 13-2>에서와 같이 제조능력, 재무능력, 마케팅, 유통망, 서비스, 관련 기술 등을 들 수 있다. 보완자산을 확보하는 데에는 상당한 자원이 필요하다는 점에서 이들을 확보하고 있는 기업은 대부분 대기업(big-enterprises)이다. 이와 같은 보완자산의 부족이 그동안 혁신적인 기업들이 자신들의 혁신적인 제품을 개발하고도 수익을 창출하는 데 실패하는 이유를 잘 설명해 준다.

● 그림 13-2 보완자산의 대표적 사례

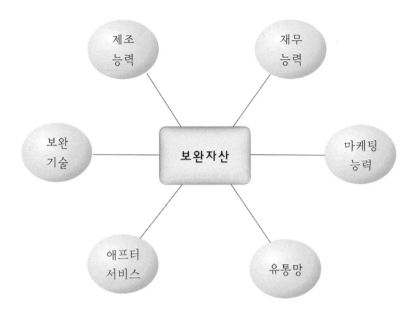

자료: 정선양, 「전략적 기술경영」, 제5판(서울: 박영사, 2023), 315쪽.

    Teece(1986)는 보완자산을 공유적 자산, 특정적 자산, 공동특정적 자산
으로 나누고 있다. 공유적 자산(generic assets)은 문제가 되는 기술혁신을
위해 맞출 필요가 없는 일반적 목적을 가진 자산을 의미하며, 특정적 자산
(specialized assets)은 기술혁신과 보완자산 간의 일방적인 의존성을 가지고
있는 자산을 의미하고, 공동특정적 자산(co-specialized assets)은 기술혁신
과 보완자산 간의 쌍방적인 의존성을 가지고 있는 자산을 의미한다. 이와 같
은 보완자산의 특징은 기술혁신의 수익 배분에 많은 영향을 미친다. 일반적
으로 보완자산이 공유적인 성격을 가지면 이들 자산은 기술혁신을 위하여
변경 및 수정할 필요가 없다. 이에 따라, 기업의 입장에서는 보완자산의 확
보가 매우 용이하기 때문에 혁신자는 보완자산에 대한 어려움 없이 기술혁
신을 추구할 수 있다는 점에서 매우 유리한 입장에 위치한다. 그러나 보완자

산이 특정적이라면 혁신자는 자신의 기술혁신에 활용할 수 있는 보완자산을 반드시 확보하여야 하는 어려움이 있다는 점에서 상대적으로 불리한 입장에 처한다. 보완자산과 기술혁신 간의 공동특정적인 경우에는 양자 간의 상호 의존성이 있고 시너지를 창출할 수 있다는 점에서 기업은 이를 반드시 확보 하여야 할 것이다.

이 점에서 일반적으로 보완자산의 확보는 기업이 기술혁신으로부터 수 익을 창출하는 데 매우 중요하다. 보완자산은 그 중요성 및 성격, 전술한 기 술혁신과의 관계, 기업의 전략 등에 따라서 확보의 필요성이 상대적으로 달 라진다. 일반적으로 보완자산의 확보에는 통합전략, 아웃소싱 전략, 혼합전 략 등 세 가지 전략을 추구할 수 있다. 통합전략(integration strategy)은 기 업이 보완자산의 중요성을 충분히 인식하여 이를 자체적으로 확보하려는 전 략이다. 아웃소싱 전략(outsourcing strategy)은 기업이 보완자산의 중요성 은 인식하나 기업의 재무적 능력, 보완자산에 대한 상대적 중요성 등을 고려 하여 직접 이를 확보하는 것이 아니라 외부로부터 다양한 계약관계를 바탕 으로 아웃소싱을 하는 것이다. 이들 두 전략은 <표 13-2>에서 제시하는 바와 같이 장단점을 가지고 있다. 이에 따라, 기업은 보완자산의 중요성, 기 업의 기술전략 및 재무적 상황, 기타의 요인들을 고려하고 양극단의 두 전략 의 중간에서 다양한 전략을 혼합하여 추진하는 혼합전략(mixed strategy)을 추구할 수도 있을 것이다.

● 표 13-2 보완자산 확보를 위한 대표적 전략

구분	통합전략	아웃소싱 전략
장점	- 기술혁신의 독점 및 성공률 제고 - 보완자산으로부터 시너지 창출	- 보완자산 확보에 자원 불필요 - 보완자산에 대한 불가역적인 투자 방지
단점	- 보완자산의 확보, 유지에 많은 물적, 시간적 자원 필요 - 보완자산에 과도한 투자는 기업의 유연성을 저하시킴	- 기술혁신이 협력 파트너에게 모방당할 위험 - 협력 파트너의 의무 해태의 위험

자료: 정선양, 「전략적 기술경영」, 제5판(서울: 박영사, 2023), 316쪽.

보완자산의 확보는 산업의 성격을 살펴보아야 한다. 만약, 기술환경이 급변하는 산업의 경우에는 이에 따라 필요로 하는 보완자산의 성격과 양이 달라지기 때문에 보완자산을 통합하여 확보하는 것은 매우 위험한 일이다.

이 같은 보완자산을 확보하는 것은 기업의 규모에 있어서도 서로 다른 전략을 필요로 한다. 중소기업들은 보완자산을 확보하는 데 상당한 어려움이 있다는 점에서 초기에는 대기업과의 협력 및 아웃소싱을 선택하고, 점차적으로 필수적인 보완자산을 확보해 나가는 전략을 추구할 필요가 있다.

제3절 기술혁신의 수익창출 전략

1. 수익창출 전략 개관

기술혁신으로부터 수익을 창출하기 위해서는 앞에서 살펴본 바와 같이 기업을 둘러싼 환경과 기술혁신의 성격을 살펴보아야 한다. 그러나 전술한 영향 변수들은 기업이 통제가능한 변수가 아니다. 일반적으로 기업이 통제가능한 변수(controllable variables)를 중심으로 일부 학자들의 논의가 있다. Shane(2009)은 이 변수를 핵심자원의 통제, 명성의 구축, 아키텍처 통제, 규모의 경제 달성, 학습곡선의 상향 이동, 선도자 우위의 활용 등 여섯 가지를 제시하고 있다. Tidd & Bessant(2009)는 비밀, 묵시적 지식의 축적, 리드타임 및 애프터서비스, 학습곡선, 보완자산, 제품의 복잡성, 표준, 급진적 신제품의 선도, 특허보호의 강점 등 아홉 가지를 제시하고 있다. 이들 두 논의는 서로 유사성이 있고 중복되는 사항이 많이 있으며, 전술한 영향 변수에서 논의한 사항도 있다.

이에 따라, 이 책에서는 기업이 기술혁신으로부터 수익을 창출하기 위해 통제가능한 변수를 ① 핵심자원의 통제, ② 명성의 구축, ③ 학습곡선 활용, ④ 묵시적 지식의 축적, ⑤ 기술혁신의 선도 등으로 나누어 살펴보기로 한다.

이들 다섯 변수는 Shane(2009)이 강조한 바와 같이 경쟁기업들의 모방 및 추격을 방어할 수 있는 비법률적 장벽(non-legal barriers)이다. 한편 Shane(2009)은 기술혁신으로부터 수익창출을 위한 비법률적 장벽의 중요성을 다음과 같이 제시하고 있다.

먼저, 기술혁신의 모방을 방지하기 위한 법률적 장벽을 구축하기가 쉽지 않다는 점이다. 기술분야에 따라서 특허권을 확보하고 유지하기가 쉽지 않은데, 대표적인 분야로 생명공학분야를 들 수 있다.

둘째, 비법률적 장벽이 법률적 장벽보다 기술혁신의 모방을 지체시키고 방어하는 데 보다 효과적이다. 아울러 기업은 법률적 장벽에 필요 이상으로 투자를 하여 소중한 자원을 낭비할 가능성도 높다.

셋째, 법률적 장벽과 비법률적 장벽은 상호 배타적이지 않고 보완적이다. 이 점에서 기업은 이들 양자를 적절히 혼합하여야 기술혁신으로부터 수익을 극대화할 수 있다.

넷째, 기술이 빠르게 진보하는 첨단기술산업에서는 법률적 장벽의 효과가 줄어드는 것이 일반적이다. 새로운 기술의 등장으로 기존의 법률적 장벽은 무용지물이 되기도 하며, 일부 첨단산업에서는 법적인 장벽을 설정하기보다 상호간의 협력을 통해 기업 및 산업의 경쟁력을 제고하기도 한다.

2. 세부적 수익 창출전략

이 점에서 기업은 기술혁신으로부터 수익을 창출하기 위하여 법률적 장벽(legal barriers)에만 의존할 수는 없다. 특히 비법률적 장벽(non-legal barriers)의 대부분은 전술한 바와 같이 기업 스스로 통제가 가능하다는 점에서 기업이 적극적으로 이를 활용하여야 할 것이다. 아래에서는 이를 세부적으로 살펴보기로 한다.

1) 핵심자원의 통제

핵심자원(core resources)의 확보 및 활용은 기업의 핵심역량의 기초가되어 제품과 서비스의 경쟁우위 확보에 기초가 된다. 기업의 핵심자원은 인적·물적 자원 모두가 해당된다. 이와 같은 핵심자원의 중요성은 산업에 따라 다른데, 첨단산업의 경우에는 기술혁신 관련 자원이 중요하고, 전통산업의 경우에는 재무적 자원 및 자연자원 등이 상대적으로 중요해진다. 기업은 핵심제품의 근간이 되는 핵심자원을 확보·통제함으로써 혁신으로부터의 수익을 창출하고 유지할 수 있다.

2) 명성의 구축

기술혁신으로부터 수익을 창출하는 두 번째의 방법은 시장 및 산업에서 기업의 명성(reputation)을 구축하는 것이다. 기업에 대한 명성은 고객으로 하여금 비슷한 제품에 대한 대안이 있을 경우 자사의 제품에 대한 우호적인 선입견을 창출하여 이를 선택하게 한다. 아울러 명성은 기업이 다른 혁신적인 제품을 생산하여 다른 시장에 출하할 때 고객의 선호도(preference)를 높이는 역할을 담당한다. 기술혁신으로부터의 수익 창출에 있어서 이와 같은 명성의 중요성은 산업에 따라 다르다. 일반적으로 명성은 제조업보다는 서비스업에 있어서 중요한데, 특히 패션산업의 경우 매우 중요하다. 기업이 충분한 명성을 구축하는 데에는 시간과 비용이 많이 든다는 점에서 기업은 장기적인 시각을 가지고 이를 확보하여야 할 것이다.

3) 학습곡선 활용

학습곡선(learning curve)은 어떤 기능을 수행했을 때 그 기능의 학습 결과 시간에 따라 얼마나 성과가 좋아졌는지를 나타내 주는 것이다. 일반적으로 두 배의 생산량 누적을 가져오면 학습과 경험의 결과 단위원가는 약

20~30%가 감소하는 것으로 밝혀졌다. 이와 같은 원가절감과 더불어 기업은 학습곡선에 따라 경쟁우위의 원천이 되는 묵시적 지식(implicit knowledge)을 확보할 수 있다. 이처럼 학습곡선을 지속적으로 따라가게 되면 기업은 경쟁기업이 모방하기 어려운 원가우위와 차별화를 달성할 수 있다. 학습효과가 중요한 산업으로는 반도체, 자동차와 같은 대량생산 제조업을 들 수 있다. 학습곡선의 효과는 자동적으로 창출되지 않고 종업원들에 대한 꾸준한 학습과 교육의 결과로 창출되는 것이다. 일반적으로 학습곡선의 효과를 누리기 위해서는 상당한 정도의 규모를 가지고 규모의 경제를 달성한 선도기업이 신규참입기업보다 훨씬 유리하다.

4) 묵시적 지식의 축적

묵시적 지식(tacit knowledge)은 상당한 기업 행위의 결과 조직 내에 축적된 지식으로서 이는 쉽게 모방되지 않는 특징을 가지고 있다. 이 점에서 기업이 축적한 묵시적 지식은 기업 경쟁력의 원천이 된다. 선도적인 혁신기업은 기술혁신활동 및 일반 기업활동에 있어서 상당히 많은 묵시적 지식을 축적할 수 있다. 즉, 묵시적 지식은 오랜 기술혁신 및 기업활동의 경험으로부터 창출된다는 점에서 선도기업이 추종기업보다 훨씬 유리한 입장에 위치할 수 있다.

5) 기술혁신의 선도

기술혁신으로부터 수익을 지속적으로 창출하기 위해서는 기업은 기술혁신(technological innovation)을 지속적으로 선도하여야 할 것이다. 일반적으로 이는 기술혁신에 있어서 선도자 전략(first-mover strategy)을 추구하는 것인데, 선도기업은 높은 수준의 제품과 보다 넓은 제품라인을 확보함으로써 모방기업들의 추격에서 벗어날 수 있다. 그러나 이 같은 기술선도전략은 시장 및 산업에서의 고객의 수요를 면밀히 파악하고 경쟁기업의 활동에 대한 세심한 대응을 통해 성공을 거둘 수 있다. 일반적으로 기술혁신을 선도하면 기업은 시장에서 가장 우호적인 목표고객을 선점할 수 있고 고객이 다른 경쟁제품으로 옮겨가는 것을 방지할 수 있는 전환비용(switching costs)을 부과할 수 있다.

제4절 수익 창출을 위한 시사점

1. 전반적 시사점

선도적인 기업이 기술혁신으로부터 수익을 창출하는 것은 쉬운 일이 아니다. 많은 경우 추종기업들이 혁신적인 기업을 제치고 더 많은 수익을 창출하는 경우도 많다. 이 점에서 선도기업들이 특히 파괴적 기술의 경영에서 겪는 어려움을 Christensen(1997)은 혁신자의 딜레마(innovator's dilemma)로 표현하고 있다. 이 점에서 기술혁신을 추진하는 기업들은 혁신으로부터 수익을 창출하기 위해 세심한 노력을 기울여야 한다.

기술혁신으로부터의 수익의 창출 여부는 기술혁신의 내용과 성격, 기업의 규모, 산업의 환경에 따라 다르다. 여기에서는 선도기업이 기술혁신으로부터 수익을 창출하기 위해서 고려하여야 할 요건인 모방가능성, 전유성 제도, 우세 디자인, 보완자산 등을 살펴보았다. 이들 요건은 추종기업(followers)에게도 해당되며 이들 모방자(imitators)도 이들 요건을 고려하여 나름대로의 수익창출 전략을 수립·추진하여야 할 것이다. <표 13-3>은 그동안의 논의를 바탕으로 혁신자와 모방자의 기술혁신으로부터의 수익창출에 유리한 조건을 요약하였다.

표 13-3 혁신자와 모방자의 기술혁신으로부터 수익 창출을 위한 유리한 조건

혁신자	모방자
- 기술혁신에 대한 모방이 어려움	- 기술혁신에 대한 모방이 용이함
- 점유성의 제도가 매우 강력하며 효과적임	- 점유성의 제도가 느슨하며 효과적이지 않음
- 우세한 디자인이 존재하지 않음	- 우세한 디자인의 존재
- 보완자산이 중요하지 않거나 공유적임	- 보완자산이 중요하고 전문화됨

자료: Shane, S., *Technology Strategy for Managers and Entrepreneurs* (New Jersey: Pearson Education Inc., 2009), p.242에서 저자의 수정.

기술혁신은 근본적으로 수익(profits)을 창출하는 것을 목표로 한다. 기업이 기술혁신경영을 통하여 수익을 창출하려면 높은 수준의 전략적 기술혁신경영(SMTI: strategic management of technology and innovation)을 추진하여야 할 것이다. 이상에서 살펴본 내용에 따르면, 기업은 자체적인 기술혁신능력을 확보하고, 보완자산에 대한 적극적인 대응을 하면서, 외부의 기업들과 긴밀한 연계를 맺어야 할 것이다. 특히 기업은 기술혁신으로부터 수익을 창출하는 데 필요한 통제가능 변수(controllable variables)를 확보할 수 있다는 점에서 이 같은 경영능력의 중요성은 매우 크다. 즉, 기업은 기술혁신 및 이를 통한 수익창출을 위한 핵심자원, 명성, 학습곡선, 묵시적 지식, 기술선도능력을 확보·유지·활용하여야 할 것이다.

아울러 정부(government)도 기술혁신에 우호적인 정책을 추구하고 혁신자들이 기술혁신으로부터 수익을 효과적으로 창출할 수 있는 전유성(appropriabilities)을 위한 제도적 기반을 구축하여야 할 것이다. 정부의 정책은 그동안 연구개발(R&D: research and development)에 대한 집중적 자원과 더불어 기술혁신에서 수익을 창출할 수 있는 제도적 하부구조(institutional infrastructure)를 구축하는 데에도 노력을 기울여야 할 것이다.

2. 세부적 시사점

Teece(1986)는 보완자산, 전유성 제도 등과 관련된 논의를 바탕으로 혁신경영을 위한 전략적 시사점을 상세히 제시하고 있다. 아래에는 이를 살펴보기로 한다.

1) 연구개발자원의 배분

혁신자는 기존의 지적재산권법으로 보호하기 용이하거나 자신의 기존 역량 속에서 상업화할 수 있는 기술개발이 이루어지도록 연구개발 투자포트폴리오(R&D investment portfolio)를 조정함으로써 연구개발에서의 총수익을 개선할 수 있다. 즉, 혁신적인 기업은 잠재적 모방자 혹은 추격자에 대하여 상업화하기 유리한 제품과 공정에 대하여 연구개발자원을 투자하지 않는다면 연구개발투자로부터 수익을 창출할 수 없다. 이 점에서 연구개발투자결정에 있어서 기업의 역사, 즉 이 같은 자산의 존재 여부를 고려하여야 한다. 그리하여 기업의 연구개발투자 의사결정은 시장, 산업, 이들 중에서의 기업의 위치에 관한 전략적 분석(strategic analysis)과 괴리되어서는 안 된다.

2) 소기업과 대기업의 비교

일반적으로 새롭고 상업적으로 우수한 기술을 창출한 많은 국내의 소형기업가적 기업(entrepreneurial firm)이 실패하는 반면 기술혁신에 있어서 높은 성과를 가지고 있지 않은 대기업 및 다국적기업이 성공하는 경향이 많다. 이상의 논의에 따르면 이에 대한 대답이 가능하다. 대기업은 새로운 제품이 출하할 시점에 관련된 특정적 혹은 공동특정적 자산을 확보하고 있는 경향이 많다. 그리하여 이들 기업은 해당 새로운 기술 및 제품을 보육하는

데 유리하다. 이에 반하여 소형의 국내기업은 관련 자산을 가지고 있지 못하여 이를 새로이 구축하거나 해당 자산을 가지고 있는 기업과 연계를 맺어야 하는 어려움이 있다.

3) 전유성 제도와 산업구조

기술적 지식을 보호할 법적 수단이 효과적이거나 신제품이 모방하기 어려운 산업의 경우에는 혁신적인 기업이 공동특정적 자산(co-specialized assets)을 통합하는 전략은 이 같은 법적 보호가 약한 산업에서보다는 적합성이 많이 떨어진다. 이에 반하여 법적 보호가 없거나 약한 산업의 경우에는 공동특정적 자산의 통제가 장기적 생존과 성장에 필수적이다. 실제로 법적 보호가 약한 산업이 성숙해지기 시작하면 특별한 공동특정적 자산에 대한 통합(integration)이 발생한다. 이같은 통합은 후방통합, 전반통합, 수평적 통합의 형태가 될 수 있다.

4) 산업의 성숙도와 신규진입

기술집약적 산업이 성숙되고 관련 공동특정적 자산의 상당한 부분이 기존기업의 통제하에 있으면, 신규기업의 진입은 매우 어렵다. 이 경우 신규기업은 공동특정적 자산을 가진 기존기업과의 연계를 강화하는 경향이 많아진다. 이같은 연계는 국제적 차원에서도 이루어진다.

5) 제조의 중요성

일반적인 산업구조, 즉 전유성 제도가 약하고 필요한 제조능력이 혁신에 특정화되어 있는 경우에는 혁신자가 혁신으로부터 수익을 창출하기 위해서는 제조(manufacturing)에 대한 참가가 필요하다. 그리하여 혁신자의 제조원가가 모방자의 원가보다 높으면 혁신으로부터의 절대적 수익은 모방자에게 귀속될 경향이 높다. 물론 이 경우 모방자의 제조원가가 혁신가의 원가보다 높으면 혁신가가 절대적 수익을 확보할 수 있다. 이에 따라, 기술격차가 줄어들고 경쟁이 공동특정적 자산을 중심으로 이동할 경우에는 제조능력의 강화가 혁신으로부터 수익창출에 필수적이다. 지난 세기말 선진국에서 대두된 제조능력을 인건비가 싼 저개발 국가로 옮기고 선진국은 '디자이너 역할(designer role)'을 수행하고 동적 네트워크(dynamic networks)를 구축하는 공동기업(hollow corporation)의 필요성 등의 주장은 조심하여야 할 것이다.

6) 혁신의 국제적 배분

혁신적인 기업이 특정화된 자산을 가지고 있다 하여도 이것이 외국에 위치해 있을 수 있다. 그리하여 외국의 생산요소 등은 국경을 초월하는 연구개발활동으로부터 혜택을 받을 수 있다. 본국에 기술혁신을 보완할 관련 자산에 대한 역량, 예를 들어 제조능력을 확보하고 있지 못하면 본국에서 외국의 다국적 기업이 혁신으로부터 창출되는 수익을 더욱 많이 확보할 위험이 있다. 이는 국가 전체적으로 기술혁신을 보완할 역량과 자산을 유지하는 '혁신국가(innovating nation)'의 중요성을 말하는 것이다. 기술혁신으로부터 본국 기업이 더 많은 수익을 확보하게 하기 위해서는 보완자산을 둘러싼 지원 하부구조가 쇠퇴하지 않도록 하는 국가적 전략이 필요하다. 요약하면, 한 국가가 대단히 높은 기술혁신역량을 가지고 있다 하여도, 강력한 지적재산권 보호제도가 시행되지 않는다면, 본국 기업이 혁신으로부터 더 많은 수익을 창출할 수 있게 하기 위해서는 잘 개발된 보완자산을 확보, 유지하여야 한다.

3. 정책적 시사점

Teece(1986)의 논문은 전략경영과 산업조직론의 관점에서 기술혁신으로부터 수익을 창출할 수 있는 방안을 모색하는 분석의 틀을 제시하고 있다. 이 논문에서는 기업의 업무범위(boundaries)가 혁신적 기업의 중요한 전략변수임을 강조하고, 특히 보완자산(complementary assets)의 확보가 혁신으로부터의 수익창출에 매우 중요한 역할을 하고 있음을 보여주었다. 종종 모방자(imitators)도 핵심적인 보완자산과 관련하여 혁신자보다 더 좋은 위치를 확보하고 있다면 경쟁에서 승리할 수 있다.

이에 따라 Teece(1986)는 정부의 과학기술혁신정책(S & T and in-novation policy)이 비단 연구개발(R&D)만을 지향하지 말고 보완자산과 바탕이 되는 하부구조에도 주안점을 두어야 한다고 강조한다. 특히 정부가 기술혁신을 촉진하기로 결정을 하였다면 혁신에 특정하거나 혹은 공동측정적인 보완자산을 개발하는데 방해가 되는 장애물을 제거하여야 할 것을 강조한다. 이를 수행하지 못하면 기술혁신으로부터 창출되는 수익의 불필요할 정도로 많은 부분이 모방자 혹은 다른 경쟁기업으로 흘러간다고 주장한다. 만약 이들 기업이 국경밖에 위치해 있다면 국내의 수익을 유출하는 결과를 초래할 수도 있다는 것이다.

그리하여 Teece의 주장은 기술혁신으로부터의 수익창출 혹은 기술혁신으로부터 수익의 혁신기업과 추격기업 간의 배분은 시장의 구조만큼 기업의 구조, 특히 기업의 활동영역이 중요하고, 더 나아가 보완자산의 개발과 관련한 국가의 정책이 중요함을 나타내 주는 것이다. 이는 정선양(2018)이 주장하는 기술경영은 기업차원의 기술경영은 물론, 산업차원, 지역차원, 국가차원의 기술경영을 연계하는 종합적 접근방법의 중요성을 나타내 주는 것이라 하겠다.

CHAPTER 14

과학 사업화[13)

제1절 과학 사업화의 배경과 중요성

기초과학의 중요성이 전 세계적으로 더욱 중요하게 대두되면서 과학 사업화(science business)의 사례가 더욱 늘어나고 있으며 과학 사업화의 중요성은 크게 확대되고 있다. 과학과 산업과의 관계를 가장 명확하게 제시한 학자는 아무래도 Schumpeter(1911, 1934)이다. 그는 자본주의 경제발전에 있어서 과학기술의 역할을 크게 강조하고 있다. 물론 그는 기술혁신의 중요성을 강조하면서 기술혁신을 역사상 최초로 포괄적으로 정의하였지만, 이들 기술혁신의 창출 및 자본주의 경제발전에 있어서 과학(science)의 역할을 크

---

13) 이 절은 정선양, 「전략적 기술경영」, 제5판(서울: 박영사, 2023), 540~550쪽을 수정·보완하였음.

게 인식하고 있었다.

그는 과학은 혁신의 군집(cluster of innovations)을 창출하여 기존의 산업구조 및 질서를 파괴하는 창조적 파괴(creative destruction)의 광풍(gales)을 가져와 기존 제품을 생산하는 기존 산업을 파괴해 간다고 강조하고 있다. 이 같은 창조적 파괴를 가져오는 기술혁신의 유형은 혁신성이 높은 제품혁신(product innovation)으로서 이는 공정혁신과 달리 과학에 기반을 두는 것이 일반적이다. Schumpeter는 제품혁신의 중요성은 자본주의의 속성과 경쟁우위의 확보과정의 성격을 이해하는 데 근본적인 시사점을 제공해 주고 있다고 강조하면서, 그는 기존의 경제학자들이 '자본주의가 어떻게 기존의 구조(existing structures)를 관리할 것인가'의 잘못된 문제의식을 가져왔다고 강조하고, 적절한 문제의식은 '자본주의가 어떻게 기존의 구조를 창조하고 파괴하는가?'라고 강조하고 있다(Schumpeter, 1942).

이와 같은 Schumpeter의 주장은 후세 경제학자들에게 대단한 영향을 미쳤는데, 그 이유는 그가 기술발전과 경제발전의 단절성(discontinuity)을 강조하였기 때문이며, 이 같은 단절성은 일반적으로 과학(science)으로부터 촉발된다. 과학은 기술혁신을 촉진시켜 새로운 산업(new businesses)을 창출하고 새로운 산업에 의한 기존 산업의 대체는 자본주의의 발전을 가져오는 것이다. 여기에서 혁신은 단순한 '기술적인' 혁신을 나타내는 제품혁신 및 공정혁신의 범위를 넘어, 새로운 시장의 개척, 원자재의 새로운 원천의 확보, 새로운 시장의 개척 등을 포괄하고 있다. Schumpeter가 최근의 경제학에서 대단히 중요한 의미를 갖는 것은 기술진보(technological progress)가 과거에 대한 주요한 파괴(major breaks), 거대한 단절 혹은 붕괴(giant discontinuity or disruption)를 가져온다는 점을 강조한 그의 주장 때문이다. 이 같은 거대한 단절성을 창출하는 것은 사업에서 게임의 규칙(rule of game)을 바꾸어 버리는 불연속적 혹은 파괴적 혁신으로부터 창출되며, 이들 혁신들은 과학으로부터 창출된다는 점이다. 즉 과학은 불연속적 혹은 파괴적 혁신을 가져와 새로운 산업을 창출한다는 것이다. 이렇게 Schumpeter는 과학 사업화에 대해서 새로운 시각을 제시하며 연구의 업적을 남겼다.

이러한 과학 사업화는 과학의 요소가 매우 중요한데, 이러한 기초과학의 중요성에 대해서는 그동안 많은 문헌과 연구가 있었다. Pavitt(1991)는 "무엇이 기초연구(basic research)를 경제적으로 중요하게 하는가?"의 문제를 체계적으로 논의하였다. 그에 따르면 기초연구는 기술에 대한 점점 중요한 직접적인 투입물을 형성할 뿐만 아니라, 기초연구가 연구훈련 및 기능 확보의 측면과 계획되지 않은 응용을 제공해 준다는 점에서 경제적으로 중요하다고 강조하고 있다. 아울러 Rosenberg(1982)는 일찍이 과학이 얼마나 경제성장에 있어서 외생적인가의 문제를 과학이 기술을 어떻게 선도하는가의 측면에서 논의하였다. 그는 기술을 경제적 변수의 영역에 포함시키면서 과학과 경제 영역 간에 심각한 인과관계와 연결이 되어있음을 강조하고 있다. 그는 과학이 전적으로 외생적이지 않다고 얘기하는 것은 쉽지만 과학과 경제와의 관계를 제시하는 것은 매우 어렵다고 주장하고 있다.

최근 전 세계적으로 과학 사업화(science business)에 대한 논의가 많이 이루어지고 있다. 과학 사업화는 과학적 결과가 사업(business)으로 직접 연결되는 것으로 정의할 수 있으며, 그동안 여러 과학기술분야에서 이 같은 현상이 두드러지게 나타나고 있음을 반증하는 것이다. 가장 대표적인 과학 사업화의 사례는 생명공학산업이며, 이는 Pisano(2006)에 의해 심층적으로 분석되었다. 실제로 생명공학분야에는 전 세계적으로 새로운 과학적 지식을 가지고 수많은 기업이 창업되었고, 지금도 창업되고 있다. 이젠 실무적으로나 학문적으로 생명공학산업(biotech industry)이라고 부르는 것이 어색하지 않은 시대가 되었다. 생명공학의 과학 사업화가 꽃을 피운 것이다.

Pisano는 생명공학산업이 과학 사업화의 대표적인 산업이라고 주장하면서 지난 30여 년간의 이 산업의 과학 사업화의 노력, 현황, 앞으로의 방향에 관해 논의하였다. 그는 특히 "과학(science)이 사업(business)이 될 수 있을까?"라는 명제에 매달리면서 과학이 사업 및 산업으로 발전하기 위한 제반 방안을 제시하고 있다. 이와 같은 생명공학산업의 과학 사업화의 문제는 다른 산업 및 과학기술 분야의 과학사업화의 문제해결에 많은 시사점을 줄 것으로 기대된다. 정선양 등(2011)은 Pisano(2006)의 저서인 Science Business를 「과학 비즈니스」로 번역하여 우리나라 독자들에게 내놓았는데, 아래에는 이를 중심으로 살펴보기로 한다.

제2절 생명공학의 과학 사업화

1. 생명공학 과학 사업화의 역사

과학 사업화는 과학적 결과가 사업으로 연결되는 것으로, 대표적인 사례가 생명공학이다. Pisano(2006, 2009)에 따르면, 생명공학의 과학 사업화, 즉 생명공학산업의 역사는 1976년 최초의 생명공학회사인 Genentech가 설립되면서 시작되었다. 이 회사는 벤처캐피털리스트인 Robert Swanson과 University of California-San Francisco의 교수인 Herbert Boyer에 의해 유전자조합기술(recombinant DNA technology)을 가지고 설립되었다.

이 회사는 과학 사업화의 세 가지 구성요소를 잘 나타내 준다(Pisano,

2006). 먼저, 새로운 기술을 창출함으로써 대학으로부터 민간부문으로의 기술이전(technology transfer)이 있었다. 둘째, 핵심적인 단계마다 자금지원을 하고 창립자에게 위험감수에 대한 보상을 할 수 있는 벤처캐피털(venture capital)과 공모주시장(public equity markets)이 존재하였다. 셋째, 신생기업이 자금지원의 반대급부로 지적재산권을 기존 기업에게 제공할 수 있는 노하우 시장(market for know−how)이 존재하였다. 생명공학의 과학 사업화를 제대로 분석하기 위해서는 이들 구성요소를 파악하여야 할 것이다.

Genentech의 성공을 시작으로 전 세계적으로 생명공학분야의 과학 사업화가 크게 진전되었다. 전 세계의 수많은 생명공학자가 자신의 과학적 지식을 바탕으로 새로운 기업을 창업해 왔다. 1980년대와 1990년대에 이 같은 신규 생명공학기업들은 수없이 많은 신제품을 출시하였고 막대한 수익을 창출할 수 있을 것으로 기대되었다. 이들 소규모의 전문화된 생명공학기업들은 연구개발활동에 특화되어 수직적으로 통합되고 관료적인 기존의 제약회사(pharmaceutical companies)와 다른 높은 연구개발 생산성을 나타내 줄 것으로 기대되었다. 이에 따라, 일부 학자들은 생명공학기업은 연구개발에, 기존의 제약회사들은 생산 및 마케팅에 특화하여야 한다는 주장을 펴기까지도 하였다.

그러나 생명공학 과학 사업화의 지난 30년의 역사를 분석한 후 Pisano(2006)는 다음과 같은 날카로운 비판을 하고 있다.

먼저, 그동안의 생명공학기업 중에 극히 일부분의 기업만이 수익(profits)을 창출해 왔으며, 대부분의 기업은 긍정적인 현금흐름을 창출하지 못하였다. 대표적으로 수익을 창출한 기업은 Genentech, Amgen 등이었다.

둘째, 생명공학이 기존 제약산업의 연구개발활동의 생산성(productivity)을 혁명적으로 개선하였다는 증거는 없다.

셋째, 생명공학기업 스스로의 연구개발 생산성(R&D productivity)이 시간이 지남에 따라 개선되었다는 증거도 없다.

넷째, 생명공학기업들이 시간이 지남에 따라 연구개발 스펙트럼(R&D spectrum)의 위험이 높고 급진적인 혁신인 초기단계의 기초연구에서 후퇴하여 위험이 낮고 빠르게 수익을 창출할 수 있는 스펙트럼의 후기단계에 보다 많은 주안점을 두는 문제점을 도출하였다.

2. 생명공학 과학 사업화의 주요 이슈와 대응

Pisano(2006, 2009)는 생명공학산업이 수익을 창출하지 못하고 진정한 의미의 과학 사업화에 성공하지 못한 이유를 생명공학산업의 잘못된 구조(anatomy)에 있다고 강조하고 있다. 그는 산업의 구성과 환경 간의 정합성(fit)이 산업의 성공을 가져온다고 강조하면서, 생명공학산업이 다른 첨단산업의 구성을 가지고 있어서 충분한 성과를 창출하지 못하며, 생명공학 고유의 합리적 구성의 필요성을 강조한다. 그는 생명공학산업의 구성이 불확실성, 통합의 필요성, 학습의 필요성 등 세 가지 측면에서 다른 첨단산업의 구성과 다름을 강조한다(<표 14-1> 참조). 아래에서는 이들에 대해 살펴보기로 한다.

● 표 14-1 생명공학 과학 사업화의 체계

과학적 풍토의 특징		경제적, 조직적 도전과제		산업의 분석
• 심오하고 지속적 　인 불확실성	⇒	• 위험관리	⇔	1. 참여자들의 역할 및 전략: 신 　규참입기업, 기존기업, 대학, 　공공연구기관, 투자자, 규제 　자 등
• 복잡성과 이질성		• 통합		2. 제도적 구성: 사모펀드 시장, 　공모펀드 시장, 노하우 시장, 　보조금 지급과정 등
• 급격하고도 누적 　적인 변화		• 학습		3. 거버넌스의 규칙: 지적재산 　권, 규제, 규범 등

자료: Pisano, G., *Science Business: The Promise, the Reality, and the Future of Biotech*
(Boston, MA: Harvard Business School Press, 2006), p.14; 정선양 등(역), 「과학 비즈니스」,
서울: 경문사, 39쪽.

1) 심오하고 지속적인 불확실성

생명공학산업은 다른 첨단산업분야에 비해 대단히 높은 불확실성
(uncertainty)을 가지고 있다. 우선 새로운 제품의 연구에서 출하에 이르는
회임기간이 대단히 길어 10여 년 이상이 걸릴 수도 있다. 아울러 다양한 실
험연구에서부터 새로운 제품으로 창출되는 비율이 매우 낮다. 이 같은 불확
실성은 연구개발 및 기업경영에 있어서 높은 위험(risk)을 의미한다. 생명공
학산업의 특징상 벤처캐피털리스트들은 장기간의 투자를 할 수 없으며, 일
반 공모주 시장도 생명공학연구개발에 대한 투자에 적합하지 않다. 따라서
비즈니스로 작용하려면 생명공학부문은 효율적으로 위험을 관리하고 위험
감수(risk taking)를 격려하고 보상하는 적절한 메커니즘을 필요로 한다. 이
런 메커니즘은 다양한 범위로 나뉜다. 위험은 불확실성(uncertainty)에 나오
고, 불확실성은 기본적으로 정보의 부족(lack of information)을 의미한다.
따라서 관련 정보를 창출하고 확산시키는 메커니즘은 효율적 위험관리(risk

management)에 중요한 역할을 한다.

2) 다양한 학문분야의 통합

생명공학에 관련된 학문분야(disciplines)는 대단히 많은데, 예를 들면 분자생물학, 세포생물학, 유전학, 생물정보학, 계산화학, 단백질화학, 유전공학 등등 정말로 다양하다. 이들 분야는 매우 복잡하고 이질적이다. 이들은 새로운 기회를 제공해 주기도 하지만 결국은 복잡한 퍼즐의 한 조각 정도만을 알려줄 뿐이다. 과학적 지식기반이 넓어짐에 따라 관련 조각들을 통합(integration)하는 도전은 더 어렵고 중요해졌다. 이를 잘해내려면 생명공학산업은 학문 분야를 뛰어넘는 재능, 기술, 역량을 한데 모아 적절히 섞어 통합하는 적절한 메커니즘(appropriate mechanisms)을 필요로 한다. 이런 메커니즘은 조직 측면의 구조와 전략 그리고 다양한 형태의 조직(대기업, 소규모 창업기업, 대학 등)이 상호작용하는 방법들을 포함한다. 아마 가장 중요한 것은 다양한 과학적 배경과 기능적 배경을 가진 사람들을 적절히 섞어 모아 협력하고 정보를 교환하게 하는 방법을 필요로 한다는 점이다.

3) 집합적 학습

생명공학분야는 다양한 분야를 포괄하고 있고 이들의 변화는 매우 급격하다. 아울러 이 분야는 전통적인 과학기술분야로부터 지속적으로 지식을 축적하여야 한다. 과학기반산업에서 학습(learning)의 중요성은 매우 크다. 생명공학의 심오한 불확실성과 고도의 복잡성으로 인해 이 산업에서 실패(failure)가 흔하다는 사실은 놀라운 일이 아니다. 그러나 이 분야에서 실패라는 단어를 조심할 필요가 있는데 그 이유는 다른 어떤 영역보다 이 분야의 모든 프로젝트는 진정한 하나의 실험(experiment)이라는 점이다. 생명공학에서는 성공보다 실패가 훨씬 일반적이라는 점에서 '실패로부터 학습'이 대단히 중요하다. 이와 같은 학습은 개인, 부서, 시스템, 산업 차원에서 일어나야 한다. 따라서 이 산업부문은 경험으로부터 학습을 얻고 이용하는 메커니즘을 필요로 한다. 생명공학의 발전을 위해 집단적 지성(collective wisdom)을 배양·활용하여야 한다. 아울러 생명공학 분야는 M&A와 같은 단기적인 거래를 벗어나 다양한 기업 및 기관과의 장기적 제휴(long-term alliances)를 활성화하여야 한다. 즉, 생명공학기업은 경영에 있어서 기업행위 및 기업거래 등을 통한 단기적인 수익 창출보다는 기업의 장기적인 기술역량의 확보에 주안점을 두어야 한다.

3. 과학 사업화를 위한 새로운 구성

Pisano는 Alfred Chandler의 주장에 동조하면서 과학기술혁신에 대응하여 조직적, 제도적 혁신의 중요성을 강조하면서 기술혁신과 조직혁신과의 공진(co-evolution)의 필요성을 주장하였다. 여기에서 조직적 혁신은 포괄적으로는 기업 차원과 국가 차원 모두를 얘기하지만, 제도혁신(institutional innovation)은 국가 차원의 조직혁신을 의미하는 데 비하여 조직혁신(organizational innovation)은 기업 차원의 조직혁신을 의미하는 것으로 파악할 수 있다. 이같이 과학기술이 사업화와 산업화로 이어지는 것은 넓은 의미에서 기술혁신경영을 의미한다. Pisano는 생명공학의 발전과 이의 효율적인 경영을 위하여 새로운 제도적 구성을 주장한다. 근본적으로 새로운 구성은 전술한 생명공학분야의 과학 사업화의 문제점에 효율적으로 대응하는 새로운 제도적 구성(new institutional settings)을 의미한다. 즉, 생명공학분야의 제도적 구성은 심오한 불확실성을 줄이고, 매우 긴밀하게 연계된 문제해결을 촉진하며, 다양한 학문 분야에 걸친 집합적 학습을 촉진시켜야 할 것이다.

Pisano는 생명공학분야의 과학 사업화를 촉진시킬 수 있는 보다 나은 구조(more suitable anatomy)로 다음을 제시하고 있다.

1) 더 많은 수직통합

생명공학산업에서 수직통합(vertical integration)은 보다 혁신적인 제품의 창출에 매우 중요하다. 수직통합을 통하여 생명공학기업, 특히 기존의 제약회사는 규모의 경제를 달성할 수 있으며, 생명공학분야에서 매우 필요한 통합자(integrators)의 역할을 담당할 수 있다.

2) 보다 적은, 보다 긴밀한, 보다 장기적인 협력관계

생명공학에 있어서 제휴(alliances)는 내부 연구개발을 보완하는 매우 중요한 전략이다. 기업은 대학, 관련 회사, 공공연구기관과 긴밀한 협력관계를 유지하면서 새로운 지식을 수혈하여야 한다. 그러나 이 같은 협력관계는 너무 많으면 안 되며, 보다 긴밀하고 보다 장기적인 협력관계를 구축하고 이를 통한 기업의 장기적인 핵심역량을 확보·유지· 발전시켜야 할 것이다.

3) 보다 적은 독립적 생명공학기업

생명공학분야에서 신생 벤처기업(new start-ups)은 매우 중요한 역할을 담당할 것이다. 그러나 생명공학기업들이 아직은 수익을 창출하지 못한다는 점에서 너무 독립적이며 공개기업으로서의 생명공학기업을 추구해서는 안 될 것이다.

4) 준공개기업

생명공학산업에서 공개기업이 어렵다면 준공개기업(quasi-public com-panies)의 도입도 매우 바람직하다. 준공개기업은 기업의 주식이 공개적으로 거래되고 대기업이 장기적으로 해당 기업의 성공에 전략적 관심사를 가지며 과반수의 주식을 소유하는 기업을 의미한다. 이를 통하여 생명공학기업은 상당한 정도의 독립성을 가지고 장기적인 기업경영을 할 수 있으며, 대기업에 의해 강도 높은 지도를 받으며 자금조달의 유리함을 가질 수 있다. 이에 대한 대표적 사례가 Genentech로서 이 회사는 과반수의 지분을 Roche가 보유하고 있지만, 이 기업은 매우 독립적이고 기업가적으로 운영되고 있으며, 기업가적인 문화를 잘 유지하고 있다.

5) 대학의 새로운 우선순위

대학은 그동안 대학자본주의(academic capitalism)의 영향을 받아 과학적 연구결과에 기반한 창업을 통해 지분을 확보하거나 라이선싱 수입을 극대화하는 데 노력해 왔다. 그러나 이것은 대학의 본연의 자세는 아니다. 과학 사업화를 활성화하기 위해서 대학은 과학적 결과를 통해 과학기술계에 최대한의 공헌을 하여야 할 것이다. 이 점에서 대학은 과학적 연구결과에 대한 독점적 라이선스(exclusive license)의 추구 경향에서 벗어나 개방적 라이선스(open license)를 추구하여야 하며 대학의 연구결과에 대한 과학기술계의 접근을 보다 많이 허용하여야 할 것이다. 이를 통하여 대학은 과학기술 발전에 보다 많은 공헌을 하여야 할 것이다.

6) 범학문적 대학연구

생명공학과 같은 과학 사업화가 추구되는 분야는 다양한 지식의 통합(integration)이 필요하다. 그러나 그동안의 대학은 학과별로 나누어져 있어서 지식의 분산화가 추구되고 융합적·통합적 지식의 발전을 소홀히 해왔다. 이에 따라, 대학은 융합연구를 활성화시킬 수 있는 조직혁신을 단행하여 학문의 다양한 분야가 통합되어 연구와 교육을 진행하여야 할 것이다. 실제로 일부 대학은 범학문적 연구와 통합적인 연구를 추구하는 범학문적 연구기관을 설립·운영해 오고 있다.

7) 이전연구의 증강

이전연구(translational research)는 기초과학적 연구결과와 개념을 특정한 제품적 기회로 이전시키는 연구를 의미한다. 이전연구는 과학의 사업화를 촉진하는 데 큰 공헌을 할 수 있다. 이 같은 이전연구는 정부나 비영리재단 등에 의해 지원될 수 있다. 대표적인 사례로 정부에 의한 목적지향적 기초연구의 지원을 들 수 있다.

제3절 과학 사업화를 위한 제언

1. 산업의 진화

Pisano의 주장은 과학 사업화를 위해서는 다음 두 가지의 핵심결론에 도달한다. 먼저, 해당 과학에 맞는 산업의 구조(anatomy)를 효율적으로 구축, 운용하라는 것이다. 이는 과학 사업화를 위해서는 과학과 산업에 대한 체계적 접근이 필요하다는 것이다. 다음으로는 과학 사업화를 위해서는 해당 산업에 속해 있는 기업의 노력뿐만 아니라 국가적 노력이 필요하다는 것이다. 과학은 기술에 비하여 정부개입의 당위성이 높다는 점에서 이는 당연한 결론이 아닐 수 없다. 그리하여 Pisano는 기업차원의 조직혁신과 국가차원의 제도적 혁신을 강조하는 것이다. 이는 또한 기업차원의 기술혁신경영이 산업차원은 물론 국가차원의 기술혁신경영과 긴밀히 연계되어야 함을 나타내 주는 것이다(정선양, 2018).

Pisano는 이상과 같은 조직적 형태와 제도적 준비를 하여야 과학이 사업화 될 수 있다고 강조하면서, 생명공학의 구조(anatomy)가 빠르게 변화할 수 있을 것인가의 질문에 대하여 다음의 두 가지 이유로 긍정적인 대답을 할 수 있다고 주장하였다. 먼저, 이미 자신이 언급한 제도적, 조직적 요소의 상당수는 이미 진행되고 있다는 것이다. 예를 들어, 범학문적 대학연구, 이전연구의 강화는 이미 많이 진행되고 있다는 것이다. 다음으로 진화(evolution)는 사업과 산업에는 매우 일반적이라는 점이다. 즉, 역사적으로 보면 획기적인 주요 기술혁신은 산업 디자인의 변혁적 혁신(transformational innovations)을 수반해 왔다는 것이다. 예를 들어, 막대한 투자와 대단한 운영적 복잡성을 필요로 하는 철도와 전신 시스템의 개발은 소유와 경영이 분리된 현대적 개념의 기업의 탄생을 가져왔으며 지난 세기를 걸쳐오면서 현대의 기업들은 지속적으로 진화해 왔다는 것이다.

그리하여 Pisano는 생명공학도 비슷하게 진화할 것이며, 나노기술 등과 같은 다른 새로운 과학기반 사업도 자신에 맞는 사업화 모델을 창출하게 될 것이라고 주장하였다. 그동안의 생명공학 사업화의 실험을 회고하면 생명공학은 과학과 사업 모두의 수요를 충족시킬 수 있는 독특한 구조(distinctive anatomy)를 필요로 한다고 강조하였다. Pisano(2006)는 자신의 책 마지막 두 문단에서 다음과 같이 강조한다.

"지난 세기를 통틀어 '현대(modern)'기업은 기술혁신(technological innovation)과 제도개발(institutional developments)과 함께 진화를 계속해왔다. 예를 들면, 20세기 하반기에 미국에서 벤처캐피탈이 등장하여 반도체, 소프트웨어, 컴퓨터, 통신 등의 산업에서 핵심적인 역할을 한 기업가적 조직(entrepreneurial organizations)을 창출하였다. 오늘날 우리는 유사한 변화의 중심에 있다. 철도와 전보가 근대기업을 필요로 하고 반도체와 소프트웨어가 벤처캐피탈을 필요로 한 것과 마찬가지로, 생명공학은 더불어 과학기반 기업 형성을 가능하게 할 조직혁신과 제도혁신을 필요로 한다. 생명공학으로의 30년이 흐른 지금 우리는 그러한 과학기반 기업이 어떠한 형태를 이루고 어떻게 작용하며 이를 이끌기 위해 필요한 경영기술(management skills)의 종류에는 어떠한 것들이 있을지 아직 배우는 중이다. 이 생명공학산업부문의 어려움에도 불구하고 우리가 그렇게 많은 생명공학에서의 실험을 목격해온 것은 사실 매우 건전한 신호이다. 많은 것을 배워왔고 더 많은 것이 학습될 것이다. 21세기 경제학자들과 실무자들 모두에게 계속 진화하고 있는 과학의 비즈니스(business of science)에 대한 지식에 기여하는 만큼 중요한 도전도 없다."(Pisano, 2006; 정선양 등 번역, 2011)

2. 전략적 기술혁신경영

과학 사업화는 새로운 개념이기는 하지만 기술혁신경영의 측면에서는 그다지 새로운 개념은 아니다. 기술혁신경영은 기술혁신과정(innovation process)의 경영을 의미하고 과학 사업화는 기초연구에서 상업화에 이르는 기술혁신경영의 모든 스펙트럼을 의미하며 기술혁신과정의 관리는 이 같은 과학 사업화를 관리하여야 함을 의미하는 것이다.

● 표 14-2 효율적 과학 사업화를 위한 혁신의 연계

구분	기업차원	국가차원
혁신의 내용	기술혁신	과학혁신
제도적 대응	조직혁신	제도혁신
최고경영층의 개입	전략혁신	전략혁신

자료: 정선양, 「전략적 기술경영」, 제5판(서울: 박영사, 2023), 549쪽.

Pisano가 주장하는 과학 사업화는 과학기술혁신의 전 과정에 대응하여 기업은 조직혁신을, 국가는 제도혁신을 이루어야 할 것을 강조하는 것이다. 이는 Alfred Chandler가 주장하는 기술혁신과 조직혁신의 공진을 나타내 주는 것이다(Chandler, 1962). 그러나 과학 사업화와 관련하여 (<표 14-2>에 나타나 있는 바와 같이 다음 세 가지를 좀 더 세심하게 고려하여야 할 것이다.

먼저, 기술혁신이라는 의미는 과학기술혁신(S&T innovation)이라는 의미로 확대해석하여야 할 것이다. 기술혁신은 기술 사업화와 관련성이 높게 인식되는 만큼 과학 사업화와 관련하여 과학기술혁신으로 범위를 확대하여야 할 것이다. 과학기술의 발전이 점점 가속화하는 현 환경 속에서는 과학의 사업화도 대단히 활발하게 진행되고 있기 때문이다.

둘째, 조직혁신의 개념을 국가 차원과 기업 차원으로 나누어 파악하여야 할 것이다. 특히 과학 사업화는 불확실성이 높은 과학의 사업화라는 점에서 정부의 적극적인 개입이 필요하다. 즉, 기업 차원에서는 조직혁신(organizational innovation)이 필요하며, 국가 차원에서는 제도혁신(institutional innovation)이 필요하다. 과학의 사업화를 위해서는 보완자산의 육성, 전유성 제도의 구축, 과학기술정책의 추진 등 정부의 적극적 역할이 수반되어야 할 것이다.

셋째, 무엇보다 중요한 것은 과학 사업화와 관련한 전략혁신(strategic innovation)이 필요하다. 전략혁신 역시 기업 차원과 국가 차원에서 살펴볼 수 있는데, 기업 차원에서는 최고경영자가 과학 사업화에 적극적으로 개입하여 전략적 방향을 제시하고, 충분한 자원을 투입하며, 지속적인 후원을 하여야 할 것이다. 정부 차원에서도 전략혁신이 필요한데, 과학기술 및 산업 관련 부처는 국가 전체 차원의 과학 사업화의 청사진을 제시하고 관련 사업을 추진하여 과학 사업화의 활성화를 통한 국가의 신성장동력 창출에 보다 적극적인 노력을 기울여야 할 것이다.

이상의 세 가지 사항을 요약하면 과학 사업화가 활성화되기 위해서는 기업 차원과 국가 차원이 연계된 '전략적 기술혁신경영(SMTI: strategic management of technology and innovation)'이 필요하다. 즉, 과학 사업화도 전략경영의 개념이 심층적으로 투영되어야 할 것이다. Pisano도 주장한 바와 같이 이상에서 살펴본 과학 사업화는 생명공학분야뿐만 아니라 나노기술, 신소재, 핵융합 등 새로운 과학기술분야에서도 활발하게 진행될 것으로 기대된다. 여기에 과학 사업화에 대한 심층적 연구의 필요성이 있는 것이다. 물론 과학 사업화의 출발은 해당 과학에 대한 심도있는 이해가 우선되어야 할 것이다.

참고문헌

김일용 · 정선양 · 임덕순, 「민간기업의 효율적 연구관리시스템 구축에 관한 연구」, 서울: 과학기술정책연구소, 1991.

서울대학교 교육연구소, 「교육학용어사전」, 서울: 하우동설. 1995.

정선양, 「환경정책론」(서울: 박영사, 2001).

정선양, 「전략적 기술경영」(서울: 박영사), 제1판, 제2판, 제3판, 제4판, 제5판, 2007, 2009, 2011, 2016, 2023.

정선양, 「기술과 경영」(서울: 경문사), 제1판, 제2판, 제3판, 2006, 2012, 2018.

정선양, 「미국의 기술경영 교육 프로그램의 심층 분석」, 서울: 세종대학교 기술혁신연구소, 2007a.

정선양, 「유럽의 기술경영 교육 프로그램의 심층 분석」, 서울: 세종대학교 기술혁신연구소, 2007b.

정선양, 「기술경영 인력의 수요와 공급에 관한 연구」, 서울: 기술경영경제학회, 2009.

정선양, "슘페터와 기술혁신: 「경제발전의 이론」 독일어판 제1판의 주요 내용과 현대에 대한 시사점", 「기술혁신학회지」, 제23권, 제2호, 2020, 181~208쪽.

정선양, 「연구개발경영론」(서울, 시대가치, 2021).

정선양 번역, 슘페터, 조지프, 「경제발전의 이론」(서울: 시대가치, 2020).

정선양 · 김경희 번역, 맥그래스, 리타, 「경쟁우위의 종말」(서울: 경문사, 2014).

정선양 · 김경희 · 조성복 번역, 피사노, 게리, 「과학 비즈니스」(서울: 경문사, 2011).

Afuah, A., *Innovation Management: Strategies, Implementation and Profits*, 2nd Ed. (New York, Oxford University Press, 2003).

Anderson, T. J., "Strategic Planning, Autonomous Actions and Corporate

Performance," *Long Range Planning*, April 2000, pp.184~200.

Badawy, M. K., "Technology Management Education: Alternative Models," *California Management Review*, Vol.40. No.4, 1988, pp.94~116.

Bessant, J., Lamming, R., Noke, H., and Phillips. W.. "Managing Innovation be — yond the Steady State," *Technovation* 25, 2005, pp.1366~1376.

Betz, F., *Managing Technological Innovation: Competitive Advantage from Change* (New York: John Wiley & Sons, 1998).

Bhalla, S. K., *The Effective Management of Technology* (Columbus, OH: Battelle Press, 1987).

Boston Consulting Group (BCG), *Strategy Alternatives for the British Motorcycle Industry* (London: Her Majesty's Stationery Office, 1975).

Bower, J. L. and Christensen, C. M., "Disruptive Technologies: Catching the Wave," *Harvard Business Review*, January–February 1995.

Byrne, J. A., "The Horizontal Corporation," *Business Week*, December 20, 1993.

Campbell, A., Goold, M., and Alexander, M., *Corporate-Level Strategy: Creating Value in Multi-business Company* (New York: John Wiley & Sons, 1994).

Chandler, A. D., *Strategy and Structure* (Cambridge, MA: The MIT Press, 1962).

Chandler, A. D., "The Functions of the HQ Unit in the Multi—business Firm," *Strategic Management Journal*, Vol.12, 1991, pp.31~50.

Chandler, A. D., *Scale and Scope* (Cambridge, MA: The Belknap Press of Harvard University Press, 1990).

Chesbrough, H. W., "The Era of Open Innovation," *MIT Sloan Management Review*, Vol.44, No.3, 2003a, pp.35~41.

Chesbrough, H. W., *Open Innovation: The New Imperative for Creating and Profiting from Technology* (Boston, MA: Harvard Business School Press, 2003b).

Chesbrough, H. W. and Garman, A., "How Open Innovation Can Help You

Cope in Lean Times," *Harvard Business Review*, December 2010, pp.1~10.

Christensen, C. M., *The Innovator's Dilemma: When New Technologies Cause Great Firms to Fail* (Boston, MA: Harvard Business School Press, 1997).

Christensen, C. M., *The Innovator's Dilemma: The Revolutionary Book that Will Change the Way You Do Business* (New York: Collins Business Essentials Edition, 2006).

Christensen, C. M., Craig, T., and Hart, T., "The Great Disruption," *Foreign Affairs*, March–April 2001, pp.80~95.

Chung, S., *Technologiepolitik für neue Produktionstechnologien in Korea und Deutschland* (Heidelberg: Physica–Verlag, 1996).

Clark, N., *The Political Economy of Science and Technology* (Oxford: Basil Blackwell, 1985).

Clark, K. B. and Wheelwright, S. C., "Organizing and Leading "Heavy Weight Development Teams"," in: Wheelwright, S. C. and Clark, K. B., *Revolutionizing Product Development: Quantum Leaps in Speed, Efficiency, and Quality* (New York: The Free Press), Chapter 8, 1992.

Corsten, H., Gössinger, R., and Schneider, H., *Grundlagen des Innovationsmanagement* (München: Verlag Franz Vahlen, 2006).

Dess, G. G., Rasheed, A. M. A., McLaughlin, K. J., and Priem, R. L., "The New Corporate Architecture," *The Academy of Management Executive*, Vol.9, No.3, August 1995.

Disselkamp, M., *Innovationsmanagement: Instrumente und Methoden zur Umsetzung im Unternehmen* (Wiesbaden: Springer Gabler, 2012).

Dosi, G., "Technological Paradigms and Technological Trajectories: A Suggested Interpretation of the Determinants and Directions of Technical Change," *Research Policy*, Vol.11, No.3, 1982, pp.147~162.

Dosi, G., Freeman, C., Nelson, R., Silverberg, G. and Soete, L., *Technical Change and Economic Theory* (London and New York: Pinter Publisher, 1988).

Drucker, P. F., *The Practice of Management* (New York: Harper & Row, 1954).

Drucker, P. F., *Management: Tasks, Responsibilities, Practices* (New York: Harper & Low, 1974).

Drucker, P. F., *Innovation and Entrepreneurship* (New York: Harper & Low, 1985).

Drucker, P. F., "Modern Prophet: Schumpeter or Keynes?," Chapter 12, in Drucker, P. F., *The Frontiers of Management* (Boston, MA: Harvard Business Publishing Co., 1986).

Drucker, P. F., "The Information Executives Truly Need", *Harvard Business Review*, Vol.73, No.1, January—February 1995, pp.54~63.

Dyer, J. H., Gregersen, H. B., and Christensen, C. M., "The Innovator's DNA," *Harvard Business Review*, December 2009, pp.61~67.

Dyer, J., Gregersen, H., and Christensen, C. M., *The Innovator's DNA: Mastering the Five Skills of Disruptive Innovators* (Boston, MA: Harvard Business Review Press, 2011).

Floyd, C., *Managing Technology for Corporate Success* (Aldershot & Hampshire: Gower, 1997).

Foster, R. N., *Innovation: The Attacker's Advantage* (New York: Summit Books, 1986).

Foster, R. and Kaplan, S., *Creative Destruction* (Cambridge, MA: Harvard Business School Press, 2002).

Frauenfelder, P., *Strategisches Management von Technologie und Innovation: Tools Principles* (Zürich: Verlag Industrielle Organisation, 2000.

Freeman, C., *The Economics of Industrial Innovation*, 2nd Ed. (Cambridge, MA: The MIT Press, 1982).

Freeman, C., *Technology Policy and Economic Performance: Lessons from Japan* (London & New York: Pinter Publishers, 1987).

Freeman, C., "Japan: A New National System of Innovation?," in: Dosi, G. et al., Eds., *Technical Change and Economic Theory* (London & New York: Pinter Publishers, 1988), pp.330~348.

Freiberg, P., "Creativity is Influenced by Our Social Networks," *Monitor*, American Psychological Association, Vol.21, 1995.

Gerybadze, A., *Technologie Analyse und Technologische Vorschau, Vorlesungsunterlagen Technologie−Management* I, Teil 2 (St. Gallen: Hochschulverlag der HSG, 1995.

Ghoshal, S. and Bartlett, C. A., "Changing the Role of Top Management: Beyond Structure to Process," *Harvard Business Review*, Vol.73, No.1, January−February 1995, pp.86~96.

Goold, M. and Campbell, A., *Strategies and Styles: The Role of Centre in Managing Diversified Corporations* (Oxford: Blackwell, 1987).

Goold, M., "Design, Learning and Planning: A Further Observation on the Design School Debate," *California Management Review*, Vol.38, No.4, 1996, pp.94~95.

Goold, M., "Learning, Planning, and Strategy: Extra Time," *California Management Review*, Vol.38, No.4, 1996, pp.100~102.

Goold, M., Campbell, A., and Alexander, M., "Corporate Strategy and Parenting Theory," *Long Range Planning*, April 1998, pp.308~318.

Hamel, G. and Prahalad, C. K., "Strategic Intent," *Harvard Business Review*, May-June 1989.

Hammer, M. and Stanton, S. A., *The Reengineering Revolution* (HarperCollins, 1995).

Herink, R. "Technology management Education for the Third Millenium," *International Journal of Technology Management,* Vol.10, No.3, 1995, pp.353~359.

Hunger, J. D. and Wheelen, T. L., *Strategic Management*, 5th Ed. (New York: Addison−Wesley, 1996), pp. 339~340.

Johannson, B., *Kreativität und Marketing* (Frankfurt am Main: Lang, 1985).

Kelley, T., *The Ten Faces of Innovation* (New York: Doubleday, 2005).

Khalil, T., *Management of Technology: The Key to Competitiveness and Wealth Creation* (Boston, MA: McGraw Hill, 2000).

Kiechel III, W.,"The Management Century," *Harvard Business Review*, November 2012, pp.62~75.

Kocaoglu, D. F., "Research and Educational Characteristics of the Engineering Management Discipline," *IEEE Transactions on Engineering Management*, Vol.37, No.3. 1990.

Kocaoglu, D. F., "Technology Management: Educational Trends," *IEEE Transactions on Engineering Management*, November 1994.

Leidtka, J. H., "Collaborating Across Lines of Business for Competitive Advantage," *The Academy of Management Executive*, Vol.10, No.2, May 1996, pp.20~34.

Leonard－Barton, D., "Core Capabilities and Core Rigidities: A Paradox in Managing New Product Development," *Strategic Management Journal*, Summer, 1992, pp.111~125.

Leonard－Barton, D., *Wellsprings of Knowledge: Building and Sustaining the Sources of Innovation* (Boston, MA: Harvard Business School Press, 1995).

Lundvall, B. A. (Ed.), *National Systems of Innovation: Towards a Theory of Innovation and Interactive Learning* (London: Pinter Publishers, 1992).

Mansfield, E., *Industrial Research and Technological Innovation: An Econometric Analysis* (New York: Norton, 1968).

McCraw, T. K., *Prophet of Innovation: Joseph Schumpeter and Creative Destruction* (Cambridge, MA: The Belknap Press of Harvard University Press, 2007).

McGrath, G. R., "Transient Advantage," *Harvard Business Review*, June 2013a, pp.62~70.

McGrath, G. R., *The End of Competitive Advantage* (Boston, MA: Harvard Business School Press, 2013b).

Miles, R. E., Coleman, Jr., H. J., and Creed, W. E. D., "Key to Success in Corporate Re－design," *California Management Review*, Vol.37, No.3, Spring 1995, pp.128~145.

Miller, C. C. and Cardinal, L. B., "Strategic Planning and Firm Performance:

A Synthesis of More than Two Decades of Research," *Academy of Management Journal*, December 1994, pp.1649~1665.

Miller, W. L. and Morris, L., *4th Generation R&D* (New York: John Willey & Sons, 1999).

Mintzberg, H., "The Design School: Reconsidering the Basic Premises of Strategic Management," *Strategic Management Journal*, Vol.11, No.6, 1990.

Mintzberg, H., Pascale, R. T., Goold, M., and Rumelt, R. P., "CMR Forum: The 'Honda Effect' Revisited," *California Management Review*, Vol.38, No.4, Summer 1996.

Moore, G. A., "Darwin and the Demon: Innovating within Established Enterprises," *Harvard Business Review*, July~August 2004.

Moore, G. A., *Crossing the Chasm: Marketing and Selling Disruptive Products to Mainstream Customers* (New York: HarperCollins Publishers, 2002).

Nambisan, S. and Wilemon, D., "A Global Study of Graduate Management of Technology Programs," *Technovation* 23, 2003, pp.949~962.

National Research Council (NRC), *Management of Technology: The Hidden Competitive Advantage* (Washington, D.C.: National Academy Press, 1987).

Nelson, R. R. (Ed.), *National Innovation Systems: A Comparative Analysis* (New York & Oxford: Oxford University Press, 1993).

Nelson, R. R. and Winter, S. G., "In Search of Useful Theory of Innovation," *Research Policy* 6, 1977, pp.36~76.

Nelson R. R. and Winter, S., *An Evolutionary Theory of Economic Change* (Cambridge, MA: Harvard University Press, 1982).

OECD, *Main Science and Technology Indicators 2021* (Paris: OECD, September 2021).

Pascale, R. T., "Perspectives on Strategy: The Real Story Behind Honda's Success," *California Management Review*, Vol.26, No.3, Spring 1984.

Pavitt, K., "What Makes Basic Research Economically Useful?," *Research Policy*, Vol.20, 1991, pp.109~119.

Pekar, Jr. P. and Abraham, S., "Is Strategic Management Living Up to Its Promise?," *Long Range Planning*, October 1995), pp.32~44.

Peters, T. and Waterman, R., *In Search of Excellence* (New York: Harper and Row, 1982).

Pisano, G., "Can Science be a Business?: Lessons from Biotech," *Harvard Business Review*, October 2006a, pp.114~125.

Pisano, G., *Science Business: The Promise, the Reality, and the Future of Biotech* (Boston, MA: Harvard Business School Press, 2006b).

Pisano, G., "The Evolution of Science—Based Business: Innovating How We Innovate," *Industrial and Corporate Change*, Vol.19, No.2, 2010, pp.465~482.

Porter, M. E., *Competitive Strategy: Techniques for Analyzing Industries and Competitors* (New York: The Free Press, 1980).

Porter, M. E., *Competitive Advantage: Creating and Sustaining Superior Performance* (New York: The Free Press, 1985).

Porter, M. E., *The Competitive Advantage of Nations* (New York: The Free Press, 1990).

Prahalad, C. K. and Hamel, G., "The Core Competence of the Corporation," *Harvard Business Review*, May–June 1990, pp.79~91.

Rosenberg, N., *Inside the Black Box: Technology and Economics* (Cambridge University Press, 1982).

Rosenberg, N., *Perspectives on Technology* (Cambridge: Cambridge University Press, 1976).

Rubenstein, A. H., *Managing Technology in the Decentralized Firm* (New York: John Wiley & Sons, 1989).

Rumelt, R. P., "The Many Faces of Honda," *California Management Review*, Vol.38, No.4, 1996, pp.103~111.

Saloner, G., Shepard, A., and Podolny, J., *Strategic Management* (New York: John Wiley & Sons, 2001).

Schilling, M. A., *Strategic Management of Technological Innovation* (New

York: McGraw Hill, 2005).

Schmitt, R. W., "Successful Corporate R&D," *Harvard Business Review*, Vol.63, No.3, 1985, pp.124~128.

Schumpeter, J. A., *Theorie der wirtschaftlichen Entwicklung*, 1. Auflage (Leipzig, 1911).

Schumpeter, J. A., *The Theory of Economic Development* (Cambridge, MA: Harvard University Press, 1934).

Schumpeter, J. A., *Capitalism, Socialism and Democracy* (New York: Harper and Row, 1943).

Shane, S., *Technology Strategy for Managers and Entrepreneurs* (New Jersey: Pearson Education Inc., 2009).

Steiner, G.(2003), "Kreativitätsmanagement: Durch Kreativität zur Innovation", in: Strebel, H. (Hrsg.), *Innovations— und Technologiemanagement*, pp.265~323.

Sternberg, R. J., and Lubart, T. I., *The Nature of Insight* (Cambridge, MA: MIT Press, 1995).

Teece, D. J., "Profiting from Technological Innovation: Implications for Integration, Collaboration, Licensing and Public Policy," *Research Policy*, Vol.15, 1986, pp.286~305.

Teece, D. J., *Dynamic Capabilities and Strategic Management* (Oxford: Oxford University Press, 2009).

Teece, D. J., "Alfred Chandler and "Capabilities" Theory of Strategy and Management," *Industrial and Corporate Change*, Vol.19, No.2, 2010, pp.297~316.

Teece, D. and Pisano, G., "The Dynamic Capabilities of Firms: An Introduction," *Industrial and Corporate Change*, Vol.3., 1994, pp.537~556.

Tidd, J. and Bessant, J., *Managing Innovation: Integrating Technological, Market and Organizational Change*, 4th Ed. (Chichester: John Wiley & Sons, 2009).

Tidd, J., Bessant, J., and Pavitt, K., *Managing Innovation: Integrating Technological, Market and Organizational Change*, 3rd Ed. (Chichester, John Wiley & Sons, 2005).

Tushman, M. L. and Anderson, P., "Technological Discontinuities and Organizational Environments," *Administrative Science Quarterly*, Vol.31, 1986, pp.439~465.

Tushman, M. L. and O'Reilly Ⅲ, C. A., "Ambidextrous Organizations: Managing Evolutionary and Revolutionary Change," *California Management Review*, Vol.38, No.4, 1996, pp.8~30.

Tushman, M. L. and O'Reilly Ⅲ, C. A., *Winning through Innovation: A Practical Guide to Leading Organizational Change and Renewal* (Boston, MA: Harvard Business Press, 2002).

Twiss, B. and Gooldridge, M., *Managing Technology for Competitive Advantage: Integrating Technological and Organisational Development: From Strategy to Action* (London: Pitman, 1989).

Urban, G. L. and von Hippel, E. "Lead User Analyses for the Development of New Industrial Products," *Management Science*, Vol.34, No.5, 1988, pp.569~582.

Utterback, J. M. and Abernathy, W. J., "A Dynamic Model of Product and Process Innovation," *Omega*, Vol.3, No.6, 1975, pp.639~656.

Utterback, J. M., *Mastering the Dynamics of Innovation* (Boston, MA: Harvard Business School Press, 1997).

von Hippel, E., *The Sources of Innovation* (New York & Oxford: Oxford University Press, 1988).

Wack, O. G., *Kreativ sein kann jeder*, 2. Auflage (Hamburg: Windmühle, 1993).

Weule, H., *Integrates Forschungs— und Entwicklungsmanagement* (München: Hanser, 2001).

Wheelen, T. L. and Hunger, J. D., *Strategic Management and Business Policy*, 9th · 10th Ed. (New Jersey: Prentice Hall, 2004, 2006).

White M. A. and Bruton, G. D.. *The Management of Technology and Innovation: A Strategic Approach* (Mason, OH: Thomson Learning Inc., 2007).

Wilson, I., "Strategic Planning Isn't Dead – It Changed," *Long Lange Planning*, August 1994, p.20.

Wolfrum, B., *Strategisches Technologiemanagement* (Wiesbaden: Gabler, 1991).

Zook, C. and Allen, J., *Profit from the Core: Growth Strategy in an Era of Turbulence* (Boston, MA: Harvard Business School Press, 2001).

Zook, C., *Beyond the Core: Expanding Your Market without Abandoning Your Roots* (Boston, MA: Harvard Business School Press, 2003).

찾아보기

정선양 교수

현 직
- 건국대학교 경영대학, 기술경영학과 교수
- 한국과학기술한림원, 정책학부 정회원
- 한국과학기술한림원, 정책연구소 소장

학 력
- 서울대학교 농공학과, 공학사 (경영학 부전공)
- 서울대학교 경영대학, 경영학 석사 (회계학 전공)
- 독일 슈투트가르트대학교 (Universität Stuttgart), 기술경영·정책학 박사

주요 경력
- 과학기술정책연구원 (STEPI), 선임연구원, 책임연구원, 연구위원
- 한국과학기술한림원 (KAST), 준회원, 정회원, 정책학부 부학부장(2회), 학부장, 정책연구센터 소장(3회)
- 독일 '프라운호퍼 기술혁신연구소 (FhG–ISI: Fraunhofer Institut für System– und Innovationsforschung)', 연구원
- 독일 '막스플랑크 사회연구소 (MPIfG: Max Planck Institut für Gesellschaftsforschung)', 방문연구원
- 미국 '캘리포니아주립대학교–버클리캠퍼스 하스경영대학 (University of California–Berkeley, Haas School of Business)', 석학방문교수
- 미국 '스탠포드대학교 경영대학원 (Stanford University, Graduate School of Business)', 석학방문교수
- 독일 '프라운호퍼 기술혁신연구소 (FhG–ISI: Fraunhofer Institut für System– und Innovationsforschung)', 방문교수
- 건국대학교 '밀러MOT스쿨' 설립 및 초대원장

주요 저역서

- Technologiepolitik für neue Produktionstechnologien in Korea und Deutschland (1996, 독일 Physica 출판사)
- 환경정책론 (1999, 박영사)
- R&D관리론 (2005, 경문사)
- 기술과 경영 (제1판, 2006; 제2판, 2012, 경문사), (제3판, 2018, 시대가치).
- 전략적 기술경영 (제1판, 2007; 제2판, 2009; 제3판, 2011; 제4판, 2016; 제5판, 2023, 박영사)
- 과학비즈니스 (번역서, 2011, 경문사) (원저: Pisano, G., *Science Business: The Promise, the Reality, and the Future of Biotech*, Boston, MA: Harvard Business School Press, 2006)
- 생명공학기술경영 (번역서, 2013, 경문사) (원저: Hine, D. & Kaperleris, J., *Innovation and Entrepreneurship in Biotechnology, An International Perspective, Concepts, Theories and Cases*, Cheltenham: UK & Northampton, MA, USA: Edward Elgar, 2011)
- 경쟁우위의 종말 (번역서, 2014, 경문사) (원저: McGrath, G. R., *The End of Competitive Advantage*, Boston, MA: Harvard Business School Press, 2013)
- 경제발전의 이론 (번역서, 2020, 시대가치) (원저: Schumpeter, J. A., *Theorie der wirtschaftlichen Entwicklung*, 1. Auflage, Leipzig, 1911)
- 연구개발경영론(2021, 시대가치)

※ 그 외 300여 권의 연구보고서를 연구책임자로서 책임집필 및 발간, 그리고 50여 편의 국제학술논문과 100여 편의 국내학술논문 발간

혁신경영론

초판발행   2023년 8월 31일

지은이   정선양
펴낸이   안종만 · 안상준

편 집   배근하
기획/마케팅   손준호
표지디자인   BEN STORY
제 작   고철민 · 조영환

펴낸곳   (주) **박영사**
             서울특별시 금천구 가산디지털2로 53, 210호(가산동, 한라시그마밸리)
             등록 1959. 3. 11. 제300-1959-1호(倫)

전 화   02)733-6771
f a x   02)736-4818
e-mail   pys@pybook.co.kr
homepage   www.pybook.co.kr
ISBN   979-11-303-1840-0 93320

＊ 이 저서는 2021년도 건국대학교 KU학술연구비 지원에 의한 저서임.

정 가   26,000원